LA RÉGLEMENTATION EUROPÉENNE RELATIVE À LA DISCRIMINATION FONDÉE SUR L'ÂGE: CONSÉQUENCES SUR LE DROIT DU TRAVAIL FRANÇAIS

Cultures juridiques et politiques Vol. 4

Les conceptions du pouvoir, du droit et de l'ordre se réfèrent inévitablement à l'ensemble du système de représentations qu'est la culture de chaque société. Toute forme de culture ayant donc nécessairement une dimension politique et juridique, la collection «Cultures juridiques et politiques» publie des travaux, tels que des thèses, synthèses de recherches, ouvrages collectifs et actes de colloques, se proposant de faire connaître les systèmes politiques et juridiques des pays européens, d'évaluer les grandes tendances des processus d'intégration politique et d'harmonisation juridique en cours dans l'Union européenne et d'éclairer les interférences entre le politique, le juridique et les autres aspects «culturels» dans le contexte de ces processus.

STEFANIE BOUQUET

LA RÉGLEMENTATION EUROPÉENNE RELATIVE À LA DISCRIMINATION FONDÉE SUR L'ÂGE: CONSÉQUENCES SUR LE DROIT DU TRAVAIL FRANÇAIS

PRÉFACE DU PROFESSEUR
JOACHIM GRUBER, UNIVERSITÉ PARIS
OUEST - NANTERRE LA DÉFENSE

PETER LANG
Bern · Berlin · Bruxelles · Frankfurt am Main · New York · Oxford · Wien

Information bibliographique publiée par
«Die Deutsche Nationalbibliothek»
«Die Deutsche Nationalbibliothek» répertorie cette publication dans la «Deutsche Nationalbibliografie»; les données bibliographiques détaillées sont disponibles sur Internet sous ‹http://dnb.d-nb.de›.

Titre original : Stefanie Bouquet, *Die Auswirkungen der europäischen Regelungen zur Altersdiskriminierung auf das französische Arbeitsrecht*, Ergon Verlag, 2011, ISBN 3899138708, 9783899138702 (Traduit avec l'aimable autorisation du Dr. Hans-Jürgen Dietrich, Geschäftsführer).

Traduction : Dorothée Cailleux, Université Paris Ouest - Nanterre La Défense

Réalisation de couverture: Didier Studer, Peter Lang AG

ISSN 2235-1078 br.
ISBN 978-3-0343-1174-8 br.
ISSN 2235-5952 eBook
ISBN 978-3-0352-0157-4 eBook

Hochfeldstrasse 32, CH-3012 Berne, Suisse
info@peterlang.com, www.peterlang.com

Imprimé en Suisse

« A mon épouse,
Si belle, si douce,
Si courageuse aussi.
Adieu Stefanie »

« Wenn du am Morgen erwachst, denke daran, was für ein köstlicher Schatz es ist, zu leben, zu atmen und sich freuen zu können. »
« En te levant le matin, rappelle-toi combien précieux est le privilège de vivre, de respirer, d'être heureux. »

Marc-Aurèle

« Bei einer Kerze ist nicht das Wachs wichtig, sondern das Licht... »
« Avec une bougie, la cire n'est pas l'important, mais la lumière… »

Antoine de Saint-Exupéry

Hommage et remerciements

En octobre 2011, lorsque ce livre a été présenté dans sa version allemande originale au salon du livre de Francfort, personne ne se doutait qu'il s'agissait en fait, bien plus que d'un aboutissement, du début d'un parcours étonnant. Plus exactement, le parcours n'a fait que se poursuivre, fidèle à ce qu'il avait déjà été depuis la conception de la thèse, quatre années plus tôt. Quatre années de travail, quatre années de persévérance, quatre années remplies de vie aussi, avec deux naissances; puis vint la lutte contre l'inexorable et le début d'une « espérance formidable ».

L'auteur de ce livre, Stefanie Bouquet, née Dombai, est décédée le 13 septembre 2011, au moment où l'impression de sa thèse venait tout juste d'être mise en place.

L'image d'un feu d'artifice tiré du pont avant d'un navire au moment où celui-ci est finalement englouti par des eaux éternelles et profondes est une image juste.

Deux mois plus tard, le livre se trouvait déjà en Allemagne dans l'ensemble des principales bibliothèques universitaires de droit ainsi que dans des bibliothèques institutionnelles comme celle de la cour constitutionnelle à Karlsruhe. Le livre était également présent en Autriche et en Suisse.

Cette reconnaissance, cet élan, ne pouvait s'arrêter brutalement aux rives du Rhin.

Grâce au relais dynamique de Géraldine Demme, maitre de conférences et responsable pédagogique dans le cursus intégré franco-allemand en sciences juridiques de l'université Paris Ouest-Nanterre La Défense, le livre a trouvé rapidement le plein appui de l'équipe professorale de ce cursus initié par le professeur Otmar Seul pour être traduit, actualisé et publié également dans l'espace juridique francophone. La collection d'accueil, *Cultures juridiques et politiques*, venait alors de débuter aux éditions Peter Lang.

En aout 2011, mon épouse rédigeait, dans des conditions difficilement imaginables, les remerciements liés à la rédaction de sa thèse.

En aout 2012, exactement un an après, c'est à mon tour, non sans émotion, de ciseler les remerciements liés, cette fois, à la publication du livre en français.

La liste des personnes qui ont permis la présentation de ce livre dans sa version française et actualisée au salon 2012 du livre de Francfort ne saurait être complète mais j'aimerais remercier en particulier:

- Dorothée Cailleux, la traductrice, également maitre de conférences à l'université Paris Ouest-Nanterre La Défense. Son travail précis et son engagement ont permis au texte en français d'apparaitre tout en gardant la force et la persévérance que l'on peut deviner entre les lignes du texte allemand.
- le professeur Joachim Gruber, professeur des universités et co-directeur du cursus intégré franco-allemand à l'université Paris Ouest-Nanterre La Défense.
  Sa préface d'actualisation donne au texte de Stefanie la chance de conserver ainsi toute sa vigueur juridique.
- Patrick Rémy, maitre de conférences à l'IFRS de la Sorbonne où Stefanie avait effectué, ainsi qu'au centre de recherche de droit social à Lyon III, l'essentiel de ses recherches bibliographiques en France. Il a été le premier juriste français à reconnaitre la valeur du texte allemand également pour des juristes français.
- Thierry Waser, de la maison Peter Lang. Ses indications précises, à chacune des étapes du parcours d'édition, ont permis la bonne réalisation de ce livre.
- le professeur Florian Bien de l'université de Würzburg et maitre en droit à l'université Aix-Marseille III dont les mots de soutien et les recommandations ont été précieux.
- le professeur Christoph Weber de l'université de Würzburg et maitre de thèse de Stefanie en Allemagne. Ses conseils tout au

début du projet de traduction en français ont été très justes, et son appui, sans réserve.

Un remerciement tout particulier s'adresse également au professeur Andreas Feuerborn, doyen actuel de la faculté juridique de l'université de Düsseldorf, qui avait intégré Stefanie au sein de sa Chaire de recherche, tant son soutien répété durant son épreuve finale a été admirable, sa reconnaissance des qualités de Stefanie, précieuse.

Enfin, ma reconnaissance va aux professeurs Otmar Seul et Stéphanie Rohlfing-Dijoux, directrice actuelle du cursus intégré franco-allemand en sciences juridiques, pour avoir accueilli avec conviction la thèse de Stefanie dans leur collection éditoriale comme toute première thèse de cette collection également destinée aux doctorants de ce cursus.

Que la force et l'exemple de Stefanie puissent ainsi inspirer les doctorants qui seront appelés à publier leur propre thèse dans cette collection, ainsi que tous ceux qui liront ce livre en français ou en allemand, ceci représente maintenant cette « espérance formidable ». Cette espérance aura animé la rédaction de ce livre et l'achèvement, malgré la maladie, de l'ouvrage initial en allemand.

Stefanie, savais-tu tout ceci, lorsque, moins d'un jour avant ton dernier souffle, tu m'as déclaré dans un regard brillant et serein à la fois:
« Ja, ich habe es geschafft.[1] »

Maintenant, tu es avec nous,
et c'est à nous, c'est à vous, d'écrire la suite,
car c'est bien la vie, et non la mort, qui aura ici le dernier mot.

Düsseldorf, Août 2012 Frédéric Bouquet

1 « Oui, j'y suis arrivée. »

Préface

Le droit de l'Union n'a eu jusqu'à présent qu'une influence minime sur le droit du travail car il n'existe que peu de directives et de règlements le concernant. Dans les domaines pour lesquels l'UE a déjà édicté des règles, l'influence du droit de l'Union est cependant très importante. Cela vaut en particulier pour la réglementation établissant une protection contre la discrimination.

Pendant longtemps, ce sont les questions relatives à la discrimination en raison du sexe qui ont occupé le premier plan. En la matière, la CJUE a depuis lors apporté des réponses à la plupart des questions fondamentales. Les tribunaux sont désormais de plus en plus souvent confrontés à des plaintes pour discrimination fondée sur l'âge. C'est à cette thématique actuelle que le présent travail est consacré. Cette étude est d'autant plus intéressante qu'elle examine la compatibilité des règles de droit français avec le droit de l'Union : or en France – contrairement à ce qu'il se passe, par exemple, en Allemagne – l'Etat influe souvent sur le marché du travail via les lois qu'il adopte.

Après une introduction, la première partie de ce livre décrit le cadre constitué par la législation européenne. Mme Bouquet présente et analyse ensuite dans le cœur de son travail l'état du droit en France. Enfin, les principaux résultats de l'étude sont résumés de manière concise dans la conclusion.

A l'origine, ce livre a été rédigé en allemand. Il s'agit d'une « Dissertation », c'est-à-dire d'une thèse allemande, qui a été dirigée par le professeur Christoph Weber de l'Université de Würzburg et a obtenu les félicitations du jury.

L'étude de Mme Bouquet a rencontré un écho très favorable en Allemagne, où elle a paru aux éditions Ergon de Würzburg. Un des spécialistes du droit du travail les plus renommés en Allemagne, le professeur Abbo Junker de l'Université de Munich, a ainsi pu écrire dans sa critique de cet ouvrage (EuZA 2012, pp.290-292) : « Par son analyse de la transposition et de l'application de la directive dans le domaine de la discrimination fondée sur l'âge, Stefanie Bouquet a apporté une contribution majeure aux travaux de comparaison du droit du travail allemand et du droit du travail français. »

En tant que coordinateur des formations franco-allemandes en sciences juridiques à l'Université Paris Ouest-Nanterre La Défense, l'auteur de cette préface s'intéresse particulièrement aux études que des chercheurs allemands et français ont écrites sur le droit du pays voisin. Lorsqu'un tel travail est réussi – ce qui est le cas de celui de Mme Bouquet –, cela le réjouit. Dans le cas présent s'ajoute le fait que grâce à la traduction française de ce livre, on peut espérer qu'une juriste allemande influence la doctrine et la jurisprudence françaises. Madame Bouquet suit ainsi les traces de Karl Salomo Zachariae von Lingenthal, qui publia un livre sur le droit français alors qu'il était professeur à l'Université d'Heidelberg, lequel fut traduit par Charles Aubry et Charles-Frédéric Rau. Cet ouvrage intitulé « Cours de droit civil français » a profondément marqué la science juridique française.

Le livre de Mme Bouquet a malheureusement aussi un aspect tragique : son auteure est décédée prématurément le 13 septembre 2011, à l'âge de 36 ans. Il lui a encore été possible d'analyser en profondeur la jurisprudence et les textes parus avant la fin de l'année 2009, ceux parus entre cette date et le printemps 2011 n'ont pu être évoqués que dans des notes en bas de page, en raison de la maladie de Mme Bouquet.

Nous nous étions donc demandé s'il conviendrait de présenter en détail dans notre préface les décisions et les essais publiés depuis lors. Après un rapide examen, il nous est apparu que ce n'était pas nécessaire : le fait que les résultats de son étude aient été confirmés par les arrêts ultérieurs de la CJUE témoigne encore de la qualité du travail de Mme Bouquet. Il faut citer ici deux décisions importantes, les arrêts de la CJUE du 8 septembre 2011, Hennigs et Mai (BAT), aff. C-297/10, C-298/10, et du 13 sept. 2011, Prigge e.a. (pilotes de ligne), aff. C-447/09.

Dans l'arrêt concernant l'affaire C-297/10, C-298/10, on peut lire : « Le principe de non-discrimination en fonction de l'âge consacré à l'article 21 de la charte des droits fondamentaux de l'Union européenne et concrétisé par la directive 2000/78/CE du Conseil, du 27 novembre 2000, portant création d'un cadre général en faveur de l'égalité de traitement en matière d'emploi et de travail, et, plus particulièrement, les articles 2 et 6, paragraphe 1, de cette directive doivent être interprétés en ce sens qu'ils s'opposent à une mesure prévue par une convention collective, telle que celle en cause au principal, qui prévoit que, à l'intérieur de chaque grade, l'échelon de rémunération de base d'un agent contractuel du secteur public est déterminé, lors du recrutement de cet agent, en fonction de l'âge de celui-ci. »

Dans l'arrêt concernant l'affaire C-447/09, la CJUE a précisé : « L'article 2, paragraphe 5, de la directive 2000/78 doit être interprété en ce sens que les États membres peuvent autoriser, par des règles d'habilitation, les partenaires sociaux à adopter des mesures au sens de cet article 2, paragraphe 5, dans les domaines visés à cette disposition qui relèvent des accords collectifs et à condition que ces règles d'habilitation soient suffisamment précises afin de garantir que lesdites mesures respectent les exigences énoncées audit article 2, paragraphe 5. Une mesure telle que celle en cause au principal, qui fixe à 60 ans l'âge limite à compter duquel les pilotes ne peuvent plus exercer leur activité professionnelle alors que les réglementations nationale et internationale fixent cet âge à 65 ans, n'est pas une mesure nécessaire à la sécurité publique et à la protection de la santé au sens du même article 2, paragraphe 5;

– l'article 4, paragraphe 1, de la directive 2000/78 doit être interprété en ce sens qu'il s'oppose à ce qu'une clause d'une convention collective, telle que celle en cause au principal, fixe à 60 ans l'âge limite à compter duquel les pilotes sont considérés comme n'ayant plus les capacités physiques pour exercer leur activité professionnelle alors que les réglementations nationale et internationale fixent cet âge à 65 ans;

– l'article 6, paragraphe 1, premier alinéa, de la directive 2000/78 doit être interprété en ce sens que la sécurité aérienne ne constitue pas un objectif légitime au sens de cette disposition. »

Il faut ajouter que les tribunaux français se conforment désormais pleinement aux prescriptions de la CJUE. Blandine de Clavière arrive en effet à cette conclusion (Rev.trim.dr.europ. 2012, p. 520) : « Attentive à la qualité du contrôle des différences de traitement fondées sur l´âge exercé par les juges du fond, la Cour de cassation participe directement à l'uniformisation des étapes de ce contrôle. C´est ici également se faire pleinement gardienne de l´effectivité du droit de l´Union. »

Nous n'avons pas non plus souhaité allonger la bibliographie : qui cherche des textes français récents pour approfondir ce thème trouvera des indications pertinentes dans n'importe quel ouvrage de référence sur le droit du travail français. Si certains regrettaient toutefois l'absence de tel ou tel article dans la bibliographie, ils devraient garder à l'esprit que cela ne tient pas au manque d'estime de la rédactrice de l'ouvrage pour l'auteur de l'article mais aux conditions particulières dans lequel ce livre a été écrit.

Le travail de Mme Bouquet permet à tout juriste de juger, à l'aide des critères qu'elle présente, de la conformité au droit de l'Union des règles se référant à l'âge. Il nous reste à souhaiter que ce livre trouve de nombreux lecteurs en France : il devrait devenir une lecture obligatoire pour le législateur, ce qui permettrait d'éviter que des lois et des règlements n'enfreignent l'interdiction de la discrimination fondée sur l'âge. Mais les avocats aussi ont tout intérêt à le consulter pour évaluer les chances de succès des actions qu'ils peuvent lancer pour cause de discrimination fondée sur l'âge.

Joachim Gruber
Professeur à l'Université Paris Ouest - Nanterre La Défense

Avant-propos

Le présent travail a été présenté pour évaluation en tant que thèse à l'automne 2009 à la faculté de droit de l'université Julius Maximilian de Würzburg. Cela correspond également, autant qu'il s'agisse d'une étude approfondie, à l'état du travail.

Il a toutefois été possible de tenir compte de la jurisprudence et de la doctrine pertinentes jusqu'au printemps 2011, essentiellement sous la forme de notes en bas de page. Ceci vaut également pour la décision Kücükdeveci de janvier 2010.

J'aimerais exprimer ma profonde reconnaissance à mon directeur de thèse, Monsieur le professeur Christoph Weber, qui, par ses suggestions et ses conseils, a donné l'impulsion nécessaire à ce travail et favorisé sa réalisation tout au long de sa rédaction. Je souhaite remercier également Monsieur le professeur Christoph Kerwer pour la rapidité avec laquelle il a rendu un deuxième avis sur mon texte.

Sur le plan personnel, mes remerciements vont particulièrement à mon mari, Frédéric Bouquet, qui, sous quelque forme que ce soit, m'a apporté un soutien sans faille au cours de la rédaction de cette thèse.

Je suis également reconnaissante pour la naissance de nos deux filles, Caroline et Sophie, à l'été 2008 et à l'été 2009, qui m'a donné une très grande motivation pour mener à bien ce projet. Ma gratitude va enfin à mes parents, Heinz et Monika Dombai, qui ont été à mes côtés durant tout mon parcours personnel et universitaire et ont bien voulu se charger du travail de relecture.

Düsseldorf, Août 2011 Stefanie Bouquet

Table des matières

Table des abréviations

act.	actualité
aff.	affaire
AG	Avocat général
AGG	Allgemeines Gleichbehandlungsgesetz (loi générale sur l'égalité de traitement)
AN	Assemblée nationale
art.	article
AuR	Arbeit und Recht
BAG	Bundesarbeitsgericht (Tribunal fédéral du travail)
BB	Betriebsberater
BGB	Bürgerliches Gesetzbuch
Bull. Civ.	Bulletin des arrêts des chambres civiles de la Cour de cassation
BetrAVG	Gesetz zur Verbesserung der betrieblichen Altersversorgung (loi sur l'amélioration des pensions de retraite professionnelles)
BVerfG	Bundesverfassungsgericht (Cour constitutionnelle fédérale)
BVerwG	Bundesverwaltungsgericht (Tribunal administratif fédéral)
c	contre
CA	Cour d'appel
Cass. soc.	Arrêt de la Cour de cassation, chambre sociale
CC	Conseil constitutionnel
CDD	Contrat à durée déterminée
CDI	Contrat à durée indéterminée
CE	Conseil d'Etat
CEE	Communauté économique européenne
cit.	cité
CJUE	Cour de justice de l'Union européenne
COM	Document de la Commission européenne
C. pén.	Code pénal

CSS	Code de la Sécurité Sociale
C. trav.	Code du travail
DB	Der Betrieb
DÖD	Der Öffentliche Dienst
Dr. soc.	Droit social
éd.	éditeur
EDF	Electricité de France
ENA	Ecole nationale d'administration
EuGRZ	Europäische Grundrechte-Zeitschrift
EuZA	Europäische Zeitschrift für Arbeitsrecht
EuZW	Europäische Zeitschrift für Wirtschaftsrecht
FRS	Feuillet rapide Francis Lefebvre édition sociale
GDF	Gaz de France
HALDE	Haute Autorité de Lutte contre les Discriminations et pour l'Egalité
INSEE	Institut national de la statistique et des études économiques
JCP S	Juris-Classeur Périodique
JO	Journal officiel
JZ	Juristenzeitung
LAG	Landesarbeitsgericht (Tribunal du travail du Land)
NJW	Neue Juristische Wochenzeitschrift
NVwZ	Neue Zeitschrift für Verwaltungsrecht
NZA	Neue Zeitschrift für Arbeitsrecht
NZA-RR	NZA-Rechtsprechungsreport
OIT	Organisation internationale du travail
Par.	paragraphe
Rapp.	Rapport
RATP	Régie autonome des transports parisiens
RdA	Recht der Arbeit
RDT	Revue de Droit du Travail
RJS	Revue de Jurisprudence Sociale
Rec.	Recueil
SNCF	Société Nationale des Chemins de Fer
SSL	Semaine sociale Lamy

Sté	Société
Suppl.	Supplément
TA	Texte adopté
TCE	Traité sur la communauté européenne
TFUE	Traité sur le fonctionnement de l'Union européenne
TUE	Traité sur l'Union européenne
ZESAR	Zeitschrift für europäisches Sozial- und Arbeitsrecht
ZfA	Zeitschrift für Arbeitsrecht
ZIP	Zeitschrift für Wirtschaftsrecht
ZTR	Zeitschrift für Tarifs-, Arbeits- und Sozialrecht des öffentlichen Dienstes

Introduction

L'évolution démographique entraîne un vieillissement de plus en plus net de la population française. L'augmentation de l'espérance de vie et l'arrivée à l'âge de la retraite de la génération du baby-boom ont pour conséquence que, d'après des prévisions officielles, la part des plus de 60 ans dans la population totale va passer de 21% en 2005 à 27,3% en 2020, celle des plus de 65 ans de 16,6% à 21%. En 2050, plus d'un tiers de la population française sera âgé de plus de 60 ans.[1]

Parallèlement, la part des seniors dans la population active française est nettement inférieure à la moyenne internationale. Le taux d'activité des personnes âgées de 55 à 64 ans s'élevait ainsi en 2005 à 37,8% seulement en France, contre 42,5% en moyenne en Europe, ce qui se situe très en-dessous de l'objectif fixé au niveau de l'UE dans le cadre de la stratégie de Lisbonne, qui préconise un taux de 50% en 2010.[2]

Ce chiffre s'explique d'une part par le fait que l'âge moyen au moment du départ à la retraite est de 58 ans en France[3], et reflète d'autre part la situation difficile des travailleurs les plus âgés sur le marché de l'emploi. Pour une personne âgée de plus de 50 ans, la probabilité de trouver un emploi passé 50 ans est plus de deux fois inférieure à ce qu'elle est pour les 30-49 ans. Seul un tiers de la classe

---

1 Voir : Plan national d'action concerté pour l'emploi des seniors 2006-2010 < http ://travail-emploi.gouv.fr/IMG/pdf/Plan_national_d_action_concerte_ pour _l_emploi_des_seniors_2006-2010.pdf> ; reconsulté le : 13.08.2012. Sauf mention contraire, les autres ressources en ligne citées dans cet ouvrage ont également été reconsultées ou actualisées le 13.08.2012.

2 Voir : Rapport du Conseil d'orientation des retraites du 30.5.2007 : « L' emploi des seniors »,<http ://www.cor-retraites.fr/IMG/pdf/doc-778.pdf>.

3 Voir : Plan national d'action concerté pour l'emploi des seniors 2006-2010.

d'âge des plus de 50 ans trouve un nouvel emploi, alors que la moitié des demandeurs d'emploi âgés de moins de 50 ans y parvient.[4]

Les difficultés économiques engendrées par le financement des systèmes de retraite dans ce contexte de vieillissement de la population et de faible taux d'activité des seniors sont considérables. L'augmentation de la part des seniors dans la population active est, d'abord pour cette raison, l'un des grands défis sociopolitiques que la France – tout comme l'Allemagne – doit relever aujourd'hui et dans les années à venir.

Compte tenu de cette situation, le législateur français a donc pris ces dernières années diverses mesures destinées à améliorer la situation des seniors sur le marché de l'emploi et à prolonger la période d'activité en général. C'est dans cette optique que l'âge à partir duquel une personne peut être mise à la retraite d'office a été relevé il y a peu, de 65 à 70 ans.[5]

Un autre objectif central de la politique de l'emploi française est la promotion de l'insertion professionnelle des jeunes âgés de 16 à 25 ans. De fait, le taux de chômage de cette classe d'âge en France, 22,7% au premier trimestre 2009[6], montre à quel point sa situation est elle aussi difficile sur le marché du travail.

Nombre de dispositions du droit français – au premier chef celles relatives à la politique de l'emploi – s'appuient directement ou indirectement sur le critère de l'« âge ». Pourtant, aucun débat scientifique n'a eu lieu jusqu'à présent concernant la licéité de ce type de réglementations qui se réfèrent à l'âge, compte tenu de l'interdiction de la discrimination fondée sur l'âge formulée dans le droit communautaire.

Le Conseil de l'Union européenne avait ainsi promulgué, le 27 décembre 2000, sur la base de l'article 19, paragraphe1 du TFUE (ancien article 13, paragraphe 1 du traité CE), la directive 2000/78/CE

---

4 Voir : Plan national d'action concerté pour l'emploi des seniors 2006-2010.

5 Loi n° 2008-1330 de financement de la sécurité sociale pour 2009 du 17 décembre 2008 (Article 90), JO du 18 décembre 2008,p. 19291 ; ci-après dénommée : Loi de financement de la sécurité sociale pour 2009.

6 Voir : JCP S 2009 n° 28, p. 9 act. 362.

portant création d'un cadre général en faveur de l'égalité de traitement en matière d'emploi et de travail[7], qui pose l'interdiction de la discrimination fondée, entre autres critères, sur l'âge. Au niveau de l'Union, la portée et la forme concrète de cette interdiction spécifique n'avaient jusque-là fait l'objet de la jurisprudence de la Cour que de manière sporadique. Les décisions rendues dans ce domaine prouvent cependant que la jurisprudence de la CJUE a joué un rôle décisif pour la concrétisation de l'interdiction de la discrimination fondée sur l'âge dans l'Union.

Le législateur français avait pour sa part pris très tôt des mesures de transposition de la directive 2000/78/CE, en adoptant la Loi n° 2001-1066 relative à la lutte contre les discriminations[8] du 16 novembre 2001. Pourtant, là encore, l'âge comme critère de discrimination n'occupa longtemps qu'une place modeste dans la jurisprudence française. Ce n'est qu'en 2006 que la Cour de cassation fit usage de la réglementation nationale relative à la discrimination fondée sur l'âge adoptée pour transposer la directive 2000/78/CE et déclara nulle une mise à la retraite pour cause de discrimination fondée sur l'âge.[9] Le nombre croissant d'affaires dans lesquelles la discrimination fondée sur l'âge est mise en avant, qui sont également portées devant la Haute autorité de lutte contre les discriminations et pour l'égalité (HALDE), laisse toutefois penser que l'évaluation juridique des règles et des mesures prenant en compte l'âge occupera une place de plus en plus significative dans la pratique juridique française.

Enfin, il faut mentionner comme particulièrement importante l'entrée en vigueur en mai 2008 de la Loi portant diverses dispositions d'adaptation au droit communautaire dans le domaine de la lutte

7 Directive 2000/78/CE du Conseil du 27 novembre 2000 portant création d'un cadre général en faveur de l'égalité de traitement en matière d'emploi et de travail, JO n° L 303 du 02 décembre 2000, p. 0016-0022 (ci-après dénommée : Directive 2000/78/CE).

8 JO du 17 novembre 2001, p. 18311, ci-après dénommée : Loi relative à la lutte contre les discriminations.

9 Cass. soc. 21 décembre 2006, Bull. civ. V, n° 412.

contre les discriminations[10], par laquelle le législateur français, sous la pression de la Commission européenne, adopta de nouvelles mesures d'adaptation du droit relatif à la lutte contre la discrimination déjà existant, en prenant notamment en compte le critère de l'âge.

L'évolution permanente que la jurisprudence de la CJUE fait connaître à l'interdiction de la discrimination fondée sur l'âge, de même que les modifications continuelles introduites par le législateur français dans le domaine du droit du travail et de la législation sociale rendent nécessaire une évaluation de l'ensemble de la réglementation française qui se réfère à l'âge, à la lumière des prescriptions du droit communautaire actuellement en vigueur.

Afin de pouvoir juger de la compatibilité des dispositions du droit du travail et de la législation sociale concernées avec l'interdiction de la discrimination fondée sur l'âge en vigueur dans l'Union, nous nous proposons de suivre la démarche suivante :

Dans un premier temps, nous présenterons les fondements de cette interdiction de discrimination spécifique dans le droit européen et en expliquerons la nature juridique. En ce qui concerne la directive 2000/78/CE, nous nous intéresserons uniquement, outre à son champ d'application personnel et matériel, aux dispositions concrètes qui semblent pertinentes pour déterminer s'il existe bien une discrimination fondée sur l'âge illégale. Les dispositions de la directive relatives à la procédure seront laissées de côté, dans la mesure où elles ne présentent pas de spécificités relativement au critère de l'âge.

Nous étudierons ensuite les conséquences qui découlent des prescriptions du droit de l'Union pour la licéité et l'applicabilité du droit national des Etats membres.

Dans la deuxième partie de ce travail, nous montrerons dans quelle mesure le droit national français interdit les inégalités de traitement fondées sur l'âge. Nous nous pencherons aussi bien sur les principes qui découlent de la notion d'égalité, qui traverse tout l'ordre

---

10 Loi n° 2008-496 portant diverses dispositions d'adaptation au droit communautaire dans le domaine de la lutte contre les discriminations du 27 mai 2008, JO du 28 mai 2008, p. 8801 (ci-après dénommée : Loi n° 2008-496).

juridique français, que sur les règles qui ont été adoptées pour imposer la non-discrimination.[11] En ce qui concerne ce dernier point, nous montrerons d'abord par quels moyens les inégalités de traitement fondées sur l'âge avaient déjà été rendues illégales dans le droit français avant la transposition de la directive 2000/78/CE. Nous étudierons ensuite les règles qui ont peu à peu été introduites dans le droit français suite à la transposition de la directive 2000/78/CE.

Dans une dernière partie, nous verrons enfin dans quelle mesure la réglementation nationale française qui fait référence – directement ou indirectement – à l'âge comme critère de différenciation est compatible avec l'interdiction de la discrimination fondée sur l'âge inscrite dans le droit de l'Union. Cette partie constitue le cœur de notre travail. L'objet de notre étude sera, dans ce contexte, d'une part les règles françaises de lutte contre la discrimination et d'autre part – et principalement – d'autres dispositions spécifiques de la législation française relatives au droit du travail et aux droits sociaux. Nous prêterons une attention particulière à la jurisprudence de la CJUE, qui a permis de comprendre, essentiellement dans les affaires *Mangold*[12] et *Palacios de la Villa*[13], mais aussi il y a peu dans l'affaire *Age Concern England*[14], comment la directive 2000/78/CE doit être interprétée en ce qui concerne la discrimination fondée sur l'âge.

11 Pour une distinction plus poussée entre ces termes, voir plus loin B. I. 1.
12 CJUE Arrêt du 22 novembre 2005, affaire C-144/04, Mangold.
13 CJUE, Arrêt du 16 octobre 2007, affaire C-411/05, Palacios de la Villa.
14 CJUE, Arrêt du 5 mars 2009, affaire C-388/07, Age Concern England.

A. Le cadre juridique européen

I. Le critère de « l'âge » et la directive 2000/78/CE

1. Genèse de la directive 2000/78/CE

Dans le domaine de la discrimination, le droit de l'Union s'est longtemps cantonné à empêcher les inégalités de traitement injustifiées fondées sur le sexe. La situation a changé avec le traité d'Amsterdam du 2 octobre 1997 : le nouvel article 19, paragraphe 1 TFUE (ex-article 13, paragraphe1 TCE) autorisait le Conseil, dans le cadre de ses attributions, à prendre à l'unanimité des mesures adéquates pour lutter contre les discriminations fondées sur le sexe, la race, l'origine ethnique, la religion ou les convictions, un handicap, l'âge ou l'orientation sexuelle. Sur la base de cette disposition, la Commission présenta dès 1999 un projet de directive qui prévoyait de mettre en œuvre l'ensemble des interdictions de discrimination citées à l'article19 TFUE (ex-article 13 TCE) – à l'exception des discriminations fondées sur le sexe.[1] Pour en faciliter l'adoption, la liste des motifs de discrimination possibles fut cependant divisée au cours des consultations, ce qui conduisit à la promulgation d'une première directive 2000/43/CE destinée à lutter contre la discrimination fondée sur la race ou l'origine ethnique.[2] Peu de temps après, un accord fut

1 Proposition de directive du Conseil portant création d'un cadre général en faveur de l'égalité de traitement en matière d'emploi et de travail, COM (1999) 565 final du 25 novembre 1999, JO n° C 177 E, p. 42.

2 Directive 2000/43/CE du Conseil du 29 juin 2000 relative à la mise en œuvre du principe de l'égalité de traitement entre les personnes sans distinction de race ou d'origine ethnique, JO n° L 180 du 19 juillet 2000, p. 22 (ci-après dénommée directive 2000/43/CE).

trouvé concernant les autres critères de discrimination, dont l'âge, et la directive 2000/78/CE put être adoptée. Les interdictions de discrimination inscrites dans lesdites directives furent solennellement renforcées par l'article 21 de la Charte des droits fondamentaux de l'Union européenne[3] proclamée à Nice le 7 décembre 2000, qui acquit force de loi avec le traité de Lisbonne.

2. Dispositions de la directive 2000/78/CE

Comme l'indique son article premier, la directive 2000/78/CE a pour objet d'établir un cadre général pour lutter contre les discriminations dans le domaine de l'emploi et du travail, fondées entre autres sur l'âge, afin de mettre en œuvre, dans les Etats membres, le principe de l'égalité de traitement. Aux termes de l'article 2 paragraphe 1 de la directive 2000/78/CE, l'expression « principe de l'égalité de traitement » signifie, au sens de la directive, l'absence de toute discrimination directe ou indirecte, fondée sur un des motifs visés à l'article premier. L'interdiction de la discrimination fondée sur l'âge inscrite dans la directive 2000/78/CE répond bien à ces deux objectifs.[4]

a. Champ d'application de la directive 2000/78/CE

aa. Champ d'application personnel

D'après son article 2 paragraphe1, la directive 2000/78/CE s'applique à toutes les personnes, tant pour le secteur public que pour le secteur privé, y compris les organismes publics. Les dispositions de la directive 2000/78/CE s'étendent donc non seulement aux employés et aux employeurs dans le secteur privé et le secteur public, mais aussi à tous les rapports de service dans le secteur public, comme ceux des

---

3 JO n° 2000/C 364/01.

4 Polloczek, Altersdiskriminierung im Licht des Europarechts, p. 78.

fonctionnaires, des soldats et des juges.[5] Au vu de l'article 3, paragraphe 1, points a) à d), qui portent sur le champ d'application matériel de la directive 2000/78/CE, il apparaît que les travailleurs indépendants et les personnes exerçant une profession libérale sont concernés par le champ d'application personnel de la directive.[6] On peut conclure de l'article 3 paragraphe 1 point b) que la directive est valable pour tous les types de formation professionnelle au sens le plus large.[7]

Il faut noter que la directive ne fait pas dépendre la validité de l'interdiction de la discrimination de la taille des établissements ou entreprises. Les Etats membres peuvent toutefois poser d'autres conditions dans le cadre de la transposition de la directive.[8]

bb. Champ d'application matériel

Comme on peut le déduire de l'objet de la directive 2000/78/CE, défini dans son article premier, et du titre de la directive elle-même, les règles qui y sont énoncées ne s'appliquent que dans le domaine de « l'emploi et du travail », c'est-à-dire dans la vie professionnelle. Les points a) à d) du paragraphe 1 de l'article 1 contiennent des règles plus précises concernant le champ d'application matériel de la directive.

Ainsi, d'après l'article 3 paragraphe 1 point a), le champ d'application de la directive 2000/78/CE s'étend sur le plan matériel à toutes les conditions d'accès à l'emploi salarié ou non salarié, y compris les critères de sélection et les conditions de recrutement, quelle que soit la branche d'activité et à tous les niveaux de la hiérarchie professionnelle. Les inégalités de traitement pour la promotion au sein d'un établissement, d'une entreprise ou d'un

5 König, ZESAR 2005, p. 218 (219) ; Schmidt/Senne, RdA 2002, p. 80 (82) ; Senne, Altersdiskriminierung, p. 139.

6 Senne, Altersdiskriminierung, p. 139.

7 Senne, Altersdiskriminierung, p. 139.

8 Voir à ce propos la proposition de directive du Conseil portant création d'un cadre général en faveur de l'égalité de traitement en matière d'emploi et de travail, COM (1999) 565 final du 25 novembre 1999, p. 31.

organisme public sont, dans ce contexte, elles aussi comprises dans le champ d'application de la directive.[9]

La directive 2000/78/CE affirme également sa validité en cas d'inégalités de traitement concernant l'accès à tous les types et à tous les niveaux d'orientation professionnelle, de formation professionnelle, de perfectionnement et de formation de reconversion, y compris l'acquisition d'une expérience pratique, comme il ressort de l'article 3, paragraphe 1, point b). La directive 2000/78/CE est également applicable aux conditions d'emploi et de travail, y compris les conditions de licenciement et de rémunération (article 3, paragraphe 1, point c)).

La directive 2000/78/CE couvre donc tous les aspects des relations de travail ou de service et suit globalement sur ce point le modèle de la directive 76/207/CEE[10] relative à la mise en œuvre du principe de l'égalité de traitement.[11]

Enfin, le champ d'application de la directive 2000/78/CE couvre l'affiliation à, et l'engagement dans, une organisation de travailleurs ou d'employeurs. Ceci vaut également pour l'affiliation à et l'engagement dans toute organisation dont les membres exercent une profession donnée, y compris les avantages procurés par ce type d'organisations (article 3, paragraphe 1, point d) de la directive 2000/78/CE).

---

9 Senne, Altersdiskriminierung, p. 146.

10 Directive 76/207/CEE du Conseil, du 9 février 1976, relative à la mise en œuvre du principe de l'égalité de traitement entre hommes et femmes en ce qui concerne l'accès à l'emploi, à la formation et à la promotion professionnelles, et les conditions de travail, Journal officiel n° L 039 du 14 février 1976 pp. 0040-0042, (ci-après dénommée directive 76/207/CEE).

11 König, ZESAR 2005, p. 218 (219).

b. Exceptions au champ d'application

aa. Mesures liées à des motifs supérieurs

Aux termes de l'article 2, paragraphe 5 de la directive 2000/78/CE, cette dernière ne porte pas atteinte aux mesures prévues par la législation nationale qui, dans une société démocratique, sont nécessaires à la sécurité publique, à la défense de l'ordre et à la prévention des infractions pénales, à la protection de la santé et à la protection des droits et libertés d'autrui.

La portée exacte de cette disposition n'est pas clairement expliquée par la doctrine. Une partie des textes lui accorde ainsi une grande importance, et pose que les différences de traitement fondées sur l'âge au moment de l'embauche ou des licenciements dans les professions où la condition physique du travailleur joue un rôle important pour le bon fonctionnement de l'ordre public, par exemple dans la police ou la sécurité aérienne, chez les pompiers, dans les établissement pénitentiaires et au sein des services de secours, seraient toutes sans distinction rendues possibles par l'article 2 paragraphe 5 de la directive 2000/78/CE. Il n'y aurait plus lieu d'examiner la licéité de ces mesures au regard des règles valables pour le critère de l'âge énoncées aux articles 4 et 6 de la directive 2000/78/CE.[12]

Parmi les spécialistes, l'opinion prévaut cependant largement à juste titre que l'article 2 paragraphe 5 de la directive 2000/78/CE constitue une exception au champ d'application de cette dernière, qui doit être interprétée de manière restrictive.[13] Ce point de vue peut être étayé par la jurisprudence de la CJUE concernant les exceptions admises au respect des libertés fondamentales, par exemple dans l'article 36 TFUE (ex-article 30 TCE), l'article 45, paragraphe 3 TFUE (ex-article 39, paragraphe 3 TCE) ou l'article 52, paragraphe 1

12 Schlachter, in : GS Blomeyer, pp. 355-356.

13 Voir par exemple : Polloczek, Alterdiskriminierung im Licht des Europarechts, p. 83 et suivantes.

TFUE (ex-article 46, paragraphe 1 TCE)[14], dont la formulation présente des similitudes avec celle de l'article 2 paragraphe 5 de la directive 2000/78/CE.[15] De plus, on a fait observer de manière pertinente que les conditions exigées par la directive 2000/78/CE dans son article 4, paragraphe 1 et son article 6 pour justifier les différences de traitement fondées sur l'âge, seraient méconnues, si on excluait d'emblée toute une série d'activités du champ d'application de la directive en considérant que le texte de l'article 2, paragraphe5 doit être compris au sens large.[16] La directive 2000/78/CE ne s'applique donc pas, de notre point de vue, aux mesures visées à l'article 2, paragraphe 5 uniquement dans les cas où ces dernières sont individuellement appropriées, nécessaires et proportionnées pour atteindre l'objectif cité.[17]

bb. Ressortissants de pays tiers

La directive 2000/78/CE ne s'applique pas aux différences de traitement fondées sur la nationalité (article 3, paragraphe 2). Ces dernières sont déjà interdites en vertu de l'article 18 TFUE (ex-article 12 TCE), lequel est directement applicable selon la jurisprudence de la CJUE.[18] De même, aux termes de l'article 3, paragraphe 2 de la directive 2000/78/CE, les prescriptions et conditions concernant l'admission, le séjour ou le statut juridique des ressortissants de pays tiers ou des personnes apatrides sont explicitement exclues du champ

---

14 D'après la jurisprudence constante de la CJUE, toutes ces dispositions doivent être interprétées de manière restrictive, voir par exemple à propos de l'article 30 TCE l'arrêt de la CJUE dans l'affaire C-205/89, Rec. 1991 p. I-1361 (Commission/Grèce) ; à propos de l'article 39, paragraphe 3 TCE, voir l'arrêt de la CJUE du 5 février 1991 dans l'affaire C-363/89, Rec. 1991, p. I-273 (Roux) ; à propos de l'article 46 paragraphe 1 TCE, l'arrêt de la CJUE du 9 mars 2000 dans l'affaire C-355/98, Rec. 2000, p. I-1221 (Commission/Belgique).

15 Polloczek, Alterdiskriminierung im Licht des Europarechts, p. 83.

16 Hahn, Altersdiskriminierung, p. 92.

17 Pour s'en convaincre, on peut lire : Polloczek, Alterdiskriminierung im Licht des Europarechts, p. 84.

18 CJUE, arrêt du 12 mai 1998 dans l'affaire C-85/96, Rec. 1998, p. I-2691, (Martìnez Sala).

d'application de la directive. Cela induit *a contrario* que la directive affirme en principe sa validité pour les ressortissants de pays tiers. [19] Ceci est conforme au considérant 12 de la directive 2000/78/CE, qui pose que les interdictions de discrimination énoncées – et donc l'interdiction de la discrimination fondée sur l'âge – doivent aussi s'appliquer à cette catégorie de personnes.

cc. Systèmes de sécurité sociale et de protection sociale publics

D'après l'article 3 paragraphe 3 de la directive 2000/78/CE, sont également exclus du champ d'application de la directive les « versements de toute nature effectués par les régimes publics ou assimilés, y compris les régimes publics de sécurité sociale ou de protection sociale ». Comme il ressort du considérant 13 de la directive, cette exception ne vaut cependant que pour les régimes de sécurité sociale et de protection sociale dont les avantages ne sont pas assimilés à une rémunération au sens donné à ce terme dans le domaine de la discrimination fondée sur le sexe pour l'application de l'article 157 TFUE (ex-article 141 du traité CE). Par « rémunération », il faut entendre d'après la définition légale de l'article 157, paragraphe 2 TFUE (ex-article 141, paragraphe 2 TCE) « le salaire ou traitement ordinaire de base ou minimum, et tous autres avantages payés directement ou indirectement, en espèces ou en nature, par l'employeur au travailleur en raison de l'emploi de ce dernier. » D'après la jurisprudence de la CJUE, le critère essentiel pour distinguer cette rémunération d'autres avantages financiers est le fait que l'attribution du versement est liée à la relation de travail.[20]

dd. Forces armées

En ce qui concerne l'interdiction de la discrimination fondée sur le handicap et l'âge, l'article 3, paragraphe 4 de la directive 2000/78/CE reconnaît aux Etats membres le droit d'exclure leurs forces armées du

---

19 Lingscheid, Antidiskriminierung im Arbeitsrecht, p. 88.

20 Voir par exemple l'arrêt de la CJUE du 13 février 1996 dans l'affaire C-342/93, Rec. 1996, p. I-475 (Gillespie).

champ d'application de la directive.[21] Contrairement à ce que prévoit l'article 2, paragraphe 5 de la directive 2000/78/CE[22] pour l'exception au champ d'application, l'article 3, paragraphe 4 n'exige précisément pas que la nécessité d'une telle règle soit prouvée au cas par cas.[23]

c. Interdiction de la discrimination fondée sur l'âge

La directive 2000/78/CE interdit explicitement, aux termes de son article 2, paragraphe 1, outre la discrimination directe, la discrimination indirecte. Le concept de discrimination qui sous-tend cet énoncé s'appuie sur le sens donné au terme discrimination dans le droit de l'Union, tel qu'il s'est forgé[24] au fil des ans, essentiellement via la jurisprudence de la CJUE.[25]

Il faut noter que, d'après une opinion largement dominante, la directive 2000/78/CE doit être interprétée, en ce qui concerne le critère de différenciation « âge », de manière large, au sens où elle ne protège pas seulement les personnes plus âgées vis-à-vis des plus jeunes, mais aussi les plus jeunes vis-à-vis des personnes plus âgées, contre une discrimination fondée sur l'âge.[26] Plaide en faveur de cette interprétation la disposition de l'article 6 paragraphe 1, deuxième phrase, point b) de la directive 2000/78/CE, selon laquelle la fixation de conditions minimales d'âge pour l'accès à l'emploi ou à certains avantages liés à l'emploi peut représenter une différence de traitement

---

21 Voir également le considérant 19 de la directive 2000/78/CE.

22 Voir plus haut, A. I. 2. b. aa.

23 Senne, Altersdiskriminierung, p. 164.

24 Voir à ce sujet : Plötscher, Der Begriff der Diskriminierung im Europäischen Gemeinschaftsrecht, p. 29 et suivantes, et p. 262.

25 Voir par exemple l'arrêt de la CJUE du 2 février 1989, dans l'affaire 186/87, Rec. 1989, (Cowan/Trésor public).
Voir à ce sujet : Plötscher, Der Begriff der Diskriminierung im Europäischen Gemeinschaftsrecht, p. 29 et suivantes, et p. 262.

26 Voir pour plus de détails : Senne, Altersdiskriminierung, p. 139 et suivantes ; Linsenmaier, RdA 2003, n° 5, p. 22 (25).

justifiée. Si les règles énoncées dans la directive ne s'appliquaient pas aux jeunes actifs, cette possible justification n'aurait pas de sens.[27]

aa. Discrimination fondée sur l'âge directe

Aux termes de l'article 2, paragraphe 2, point a) de la directive 2000/78/CE, il y a discrimination directe lorsqu'une personne est traitée de manière moins favorable qu'une autre ne l'est, ne l'a été ou ne le serait dans une situation comparable, sur la base de l'un des motifs énoncés dans la directive. Pour la caractéristique « âge », cela signifie qu'une inégalité de traitement directement liée à l'âge de la personne concernée constitue une discrimination fondée sur l'âge. Cette définition correspond au concept de discrimination retenu par le droit de l'Union, qui – s'opposant en cela à l'usage commun du terme – doit être compris uniquement de manière objective comme une position moins favorable d'une personne ou d'un groupe de personnes par rapport à une autre personne ou un autre groupe de personnes. Ce n'est que dans un deuxième temps qu'il faut examiner si cette discrimination peut, dans un cas de figure donné, être justifiée.[28]

Pour apprécier l'existence d'une discrimination directe – comme il découle de la définition de ce concept dans le droit de l'Union – il faut qu'au moins deux personnes se trouvent dans une situation comparable. D'après le libellé de la directive, il suffit de se référer à une personne hypothétique (« ne le serait ») avec laquelle une comparaison peut être établie.[29] Il n'est pas nécessaire qu'il y ait eu intention de désavantager quelqu'un pour qu'on retienne l'existence d'une discrimination directe.[30]

27 Linsenmaier, RdA 2003, supplément spécial, cahier n°5, p. 22 (25).

28 Voir à ce propos : Polloczek, Altersdiskriminierung im Licht des Europarechts, p. 85.

29 Senne, Altersdiskriminierung, p. 166 ; Schiek, in : Schiek, Allgemeines Gleichbehandlungsgesetz (loi générale sur l'égalité de traitement, ci-après dénommée AGG), point 3 sur le § 3 AGG.

30 Voir essentiellement Senne, Altersdiskriminierung, p. 167.

bb. Discrimination fondée sur l'âge indirecte

D'après la définition légale qu'en donne l'article 2, paragraphe 2, point b), i) de la directive 2000/78/CE, une discrimination indirecte fondée sur l'âge se produit lorsqu'une disposition, un critère ou une pratique apparemment neutre est susceptible d'entraîner un désavantage particulier pour des personnes d'un âge donné, par rapport à d'autres personnes, à moins que cette disposition, ce critère ou cette pratique ne soit objectivement justifié par un objectif légitime et que les moyens de réaliser cet objectif ne soient appropriés et nécessaires.

Ce qui caractérise une discrimination indirecte fondée sur l'âge est donc le fait que le critère de différenciation n'est pas l'âge lui-même, mais une caractéristique apparemment neutre au premier abord, mais dont la prise en compte peut désavantager des personnes d'un âge donné. Ce concept de discrimination indirecte défini dans la directive 2000/78/CE s'écarte donc du concept de discrimination indirecte développé par la CJUE dans le domaine de la discrimination fondée sur le sexe[31] et retenu dans la directive 97/80/CE[32] (article 2, paragraphe 2), dans la mesure où il renonce à exiger la preuve qu'une proportion nettement plus élevée de personnes d'un groupe donné est désavantagée. Il suffit bien plutôt que ce groupe *puisse* être particulièrement désavantagé. Comme il ressort de l'exposé des motifs accompagnant la proposition de directive de la Commission, cette nouvelle conception doit permettre de se passer de la preuve basée sur des données statistiques – souvent difficiles à se procurer –, sans pour autant exclure les arguments fondés sur celles-ci.[33]

---

31 Pour la première fois dans son arrêt du 31 mars 1981, affaire 96/80, Rec. 1981, point 13 et suivants (Jenkins).

32 Directive 97/80/CE du Conseil du 15 décembre 1997 relative à la charge de la preuve dans les cas de discrimination fondée sur le sexe, Journal officiel n° L 014 du 20/01/1998 p. 0006 – 0008 (ci-après dénommée : directive 97/80/CE).

33 Proposition de directive du Conseil portant création d'un cadre général en faveur de l'égalité de traitement en matière d'emploi et de travail – COM (1999) 565 finale du 25 novembre 1999 (note 15), p. 9 ; voir aussi le considérant 15 de la directive 2000/78/CE.

D'après l'article 2, paragraphe 2, point b) i) de la directive 2000/78/CE, il suffit que les dispositions, critères ou pratiques de référence soient appropriés et nécessaires pour atteindre un objectif légitime, pour qu'il n'y ait pas discrimination. L'intervention possible de motifs de justification n'est plus déterminante dans ce cas.

cc. Harcèlement

L'article 2, paragraphe 3, première phrase de la directive 2000/78/CE retient également le harcèlement comme forme de discrimination. Il y est défini comme un comportement indésirable lié à l'un des motifs visés par la directive, qui a pour objet ou pour effet de porter atteinte à la dignité d'une personne et de créer un environnement intimidant, hostile, dégradant, humiliant ou offensant.

La mise sur le même plan du harcèlement et de la discrimination est parfois jugée contradictoire par la doctrine, dans la mesure où l'injustice, dans le cas du harcèlement – à la différence de ce qu'il se passe pour la discrimination directe ou indirecte – ne résulte pas d'une comparaison avec le traitement réservé à une autre personne.[34] Cette objection ne convainc cependant pas. Ne sont en effet prohibés, dans le cadre du « harcèlement » au sens de l'article 2, paragraphe 3, première phrase de la directive 2000/78/CE, que les comportements liés à l'un des motifs de discrimination visés par la directive. Le harcèlement concerne donc toujours des personnes, au détriment desquelles la discrimination a des effets dans la réalité sociale et qui se trouvent entravées dans leur capacité de travail. En ce sens, le harcèlement constitue bien une inégalité de traitement des personnes concernées par rapport à des personnes présentant d'autres caractéristiques. C'est pourquoi la directive 2000/78/CE considère à juste titre que le harcèlement doit être lui aussi qualifié de discrimination.[35]

Les éléments définis comme constitutifs du harcèlement par la directive 2000/78/CE ne comprennent pas, à juste titre, le fait que les

---

34 Thüsing, ZfA 2001, p. 397 (411) ; Thüsing, NZA 2001, p. 1061 (1064).

35 On trouvera des arguments pertinents dans : Schiek, in : Schiek, AGG, point 59, concernant le § 3 AGG.

comportements indésirables aient un rapport direct avec les obligations définies par le contrat de travail. Dans le cas contraire, le concept de harcèlement serait limité de manière indue, puisque le harcèlement devrait alors présenter systématiquement un lien avec une activité donnée.[36] Comme l'explique bien *Senne*[37], ceci tient aussi à la genèse de la directive 2000/78/CE : la proposition de la Commission avait retenu le concept d'« *environnement de travail* » dans la définition du harcèlement.[38] Mais au cours des délibérations, ce concept fut finalement supprimé et on lui préféra celui d'« environnement ».

Pour qu'un harcèlement soit établi dans les faits, il n'est pas non plus nécessaire qu'il ait été intentionnel ou qu'il soit le fruit d'une négligence. Il suffit que, comme on peut le conclure du libellé de l'article 2, paragraphe 3 de la directive 2000/78/CE, les comportements visés *aient pour effet* l'atteinte à la dignité et la création d'un environnement hostile.

En ce qui concerne la définition précise du concept de harcèlement, la directive 2000/78/CE laisse une certaine marge de manœuvre aux Etats membres (article 2, paragraphe 3, phrase 2). Ces derniers doivent cependant tenir compte des instructions de la directive 2000/78/CE, lesquelles manquent toutefois de clarté en raison du grand nombre d'éléments subjectifs que contient la définition de ce concept dans le droit de l'Union.[39]

---

36 Senne, Altersdiskriminierung, p. 171 et entre autres Thüsing, ZfA 2001, p. 397 (412).

37 Senne, Altersdiskriminierung, p. 171.

38 Proposition de directive du Conseil portant création d'un cadre général en faveur de l'égalité de traitement en matière d'emploi et de travail – COM (1999) 565 finale du 25 novembre 1999 (note 15), p. 9 ; voir aussi le considérant 15 de la directive 2000/78/CE.

39 Pour plus de détails sur la difficulté à interpréter le concept juridique de «harcèlement» en droit de l'Union : Polloczek, Altersdiskriminierung im Licht des Europarechts, p. 91 et suivantes.

dd. Injonction à la discrimination

L'injonction à la discrimination, entre autres au motif de l'âge, est également considérée comme une discrimination selon l'article 2, paragraphe 4 de la directive 2000/78/CE. Le sens et le but de cette disposition est d'englober dans le cadre juridique de la discrimination le comportement de supérieurs hiérarchiques ou de personnels d'encadrement, qui sont généralement les seuls habilités à donner des directives et donc à *enjoindre* de pratiquer une discrimination. Il doit leur être impossible de se soustraire au grief de discrimination en affirmant qu'eux-mêmes n'ont pas agi de manière discriminatoire.[40] Dans la mesure où la directive postule une équivalence entre les faits de harcèlement et la discrimination[41], on peut partir du principe que les injonctions à pratiquer le harcèlement sont également visées par l'article 2, paragraphe 4 de la directive 2000/78/CE.[42]

d. Exceptions à l'interdiction de discrimination fondée sur l'âge

La directive autorise les Etats membres, sous certaines conditions, à considérer comme licites des différences fondées sur l'âge. Sur ce point, il faut distinguer la justification générale, valable pour tous les motifs de discrimination, énoncée à l'article 4, paragraphe 1 de la directive 2000/78/CE, de la justification particulière, qui vaut spécifiquement pour la caractéristique de l'âge, visée à l'article 6, paragraphe1 de ladite directive. De plus, les Etats membres peuvent, au titre de l'article 7, paragraphe 1 de la directive 2000/78/CE, maintenir ou adopter des mesures dites positives destinées à prévenir ou à compenser des discriminations, notamment celles fondées sur l'âge.

aa. Exigences professionnelles

L'article 4, paragraphe 1 de la directive 2000/78/CE, qui s'appuie sur l'article 2, paragraphe 2 de la directive 76/207/CEE, prévoit que les

---

40 Voir Senne, Altersdiskriminierung, p. 174 et suivantes.

41 Article 2, paragraphe 3, phrase 1 de la directive 2000/78/CE.

42 Senne, Altersdiskriminierung, p. 175.

Etats membres peuvent considérer comme licites des inégalités de traitement fondées sur une caractéristique visée à l'article 1, si cette dernière, en raison de la nature de l'activité professionnelle ou des conditions de son exercice, constitue une exigence professionnelle essentielle et déterminante et que l'inégalité de traitement est proportionnée.

La portée exacte de cette autorisation concernant la caractéristique de l'âge n'est cependant pas clairement établie. Si, comme le fait une grande partie de la doctrine, on considère que l'article 4, paragraphe premier de la directive 2000/78/CE[43] vise fondamentalement, outre les cas d'impossibilité subjective[44], les limites d'âge fixées pour certaines professions nécessitant une résistance physique ou psychique particulière (le métier de pilote par exemple), la portée pratique de cette prescription restera assez restreinte dans toutes les affaires liées à la discrimination fondée sur l'âge. Cela tient à ce que ce genre de cas est la plupart du temps couvert par l'article 6, paragraphe premier de la directive 2000/78/CE, qui vise spécifiquement le critère de l'âge et constitue – comme les études le soutiennent à juste titre – la prescription la plus adaptée des deux.[45] Plaide en faveur de cette hiérarchie le fait qu'en établissant des normes, le législateur a volontairement fixé un niveau de protection contre la discrimination fondée sur l'âge moins élevé que celui accordé aux autres motifs de discrimination, en déterminant des conditions moins strictes à la licéité de traitements inégalitaires liés à l'âge via la possibilité de justifier ces derniers au titre de l'article 6 paragraphe premier de la directive 2000/78/CE.[46]

---

43 Voir entre autres Polloczek, Altersdiskriminierung im Licht des Europarechts, p. 95 ; Wiedemann/Thüsing, NZA 2002, p. 1234 (1237) ; pour un autre avis Schmidt, in : Schiek, AGG, point 3 et suivants sur le § 8 AGG.

44 Dans les études allemandes, on cite comme exemple de cette impossibilité le rôle du jeune premier au théâtre, voir Schmidt/Senne, RdA 2002, p. 80 (83) ; on peut également lire une analyse très détaillée de cette question dans Senne, Altersdiskriminierung, p. 177 et suivantes.

45 Hoff, BetriebsBerater (ci-après : BB) 2007, p. 1739.

46 Voir aussi Hoff, BB 2007, p. 1739.

bb. Base de la justification de l'article 6 de la directive 2000/78/CE

Aux termes de l'article 6 de la directive 2000/78/CE, qui prévoit une justification des différences de traitement spécifique au critère de l'âge, les Etats membres peuvent sous certaines conditions autoriser des différences de traitement fondées sur l'âge. Selon la clause générale de l'article 6, paragraphe 1, première phrase de la directive 2000/78/CE, c'est le cas lorsque la différence de traitement fondée sur l'âge est objectivement justifiée, qu'elle poursuit un objectif légitime et que les moyens d'atteindre cet objectif sont appropriés et nécessaires. Sont explicitement cités comme exemples d'objectifs légitimes, des objectifs relevant des politiques de l'emploi, du marché du travail et de la formation professionnelle. Comme l'usage du terme « notamment » le laisse entendre, cette énumération n'est pas limitative, de sorte que d'autres objectifs peuvent justifier des inégalités de traitement fondées sur l'âge.

L'article 6, paragraphe 1, deuxième phrase cite ensuite dans les points a) à c) une série de cas, là encore incomplète, qui peuvent être considérés comme des inégalités de traitement licites au sens de la phrase 1. Il faut cependant noter que – comme le suggère déjà la formule « peuvent… comprendre » – pour ces exemples aussi, la légitimité de l'objectif et la proportionnalité des moyens doivent être constatées au cas par cas.[47]

Peut être considérée comme licite dans ce cadre, aux termes de l'article 6, paragraphe 1, deuxième phrase, point a), tout d'abord « la mise en place de conditions spéciales d'accès à l'emploi et à la formation professionnelle, d'emploi et de travail, y compris les conditions de licenciement et de rémunération, pour les jeunes, les travailleurs âgés et ceux ayant des personnes à charge, en vue de favoriser leur insertion professionnelle ou d'assurer leur protection ».

La fixation de conditions minimales d'âge, d'expérience professionnelle ou d'ancienneté pour l'accès à l'emploi ou à certains avantages liés à l'emploi constitue aussi, d'après l'article 6, paragraphe 1, deuxième phrase, point b) une inégalité de traitement

47 Schmidt/Senne, RdA 2002, p. 80 (85).

fondée sur l'âge qui peut être justifiée. On observe qu'ici – contrairement à ce qu'il est énoncé dans le point a) cité ci-dessus – un objectif légitime n'est pas mentionné, seules le sont les mesures envisagées. Ce qui détermine si l'inégalité de traitement est justifiée ou non dans ce cas, est donc le fait que la mesure considérée est ou non nécessaire et appropriée pour atteindre un objectif légitime au sens de l'article 6, paragraphe 1, phrase 1 de la directive 2000/78/CE.[48]

Enfin, une dernière inégalité de traitement licite est envisagée au point c) : « la fixation d'un âge maximum pour le recrutement, fondée sur la formation requise pour le poste concerné ou la nécessité d'une période d'emploi raisonnable avant la retraite. »

L'article 6, paragraphe 2 de la directive 2000/78/CE définit une autre exception à l'interdiction de la discrimination fondée sur l'âge. Il prévoit que les Etats membres – cette fois sans restriction liée à l'objectif poursuivi ou aux moyens mis en œuvre – peuvent considérer comme autorisée la fixation de limites d'âge dans les régimes professionnels de sécurité sociale et l'utilisation de critères d'âge dans les calculs actuariels effectués dans le cadre de ces régimes, pour autant que cela ne se traduise pas par des discriminations fondées sur le sexe.

cc. Actions positives

L'article 7, paragraphe 1 de la directive 2000/78/CE autorise les Etats membres, en vue d' assurer la pleine égalité dans la vie professionnelle, à maintenir ou adopter des mesures spécifiques destinées à prévenir ou à compenser des désavantages liés à l'un des motifs visés à l'article premier. Cette prescription, qui reprend l'article 157, paragraphe 4 TFUE (ex article 141, paragraphe 4 TCE), lequel est lui-même rédigé sur le modèle de l'article 2, paragraphe 4 de la directive 76/207/CEE[49], autorise des mesures qui semblent certes discriminatoires, mais qui, compte tenu de la réalité sociale, doivent mettre fin

48 Linsenmaier, RdA 2003, supplément spécial, cahier 5, p. 22 (26).
49 Schmidt/Senne, RdA 2002, p. 80 (83).

à des inégalités de fait existantes ou du moins les réduire.[50] L'article 7, paragraphe 1 de la directive 2000/78/CE contient donc, malgré les objectifs visés via de telles actions positives, une exception au principe de l'égalité de traitement.[51]

En ce qui concerne le critère de l'âge, cette disposition – comme certains auteurs le font observer à bon escient[52] – n'aura cependant qu'une importance relative, dans la mesure où le législateur européen a prévu un motif de justification particulier en ce qui concerne le critère de différenciation de l'âge à l'article 6 de la directive 2000/78/CE, qui comporte des règles complètes concernant les conditions de travail et d'emploi. Des situations dans lesquelles les salariés les plus jeunes ou les plus âgés peuvent être favorisés de manière légale au sens de l'article 7, paragraphe 1 de la directive 2000/78/CE, sont donc normalement déjà couvertes par la disposition particulière énoncée à l'article 6, paragraphe 1 de cette même directive. En particulier des réglementations visant à protéger ou à favoriser l'insertion professionnelle des salariés jeunes ou âgés peuvent donc être justifiées – comme on peut le déduire de l'article 6, paragraphe 1, deuxième phrase, point a) de la directive 2000/78/CE.

---

50 Voir par exemple l'arrêt de la CJUE du 25 octobre 1988 dans l'affaire 312/86, Rec. 1988, p. 6315 point 15 (Commission/France) ; l'arrêt de la CJUE du 17 octobre 1995 dans l'affaire C-450/93, Rec. 1995, p. I-3051, point 18 (Kalanke) ; l'arrêt de la CJUE du 11.11.1997 dans l'affaire C-409/95, Rec. 1997, p. I-6363 point 26 (Marschall).

51 Polloczek, Altersdiskriminierung im Licht des Europarechts, p. 100.

52 Linsenmaier, RdA 2003, supplément spécial, cahier 5, p. 22 (27) ; Hoff, BB 2007, p. 1739.

II. La non-discrimination en fonction de l'âge : un principe général du droit de l'Union

1. Argumentaire de la CJUE dans l'affaire Mangold

C'est dans l'affaire *Mangold*[53] que la CJUE a dû pour la première fois fournir une interprétation de la directive 2000/78/CE à propos de la discrimination au motif de l'âge. Il s'agissait en substance de décider, dans le cadre de la procédure de renvoi préjudiciel concernée, si une disposition du droit allemand, qui autorise la conclusion de contrats de travail à durée déterminée de manière illimitée avec des salariés ayant atteint une certaine limite d'âge était conforme au droit communautaire.[54] L'importance fondamentale de la décision rendue par la CJUE le 22 novembre 2005 tient en dernière analyse à ce que la Cour a défini l'interdiction de la discrimination fondée sur l'âge comme un principe général du droit de l'Union et donc comme une composante du droit primaire.[55] La CJUE a constaté dans ce contexte que le principe de l'égalité de traitement en matière d'emploi et de travail[56], dont découle manifestement l'interdiction de la discrimination fondée sur l'âge à ses yeux, n'est pas ancré dans la directive 2000/78/CE elle-même, puisque cette dernière, aux termes de son article premier, n'a pour objet que de créer un cadre général pour lutter contre la discrimination liée aux motifs énoncés. L'interdiction de principe de

53 CJUE, arrêt du 22.11.2005, affaire C-144/04 (note 12) (Mangold).

54 Ce point sera traité de manière plus détaillée ci-dessous, à la section C.II.1.a.bb.(1).

55 CJUE, arrêt du 22.11.2005, affaire C-144/04 (note 12), point 75 (Mangold).

56 La CJUE n'a pas recours à une terminologie très rigoureuse lorsqu'elle se réfère à ce principe, mais parle tantôt du « principe général d'égalité » ou de l'« interdiction générale de la discrimination ». Pour plus de références, voir : Jarass, Droits fondamentaux de l'UE, § 24, point 2. Dans le cadre de cette étude, nous utiliserons désormais le concept auquel se réfère également la CJUE dans sa décision Mangold (de première importance en matière de discrimination fondée sur l'âge), le « principe général de l'égalité de traitement ».

la forme de discrimination concernée trouverait bien plutôt son origine dans différents traités de droit international et dans la tradition constitutionnelle commune des Etats membres.[57]

En ce qui concerne l'interdiction de la discrimination fondée sur l'âge, qu'elle considère comme faisant partie du droit primaire, la CJUE semble partir du principe – à en juger par les raisons exposées dans sa décision *Mangold* – qu'elle ne se distingue pas fondamentalement de l'interdiction correspondante fixée dans la directive 2000/78/CE – en particulier à propos de l'obligation de justifier une inégalité de traitement liée à l'âge.[58]

2. *Critique de la jurisprudence de la CJUE dans l'affaire Mangold*

La décision de la CJUE a été vivement critiquée par les spécialistes[59] et en particulier par l'avocat général *Mazák*[60] dans l'affaire ultérieure *Palacios*.[61] Les critiques portaient essentiellement sur la manière dont la CJUE justifie l'appartenance de l'interdiction de la discrimination fondée sur l'âge au droit primaire.

a. *L'absence de tradition constitutionnelle commune des Etats membres*

On a d'abord fait valoir que la référence à la tradition constitutionnelle commune des Etats membres ne peut justifier l'existence d'une

57 CJUE, arrêt du 22 novembre 2005, affaire C-144/04 (note 12), point 74 (Mangold).

58 Dans ce sens, voir aussi : Conclusions de l'avocat général Mazák, du 15 février 2007, dans l'affaire C-411/05, Rec. 2007, p. I-8531, point 98 (Palacios de la Villa).

59 Preis, NZA 2006, p. 401 (406 et suivantes) ; Körner, NZA 2005, p. 1395 (1397) ; Martin, RJS 12/08, p. 947 (952).

60 Conclusions de l'avocat général Mazák, du 15 février 2007, dans l'affaire C-411/05, point 89 et suivants (Palacios de la Villa).

61 Voir aussi plus récemment BVerfG, 6 juillet 2010 - 2 BvR 2661/06 = NZA 2010, p. 995.

interdiction de la discrimination fondée sur l'âge dans le droit primaire.

Seule la constitution finlandaise comporte à l'heure actuelle une interdiction explicite de la discrimination fondée sur l'âge. On ne pourrait supposer une tradition constitutionnelle commune des Etats membres que si au moins une majorité des Etats membres reconnaissaient une interdiction de discrimination particulière.[62]

A notre avis, cette objection ne suffit pas à rendre nécessairement irrecevable la conclusion de la CJUE, selon laquelle la discrimination fondée sur l'âge ferait partie du droit primaire en vertu des traditions constitutionnelles des Etats membres.

Les principes généraux du droit doivent être déduits, d'après la jurisprudence de la CJUE[63] et l'opinion la plus répandue dans la doctrine[64], à partir d'une comparaison des droits évaluative, qui sert à trouver non pas le dénominateur commun entre les systèmes juridiques concernés, mais la meilleure solution dans le cas d'espèce en cause. Comme le démontre *Polloczek* de manière convaincante[65], il n'est donc pas nécessaire dans ces conditions qu'une interdiction de discrimination soit traditionnellement inscrite dans un nombre minimum de constitutions des Etats membres pour qu'on admette que la discrimination fondée sur l'âge fait partie du droit primaire. Il est donc bien plutôt légitime qu'en vertu du procédé évaluatif qui est le sien, la CJUE s'oriente, pour déduire l'existence d'une protection des droits fondamentaux homogène dans le droit communautaire, en fonction de la protection des droits fondamentaux accordée explicitement dans *un seul* Etat membre ou dans un petit nombre d'Etats membres, tant que cette méthode ne crée pas de conflits avec des principes constitutionnels d'autres Etats membres et est compatible

62 Preis, NZA 2006, p. 401 (406).

63 Voir par exemple l'arrêt de la CJUE du 14 mai 1974 dans l'affaire 4/73 ; Rec. 1974, p. 491 point 13 (Nold).

64 Voir : Wegener, in : Callies/Ruffert, TUE/TCE, point 38 sur l'article 220 TCE ; Gaitanides, in : von der Groeben/Schwarze, TUE/TCE, point 22 sur l'article 220 TCE.

65 Polloczek, Altersdiskriminierung im Licht des Europarechts, p. 175.

avec les objectifs de la communauté. Cet argument vaut pour l'interdiction de la discrimination fondée sur l'âge, qui n'est inscrite explicitement que dans la constitution finlandaise.[66]

b. Traités de droit international

Contre l'argument avancé par la CJUE pour conclure à l'existence d'une interdiction de discrimination fondée sur l'âge relevant du droit primaire, on ajoute que dans les traités internationaux auxquels se réfère la CJUE, l'interdiction de ce type de discrimination n'est pas explicitement citée non plus. Ne serait mentionnée qu'une interdiction de discrimination fondée sur d'autres motifs ou circonstances, ce qui ne saurait être considéré comme suffisant pour déduire l'appartenance de l'interdiction de la discrimination fondée sur l'âge au droit primaire, comme l'aurait fait la CJUE par sa jurisprudence.[67]

D'après des avis convaincants[68], l'absence d'une interdiction explicite de la discrimination fondée sur l'âge dans les traités de droit international auxquels se réfère la CJUE ne s'oppose pas à ce qu'on admette qu'il existe un principe général du droit ayant cette discrimination pour objet. Il est au contraire possible en principe de faire l'hypothèse que l'interdiction de la discrimination fondée sur l'âge est une circonstance ou un motif supplémentaire au sens des traités internationaux de référence.[69] Certains auteurs font observer à bon escient que le législateur européen, lors de la promulgation des directives basées sur l'article 19, paragraphe 1 du TFUE (ex article 13, paragraphe 1 TCE), a reconnu que les fondements sur lesquels reposent les diverses interdictions de discrimination, qui relèvent des droits de l'homme, sont des principes constitutionnels acquis. Dans la mesure où les parties aux traités internationaux, en citant des exemples

66 Pour plus de détails, voir : Polloczek, Altersdiskriminierung im Licht des Europarechts, p. 175.

67 Preis, NZA 2006, p. 401 (406).

68 Körner, NZA 2005, p. 1395 (1397) ; Polloczek, Altersdiskriminierung im Licht des Europarechts, p. 177.

69 Körner, NZA 2005, p. 1395 (1397).

de discrimination apparents n'avaient pas l'intention d'adopter une réglementation intangible mais bien de permettre un développement ultérieur de la protection contre la discrimination, toutes les méthodes d'interprétation aboutissent à la conclusion que l'interdiction de la discrimination fondée sur l'âge doit être subsumée sous les faits généraux mentionnés dans les traités internationaux cités par la CJUE.[70]

En outre, par la promulgation de l'article 19 du TFUE (ex article 13 TCE) dans le cadre du traité d'Amsterdam, entré en vigueur en mai 1999, il a déjà été reconnu explicitement au niveau de l'Union que l'âge ne saurait être *a priori* un critère de différenciation licite. La Charte des droits fondamentaux, dans laquelle l'interdiction de la discrimination fondée sur l'âge fut intégrée par la suite et qui a acquis force de loi par la ratification du traité de Lisbonne, exrpime la conviction commune aux Etats membres qu'une discrimination fondée sur l'âge n'est pas admissible. Tout ceci laisse penser que l'interprétation des traités de droit international aboutit elle aussi à conclure que l'interdiction de la discrimination fondée sur l'âge est bien un principe général du droit de l'Union.[71]

c. Contradictions dans la jurisprudence de la CJUE

Certains auteurs font également valoir que l'hypothèse selon laquelle l'interdiction de la discrimination fondée sur l'âge relèverait du droit primaire avancée à propos de l'affaire *Mangold* contredit d'autres décisions de la CJUE, dans lesquelles la Cour, tout en reconnaissant un principe général d'égalité de traitement aurait rejeté l'idée d'une interdiction de certaines discriminations spécifiques.[72]

Ils se réfèrent d'abord à la décision rendue par la CJUE dans l'affaire *Grant* en 1998, dans le cadre de laquelle la Cour avait précisément exclu que le droit de l'Union interdise une discrimination

---

70 Pour plus de détails sur ce point : Polloczek, Altersdiskriminierung im Licht des Europarechts, p. 177.

71 Voir Polloczek, Altersdiskriminierung im Licht des Europarechts, p. 178.

72 Nicolai, DB 2005, p. 2641 (2642) ; Martin, RJS 12/08, p. 947 (952).

fondée sur l'orientation sexuelle.[73] Est également cité l'arrêt du 11 juillet 2006 sur l'affaire *Chacón Navas*, dans lequel la Cour est arrivée à la conclusion que le droit de l'Union ignore l'interdiction de la discrimination au motif d'une maladie.[74] Dans cette dernière décision, la CJUE avait fait valoir que les motifs de discrimination interdits étaient énumérés de manière limitative dans la directive 2000/78/CE.[75]

Dans les faits, il n'y a cependant pas nécessairement contradiction entre l'arrêt rendu par la CJUE dans l'affaire *Mangold* et les décisions citées. Certains spécialistes font observer à juste titre que les faits jugés dans l'affaire *Grant* présentaient des différences essentielles par rapport à ceux de l'affaire *Mangold.*[76] En effet, contrairement à ce qu'il s'est passé pour l'affaire *Mangold*, la décision de la CJUE dans le cas *Grant* portait sur des faits antérieurs à l'adoption de la directive 2000/78/CE, dans laquelle outre l'interdiction de la discrimination fondée sur l'âge, est inscrite l'interdiction de la discrimination fondée sur l'orientation sexuelle. Certes, un acte de droit secondaire ne peut en lui-même modifier le droit primaire. Toutefois, en adoptant à l'unanimité la directive en question, les Etats membres ont reconnu implicitement l'existence d'une nouvelle norme commune de lutte contre la discrimination, qui, au plus tard à partir de cette date, inclut aussi l'interdiction de la discrimination fondée sur l'âge. Si dans l'affaire *Mangold* la CJUE a supposé, sur la base du principe général d'égalité de traitement, qu'il existait une interdiction de la discrimination fondée sur l'âge dans le droit primaire, tandis que dans l'affaire *Grant* elle a refusé d'établir un principe juridique général correspondant relatif à l'interdiction de la discrimination fondée sur

73 Arrêt de la CJUE du 17 février 1998 dans l'affaire C-249/96, Rec. 1998, p. I-621 (Grant).

74 Arrêt de la CJUE du 11 juillet 2006 dans l'affaire C-13/05, Rec. 2006, p. I-6467, points 54 et suivants (Chacón Navas) ; voir à ce sujet Martin, RJS 12/08, p. 947 (953) ; Reiner, ecolex 2007, p. 270 (271).

75 Arrêt de la CJUE du 11 juillet 2006 dans l'affaire C-13/05, point 56 (Chacón Navas).

76 Polloczek, Altersdiskriminierung im Licht des Europarechts, p. 171 et suivantes.

l'orientation sexuelle, cela tient donc à une évolution du droit de l'Union concernant la protection contre la discrimination.[77]

Pour de semblables raisons, la décision de la CJUE dans l'affaire Chacón Navas ne doit pas être perçue comme contradictoire par rapport à l'arrêt *Mangold*. La maladie ne fait pas partie des motifs de discrimination pour lesquels la directive 2000/78/CE établit une interdiction et n'est donc pas, d'après la conviction commune des Etats membres, une composante des règles de lutte contre les discriminations inscrites dans le droit communautaire.

d. Autres considérations

Enfin, l'avocat général *Mazák* estime que déduire du seul principe général d'égalité de traitement l'existence d'une interdiction spécifique de la discrimination fondée sur l'âge est une proposition audacieuse et une avancée notable.[78] Il justifie son appréciation en rappelant qu'une interdiction de discrimination donnée est certes l'expression du principe général d'égalité de traitement qui fait partie des fondements de l'Union, comme la CJUE le noterait à juste titre à propos des interdictions de discriminations fondées sur certains motifs. Mais, ajoute-t-il, déduire de ce principe général d'égalité de traitement l'existence d'une interdiction de discrimination dans le droit primaire comme l'a fait la Cour est tout à fait différent et ne va pas de soi, puisque le principe général d'égalité de traitement laisserait précisément ouverte la question de savoir quels critères de différenciation peuvent être admis.[79] Cette question aurait justement reçu des réponses diverses au fil du temps et ferait l'objet d'une évolution permanente à l'échelle nationale et internationale.[80]

---

77 Voir les arguments convaincants de Polloczek, Altersdiskriminierung im Licht des Europarechts, p. 172.

78 Conclusions de l'avocat général Mazák du 15 février 2007 dans l'affaire C-411/05 (note 72), point 89 (Palacios de la Villa).

79 Conclusions de l'avocat général Mazák du 15 février 2007 dans l'affaire C-411/05 (note 72), point 92, 94 (Palacios de la Villa).

80 Conclusions de l'avocat général Mazák du 15 février 2007 dans l'affaire C-411/05 (note 72), point 92 (Palacios de la Villa).

Il faut donc retenir que, même compte tenu de ces arguments, la décision *Mangold* n'était à tout le moins pas indéfendable.

De fait, la CJUE n'a pas remis en question l'existence en elle-même d'une interdiction de la discrimination fondée sur l'âge relevant du droit primaire qu'elle a établie dans l'arrêt *Mangold*, malgré les critiques parfois virulentes. Dans son arrêt *Kücükdeveci*, la Cour a depuis lors clairement confirmé que l'interdiction de la discrimination fondée sur l'âge doit être qualifiée de principe général du droit de l'Union, que la directive 2000/78/CE n'a fait que concrétiser.[81]

III. Conséquences des prescriptions du droit européen sur le droit national

1. *La portée de la directive 2000/78/CE*

a. *Un effet immédiat des dispositions de la directive y compris entre sujets de droit privés?*

Dans l'affaire *Mangold*, la CJUE a décidé que le juge national était tenu de garantir l'entier effet de l'interdiction de la discrimination fondée sur l'âge, en n'appliquant aucune des dispositions du droit national qui irait à l'encontre de ce dernier.[82]

Dans la mesure où cette décision a été rendue dans le cadre d'un litige entre personnes privées, une partie des commentateurs en ont conclu que la CJUE voulait marquer par là un tournant majeur par

---

81 Arrêt de la CJUE du 19 janvier 2010 dans l'affaire C-555/07, non encore disponible dans le recueil officiel, NZA 2010, p. 85 (Kücükdeveci), point 21 ; voir aussi Höpfner, ZfA 2010, p. 449 (453 et suivantes).

82 Arrêt de la CJUE du 22 novembre 2005 dans l'affaire C-144/04 (note 12), point 77, (Mangold).

rapport à la jurisprudence qu'elle avait toujours rendue jusque-là concernant l'effet immédiat des directives.[83]

aa. Jurisprudence traditionnelle de la CJUE concernant l'effet immédiat des directives

Selon la jurisprudence constante de la CJUE, les directives européennes, d'après l'article 288, paragraphe 3 TFUE (ex article 249 paragraphe 3 TCE) n'ont en principe pas d'effet immédiat et n'ont des effets de droit que de manière indirecte, par l'intermédiaire des lois nationales qui les transposent[84].

La CJUE considère exceptionnellement que les directives sont directement applicables uniquement dans l'hypothèse où, alors que le délai de transposition est expiré, une directive n'a pas été ou a été mal transposée et que la disposition de la directive en cause est suffisamment précise et son contenu suffisamment impératif, pour que des droits des citoyens puissent en découler immédiatement, c'est-à-dire sans que le législateur national ait une marge de manoeuvre.[85] Cependant, d'après la CJUE, même ce type d'effet immédiat des dispositions d'une directive ne peut conférer des droits à une personne privée[86] en principe que vis-à-vis des autorités étatiques et des autres institutions placées sous le contrôle de l'Etat ou disposant de droits particuliers, mais non vis-à-vis d'autres personnes privées.[87] Cet effet

83 Bauer/Arnold, NJW 2006, p. 6 (9).

84 Voir par exemple l'arrêt de la CJUE du 26 février 1986, affaire 152/84, Rec. 1986, 723 point 48 (Marshall) ; arrêt de la CJUE du 13 novembre 1990, affaire C-106/89, Rec. 1990, I-4135, point 6 (Marleasing) ; arrêt du 14 juillet 1994, affaire C-91/92, Rec. 1994, I-3325, point 20 (Faccini Dori) ; plus récemment, l'arrêt du 5 octobre 2004, affaires conjointes C-397/01 à C-403/01, Rec. 2004, I-8835, point 108 (Pfeiffer).

85 Voir principalement l'arrêt de la CJUE du 4 décembre 1974, affaire 41/74, Rec. 1974, 1337, point 12 (van Duyn) ; arrêt du 20 mars 1997, affaire C-96/97, Rec. 1997, I-1653, point 37 (Commission/Allemagne).

86 Voir arrêt de la CJUE du 7 septembre 2006, affaire C-180/04, Rec. 2006, I-7251, point 26 (Vasallo).

87 Première occurrence de cette jurisprudence dans l'arrêt de la CJUE du 26 février 1986 – affaire 152/84 (note 99), point 48 (Marshall) ; arrêt du 13 novembre

à l'égard des tiers dit vertical vaut aussi dans la cadre des contrats de travail, lorsque les institutions mentionnées sont les employeurs.[88]

La CJUE fonde en partie son hypothèse de l'existence d'un effet à l'égard des tiers vertical sur le fait qu'un Etat membre ne doit pas se retrouver dans une position plus favorable parce qu'il a omis de se conformer à ses obligations communautaires.[89] Dans ce contexte, l'applicabilité immédiate de la directive acquiert en quelque sorte le caractère d'une sanction.[90] D'autre part, la jurisprudence relative à l'applicabilité immédiate des directives sert à assurer l'effet utile du droit de l'Union.[91]

bb. Critique de la reconnaissance d'un effet à l'égard des tiers horizontal de la directive 2000/78/CE

Si on admet que la CJUE reconnaît potentiellement dans la décision *Mangold* un effet immédiat des directives – indépendant d'un acte de transposition national – y compris dans les relations de droit privées (ce qu'on appelle un effet à l'égard des tiers horizontal), on peut reprocher à cette décision d'être contraire à l'article 288, paragraphe 3 TFUE (ex article 249, paragraphe 3 CE) et de constituer une atteinte à la compétence de transposition du législateur national.[92] La directive 2000/78/CE serait déjà applicable sans transposition dans le droit national ; dans le cas d'une transposition, la CJUE viendrait corriger

---

1990, affaire C-106/89 (note 99), point 6 (Marleasing) ; arrêt du 14 juillet 1994 – affaire C-91/92, point 20 (Faccini Dori) ; plus récemment, l'arrêt du 5 octobre 2004, affaires conjointes C-397/01 à C-403/01, Rec. 2004, I-8835, point 108 (Pfeiffer).

88 Voir l'arrêt rendu par la CJUE dès le 26 février 1986 – affaire C-152/84, point 49 (Marshall).

89 Voir arrêt de la CJUE du 19 janvier 1982 – affaire 8/81, Rec. 1982, 53 point 23 et suivants (Becker).

90 Voir Cavallini, JCP S 2005 N° 25, p. 25 (28).

91 Arrêt de la CJUE du 4 décembre 1974, affaire 41/74 (note 100) point 12 (van Duyn).

92 Thüsing, ZIP 2005, 2149 (2150).

une loi nationale potentiellement contraire à la directive qui aurait de toute façon également des effets entre personnes privées.[93]

En outre, l'idée de sanction, dont la CJUE se sert pour justifier la reconnaissance d'un effet à l'égard des tiers vertical, est précisément un argument contre l'hypothèse d'un effet immédiat de la directive dans les relations de droit privé : puisqu'aux termes de l'article 288, paragraphe 3 TFUE (ex article 249, paragraphe 3 TCE) l'obligation de transposer la directive concerne l'Etat, une personne privée ne peut être tenue pour responsable du fait que la directive n'ait pas été transposée en bonne et due forme.[94]

cc. Interprétation de la décision Mangold de la CJUE

D'après une opinion convaincante[95], la décision *Mangold* de la CJUE ne doit cependant pas être comprise comme posant que la directive 2000/78/CE doit avoir des effets indépendamment de sa transposition, y compris et de manière systématique pour les relations de droit entre personnes privées. En effet, il faut garder à l'esprit que pour la CJUE l'interdiction de la discrimination fondée sur l'âge ne se trouve précisément pas uniquement dans la directive 2000/78/CE, elle reconnaît au contraire une nouvelle interdiction de ce type de discrimination relevant du droit primaire, sur laquelle elle fonde l'obligation pour les tribunaux nationaux de ne pas appliquer les règles de droit qui seraient contraire à cette interdiction. Comme *Tissandier* le souligne à juste titre, ce détour consistant à poser un principe général du droit de l'Union confirme précisément l'hypothèse selon laquelle la CJUE, dans son arrêt *Mangold*, reste fidèle à sa jurisprudence constante, selon laquelle un effet à l'égard des tiers

93 Bauer/Arnold, NJW 2006, p. 6 (10).

94 Voir l'argumentaire convaincant de Polloczek, Altersdiskriminierung im Licht des Europarechts, p. 185.

95 Voir par exemple Brors, in : Däubler/Bertzbach, Allgemeines Gleichbehandlungsgesetz, point 10 sur le § 10 AGG.

horizontal des directives européennes est exclu entre personnes privées.[96]

En effet, en tant que principe général du droit de l'Union, et donc en tant que composante du droit primaire, l'interdiction de la discrimination fondée sur l'âge jouit pleinement de la primauté d'applicabilité du droit communautaire par rapport à toutes les formes de droit national.[97] Cette seule raison suffit pour que les tribunaux nationaux soient tenus de ne pas appliquer le droit national contraire.[98]

Au regard des arguments avancés par la CJUE dans l'affaire *Mangold*, la directive 2000/78/CE doit donc être considérée, en ce qui concerne l'interdiction de la discrimination fondée sur l'âge, comme une simple règle d'application concrète, destinée aux Etats membres, qui précise sous quelles conditions une disposition du droit national entraînant une inégalité de traitement liée à l'âge, enfreint l'interdiction de discrimination correspondante.[99] L'arrêt *Mangold* ne lui confère donc pas un effet immédiat dans les relations entre personnes privées, qui permettrait à un employé de se prévaloir directement des dispositions de la directive contre un employeur privé.

b. Interprétation conforme à la directive

Même si les directives européennes n'ont pas d'effet immédiat sur les relations entre personnes privées, elles peuvent cependant avoir une influence sur ce type de relations de droit par le biais de l'obligation de l'interprétation conforme à la directive.[100]

Dès lors que dans le droit des Etats membres, une marge d'interprétation existe, les tribunaux nationaux sont tenus, d'après la

---

96 Tissandier, RJS 4/06, p. 257 (261) ; voir aussi Cavallini, JCP S 2005 N° 25, p. 25 (27).

97 Voir Schroeder, in : Streinz, TUE/TCE, point 44 sur l'article 249 TCE ; Wegener, in : Calliess/Ruffert, TUE/TCE, point 27 sur l'article 220 TCE.

98 Wegener, in : Calliess/Ruffert, TUE/TCE, point 28 sur l'article 220 TCE ; voir Schroeder, in : Streinz, TUE/TCE, point 46 sur l'article 249 TCE.

99 Voir Cavallini, JCP S 2005 N° 25, p. 25 (27).

100 Voir Oppermann, Europarecht, § 6 point 93, qui parle à ce propos d'une sorte d'« effet à l'égard des tiers indirect » des directives dans le droit privé.

jurisprudence constante de la CJUE, de l'utiliser pleinement en faveur du droit de l'Union et d'orienter leur interprétation autant que possible dans le sens de l'énoncé et de l'objectif de la directive de référence.[101] Une interprétation *contra legem* est cependant exclue dans ce contexte.[102]

Dans le cas de figure où, dans le cadre d'un litige entre personnes privées, le droit de l'Etat membre contredisait une disposition d'une directive après l'expiration du délai de transposition et que la disposition en question était suffisamment concrète pour avoir un effet immédiat – concernant le rapport d'une personne privée à l'Etat –, la CJUE a cependant établi dans sa décision *Pfeiffer* du 5 octobre 2004[103] que l'interprétation doit alors viser à un résultat qui soit compatible avec l'objectif poursuivi par la directive. Certains auteurs voient dans cette formulation la marque d'un élargissement très net de la méthode de l'interprétation conforme à la directive de la part de la CJUE, de sorte que cette méthode pourrait équivaloir en pratique à un effet immédiat de la directive y compris dans les relations de droit privé.[104]

Il faut cependant retenir que la CJUE, y compris dans sa décision sur l'affaire *Pfeiffer*, fait dépendre l'obligation d'interpréter la loi dans le sens de la directive du fait que le droit national concerné laisse effectivement une place à l'interprétation. C'est pourquoi même si la CJUE voulait par cette formulation un peu plus ferme que les précédentes élargir le champ d'application de l'interprétation conforme à la directive, elle reste toutefois fidèle sur le principe à sa

101 Voir l'arrêt de la CJUE du 13 novembre 1990, affaire C-106/89 (note 99), point 8 (Marleasing) ; arrêt du 14 juillet 1994, affaire C-91/92 (note 99), point 26 (Faccini Dori).

102 Arrêt de la CJUE du 4 juillet 2006, affaire C-212/04, Rec. 2006, p. I-6057, point 110 (Adeneler).

103 Arrêt de la CJUE du 5 octobre 2004 – affaires conjointes C-397/01 à C-403/01, point 113 (Pfeiffer).

104 Sacksofsky, in : FS Zuleeg, p. 323 (327) ; voir aussi Hailbronner, NZA 2006, p. 811 (812).

jurisprudence antérieure, dans la mesure où une interprétation du droit national contraire à l'énoncé de la loi n'est pas admise.[105]

La CJUE déduit l'obligation d'interpréter la loi nationale conformément à la directive, d'une part de l'article 288, paragraphe 3 TFUE (ex article 249, paragraphe 3 TCE)[106], d'autre part de l'article 4, paragraphe 3 TUE (ex-article 10 TCE)[107], ainsi que de la directive à transposer concernée.[108]

Cette obligation ne signifie pas seulement que la loi de transposition de telle ou telle directive doit être interprétée à la lumière des prescriptions de la directive concernée, elle porte également sur l'ensemble du droit national[109], qu'il ait été promulgué avant ou après la directive en question.[110]

La date à partir de laquelle l'obligation d'interpréter la loi nationale conformément à la directive prend effet est, d'après l'opinion largement majoritaire dans la doctrine, la date d'expiration du délai de transposition.[111] Dans le même sens, la CJUE considère désormais, en cas de retard dans la transposition, que la date d'expiration du délai de transposition est la date de référence.[112] Les prises de position de la CJUE n'établissent cependant pas clairement si les tribunaux nationaux sont tenus ou non à ses yeux, d'interpréter le droit national conformément à la directive en cas de transposition

---

105 Voir dans ce sens : Hailbronner, NZA 2006, p. 811 (812 et suivantes) ; Polloczek, Altersdiskriminierung im Licht des Europarechts, p. 188.

106 Voir l'arrêt de la CJUE du 5 octobre 2004, affaires conjointes C-397/01 à C-403/01, point 113 (Pfeiffer).

107 Voir l'arrêt de la CJUE du 10 avril 1984, affaire 14/83, Rec. 1984, 1891, point 26, 28 (von Colson et Kamann).

108 Arrêt de la CJUE du 4 juillet 2006, affaire C-212/04, point 113 (Adeneler).

109 Voir l'arrêt de la CJUE du 10 avril 1984, affaire 14/83, point 26 (von Colson et Kamann) ; Arrêt de la CJUE du 5 octobre 2004, affaires conjointes C-397/01 à C-403/01, point 115 (Pfeiffer).

110 Arrêt de la CJUE du 13 novembre 1990, affaire C-106/89, point 8 (Marleasing) ; arrêt du 14 juillet 1994, affaire C-91/92 (note 99), point 26 (Faccini Dori) ; arrêt du 4 juillet 2006, affaire C-212/04, point 108 (Adeneler).

111 Pour se faire idée complète, voir : Lutter, JZ 1992, p. 593 (605).

112 Arrêt de la CJUE du 4 juillet 2006, affaire C-212/04, point 124 (Adeneler).

anticipée ou manifestement erronée de la directive, dans la période séparant l'entrée en vigueur de la directive de l'expiration du délai de transposition.[113]

Si des dispositions du droit national ne peuvent pas être interprétées conformément à la directive, la législation nationale contraire à la directive ne doit pas être appliquée.[114] Parallèlement, une personne privée peut, sous certaines conditions, réclamer à l'Etat qui n'a pas ou a mal rempli ses obligations de transposition, des dommages et intérêts pour le préjudice qu'il a subi en raison de la non-transposition de la directive.[115]

2. *Portée de l'interdiction de la discrimination fondée sur l'âge inscrite dans le droit primaire*

a. *Un effet immédiat y compris dans les relations entre personnes privées?*

Il faut distinguer la question d'un possible effet à l'égard des tiers horizontal de la directive de celle de savoir si le principe général du droit non écrit posant une interdiction de la discrimination sur le critère de l'âge postulé par la CJUE dans son arrêt *Mangold* peut avoir un effet immédiat sur les relations de droit privées.

La CJUE n'a pas pris position sur cette question dans son arrêt *Mangold.* Elle n'avait d'ailleurs pas de raison de le faire, puisqu'un éventuel effet horizontal de l'interdiction de la discrimination fondée sur l'âge inscrite dans le droit primaire n'était finalement pas décisif

---

113 Pour plus de détails sur ce point : Polloczek, Altersdiskriminierung im Licht des Europarechts, p. 183 et suivantes.

114 Polloczek, Altersdiskriminierung im Licht des Europarechts, p. 182.

115 La première occurence de cette jurisprudence se trouve dans l'arrêt de la CJUE du 19 novembre 1991, affaires conjointes C-6/90 et C-9/90, Rec. 1991, I-5357, point 33 et suivants (Frankovich) ; arrêt du 5 mars 1996, affaires conjointes C-46/93 et C-48/93, Rec. 1996, I-1029, point 31, 36 et suivants (Brasserie du Pêcheur et Factortame).

pour juger les faits en cause. En effet, dans l'affaire *Mangold*, la question était celle de la conformité d'une disposition inscrite à l'article 14, paragraphe 3 de la loi allemande sur les emplois à temps partiel et les CDD (Teilzeit- und Befristungsgesetz), que le législateur allemand avait promulguée pour transposer la directive 1999/70.[116] Dans la mesure où la CJUE déclarait que cette disposition ne devait pas être appliquée par le tribunal chargé de l'affaire, elle ne faisait référence, dans ce contexte, qu'à l'obligation du législateur national reconnue par la Cour de tenir compte, dans la mise en oeuvre ou la transposition du droit de l'Union, des principes généraux du droit primaire non écrit.[117] Les éventuelles conséquences d'une transgression de l'interdiction de la discrimination fondée sur l'âge dans les relations de droit entre personnes privées ne se produisent, dans ce cas de figure, que de manière indirecte, via l'obligation de ne pas appliquer la disposition législative créant une discrimination fondée sur l'âge.

aa. Etat de la doctrine

Dans la doctrine, on rencontre l'opinion selon laquelle l'hypothèse d'un effet horizontal de l'interdiction de la discrimination fondée sur l'âge relevant du droit primaire doit être rejetée du simple fait que le principe d'égalité de traitement inscrit dans le droit communautaire ne lierait[118] dans une certaine mesure, en plus des organes de la communauté, que les Etats membres, et non les personnes privées.[119]

---

116 Directive 99/70/CE du Conseil du 28 juin 1999 concernant l'accord-cadre CES, UNICE et CEEP sur le travail à durée déterminée, Journal officiel n° L 175 du 10/07/1999, p. 43-48.

117 Voir par exemple l'arrêt de la CJUE du 13 avril 2000, affaire C-292/97, Rec. 2000, I-2737, point 37 et suivant (Karlsson) ; arrêt du 12 décembre 1996, affaires conjointes C-74/95 et C-129/95, Rec. 1996, I-6609 point 25 et suivants (X) ; Jarass, EU-Grundrechte, § 4 point 11 et suivants.

118 L'opinion la plus largement répandue parmi les spécialistes est que le principe d'égalité de traitement du droit communautaire lie également les Etats membres dans le champ d'application du droit communautaire. Voir par exemple Bleckmann, Europarecht, point 1780 ; Kischel, EuGRZ 1997, p. 1 (6).

119 Bleckmann, Europarecht, point 1780 ; Thüsing, ZIP 2005, p. 2149.

Il ne saurait en aller différemment d'une interdiction de la discrimination fondée sur l'âge assimilée au droit primaire, qui serait une expression particulière du principe d'égalité de traitement.[120]

L'avocat général *Mazák* rejette lui aussi, dans ses conclusions sur l'affaire *Palacios*, l'idée d'un effet immédiat sur les relations entre personnes privées d'une interdiction de la discrimination fondée sur l'âge relevant du droit primaire.[121]Il avance en particulier l'argument selon lequel la promulgation d'une directive – la directive 2000/78/CE – a donné à l'interdiction de la discrimination fondée sur l'âge une expression et un effet particuliers. Il en conclu qu'un principe général du droit, tel que l'interdiction de la discrimination fondée sur l'âge, n'a pas d'autre fonction que de servir à interpréter la directive 2000/78/CE. A ses yeux, postuler un effet horizontal d'un principe général du droit remettrait en question dans un tel cas de figure la répartition des compétences entre l'Union et les Etats membres, de même que, plus généralement, l'attribution des compétences prévue par le traité. Il renvoie sur ce point à l'article 19 TFUE (ex article 13 TCE) qui, dans le domaine de la discrimination, attribue explicitement au Conseil la compétence de prendre des mesures appropriées pour lutter contre la discrimination, entre autres celle fondée sur l'âge. A partir du moment où le Conseil a pris des mesures correspondantes via la directive 2000/78/CE, on ne doit pas pouvoir se réclamer d'un principe général du droit de l'Union pour contourner les limites posées à l'application de cette directive.

A contrario, l'avocate générale *Sharpston*, qui, dans l'affaire *Bartsch* – du fait des questions posées – a dû prendre explicitement position sur la possibilité d'un effet horizontal d'une interdiction de la discrimination fondée sur l'âge relevant du droit primaire a déclaré que cet effet ne devait pas être exclu d'emblée.[122] Son argument principal est que la CJUE est occasionnellement allée jusqu'à

---

120 Thüsing, ZIP 2005, p. 2149 et suivantes.

121 Conclusions de l'avocat général Mazák du 15 février 2007 dans l'affaire C-411/05, point 136 et suivants (Palacios de la Villa).

122 Conclusions de l'avocate générale Sharpston du 22 mai 2008, affaire C-427/06, non encore publiées dans les recueils officiels, point 81 et suivants (Bartsch).

reconnaître que le principe général d'égalité de traitement du droit de l'Union pouvait être utilisé de manière horizontale, à partir du moment où il était repris dans une disposition matérielle du traité CE.[123] Sur la base de réflexions similaires, l'avocat général *Bot* est parti du principe, dans l'affaire *Kücükdeveci*, qu'une interdiction de la discrimination fondée sur l'âge relevant du droit primaire devait avoir un effet immédiat y compris sur les relations de droit entre personnes privées.[124]

De la même manière, une partie des spécialistes tirent de la jurisprudence de la CJUE concernant l'applicabilité immédiate du droit à l'égalité de traitement entre hommes et femmes dans le domaine de la rémunération (article 157 TFUE, ex article 141 TCE)[125], la conclusion qu'un principe général du droit prenant la forme d'une interdiction de la discrimination fondée sur l'âge devrait avoir aussi un effet horizontal. Car, tout comme l'interdiction de la discrimination fondée sur le sexe, l'interdiction de la discrimination fondée sur l'âge constituerait un aspect particulier du principe d'égalité de traitement inscrit dans le droit communautaire.[126]

bb. Prise de position personnelle

Du point de vue de l'auteur de cet ouvrage, l'interdiction de la discrimination fondée sur l'âge relevant du droit primaire posée par la CJUE n'a pas d'effet direct dans les relations de droit privé.

---

123 Arrêt de la CJUE du 6 juin 2000, affaire C-281/98, Rec. 2000, I-4139, point 34 et suivants (Angonese) concernant l'interdiction de la discrimination fondée sur la nationalité inscrite à l'article 39, paragraphe 2 du traité CE.

124 Conclusions de l'avocat général Bot du 7 juillet 2009 dans l'affaire C-555/07, non encore publiées dans les recueils officiels, point 85 (Kücükdeveci).

125 Première occurence de cette jurisprudence dans l'arrêt de la CJUE du 8 avril 1976, affaire 43/75, Rec. 1976, p. 455, point 40 (Defrenne).

126 Polloczek, Altersdiskriminierung im Licht des Europarechts, p. 191 ; Beutler va encore plus loin : in : von der Groeben/Schwarze, EUV/EGV, point 66 sur l'article 6 du TUE.

Le souci d'assurer la sécurité juridique suffit à lui seul pour réfuter l'hypothèse d'un effet horizontal[127] : même avant l'expiration du délai de transposition d'une directive, les personnes privées ne pourraient en effet plus être sûres qu'un droit national univoque sera appliqué.

Si la Cour part du principe qu'il existe parfois un effet horizontal immédiat du principe général d'égalité de traitement, quand ce dernier a trouvé une expression dans des dispositions matérielles concrètes du traité CE, cela n'entraîne pas nécessairement qu'un effet correspondant est reconnu de la même façon à un principe général du droit non écrit prenant la forme d'une interdiction de la discrimination en raison de l'âge. En effet, tous les principes généraux du droit et toutes les interdictions de discrimination n'ont pas automatiquement la même portée.[128]

En ce qui concerne l'interdiction de la discrimination fondée sur l'âge, la décision rendue récemment par la CJUE dans l'affaire *Bartsch*[129] va bien plutôt dans le sens de l'hypothèse selon laquelle un tel principe général n'a pas d'effet immédiat dans les litiges entre personnes privées.

Dans le cadre de cette affaire, qui reposait sur des faits relevant uniquement du droit interne, la CJUE a déclaré que le droit de l'Union ne contient pas d'interdiction de la discrimination en raison de l'âge que les tribunaux nationaux devraient garantir si le traitement potentiellement discriminatoire n'a pas de lien avec le droit de l'Union.[130]

---

127 Voir également les conclusions de l'avocat général Mazák du 15 février 2007 - affaire C-411/05, point 138 (Palacios de la Villa).

128 Voir Martin, RJS 12/08 p. 947 (951) ; et aussi les conclusions de l'avocat général Mazák du 15 février 2007 - affaire C-411/05, point 135 (Palacios de la Villa).

129 Arrêt de la CJUE du 23 septembre 2008 – affaire C-427/06, non encore publié dans les recueils officiels = NZA 2008, p. 1119 (Bartsch).

130 Arrêt de la CJUE du 23 septembre 2008 – affaire C-427/05 (note 144), point 25 (Bartsch).

De l'avis de la CJUE, des principes généraux du droit ne peuvent donc pas élargir le champ d'application du droit de l'Union, mais présupposent au contraire, pour être applicables, que les faits relèvent du champ d'application du droit de l'Union.[131]

Ainsi, même si la Cour ne remet pas en question l'interdiction de la discrimination fondée sur l'âge inscite dans le droit primaire en elle-même, elle limite cependant considérablement la possibilité de se référer à un principe général du droit correspondant et donc la portée, voire l'intéret de l'interdiction de la discrimination en raison de l'âge elle-même.[132] La décision de la Cour amène donc à conclure que l'interdiction de la discrimination fondée sur l'âge du droit primaire ne doit pas être interprétée de manière extensive, mais qu'on doit tendre à en retenir une acception restrective. Pour cette simple raison, on conçoit aisément qu'il n'y a pas lieu de reconnaître à un principe général du droit correspondant un effet immédiat dans les relations de droit privé.

Certes, la décision *Kücükdeveci*[133] rendue depuis lors semble indiquer que la CJUE conçoit le champ d'application du droit de l'Union de manière très large relativement à l'interdiction de la discrimination fondée sur l'âge relevant du droit primaire et précisée dans la directive 2000/78/CE.[134] La Cour considère dans cette affaire que le champ d'application du droit de l'Union est ouvert, d'abord parce que le règlement allemand en cause, datant de 1926 (§ 622 paragraphe 2 BGB), fixe les conditions de licenciement des employés[135] et que la directive 2000/78/CE, dont le délai de transposition était expiré à la date pertinente, englobe également les conditions de licenciement. Mais la CJUE ne fait que supposer ici

131 Voir également Cavallini, JCP S 2008 N° 47, p. 19 et suivantes.

132 Voir les arguments pertinents de Tissandier, RJS 1/09 p. 11 (14) ; Muller/ Schmitt, Recueil Dalloz 2008, p. 3038 (3039).

133 Arrêt de la CJUE du 19 janvier 2010 – affaire C-555/07 (note 96) (Kücükdeveci).

134 Voir également à ce sujet Preis/Temming, NZA 2010, p. 185 (186 f.).

135 Arrêt de la CJUE du 19 janvier 2010 – affaire C-555/07, point 26 (Kücükdeveci).

encore que l'interdiction de la discrimination fondée sur l'âge inscrite dans le droit primaire doit être garantie sous la forme qu'elle a trouvée dans la directive et dans le champ d'application de la directive. On ne peut donc déduire de cette décision que la CJUE souhaiterait désormais donner une importance plus grande qu'elle ne l'a fait dans sa jurisprudence antérieure à ce principe général du droit de l'Union. Et ceci d'autant plus que même après la décision *Kücükdeveci*, on ne sait toujours pas de manière certaine dans quels cas précis la directive 2000/78/CE élargit le champ d'application du droit communautaire relativement à l'interdiction de la discrimination en raison de l'âge inscrite dans le droit primaire.[136] Même après la décision rendue par la CJUE dans l'affaire *Kücükdeveci*, on peut, à notre avis, continuer à considérer que l'interdiction de la discrimination en raison de l'âge inscrite dans le droit primaire doit tendanciellement être interprétée de manière restrictive.

En outre – comme le souligne à juste titre l'avocat général *Mazák*[137] – il faut noter que l'interdiction de la discrimination fondée sur l'âge relevant du droit primaire est précisément une forme de discrimination qui, sur le fondement de la règle d'attribution des compétences énoncée à l'article 13, paragraphe 1 TCE, a été reprise et précisée par le Conseil dans le cadre de la directive 2000/78/CE. Si l'interdiction de la discrimination fondée sur l'âge avait un degré d'autonomie tel qu'elle puisse être appliquée indépendamment de la directive, y compris dans les relations de droit entre personnes privées, le principe selon lequel, d'après la jurisprudence constante de la Cour, les directives n'ont précisément pas d'effet à l'égard des tiers horizontal, se verrait, de fait, contourné.

136 Voir aussi Waltermann, EuZA 2010, p. 541 (548, 551).

137 Conclusions de l'avocat général Mazák du 15 février 2007 – affaire C-411/05 (note 72), point 136 et suivants (Palacios de la Villa).

b. Le lien avec le droit de l'Union comme condition du caractère contraignant de l'interdiction de la discrimination fondée sur l'âge

Dans sa décision *Bartsch* du 23 novembre 2008[138], qui a suscité beaucoup d'attention, la CJUE a bien précisé que les Etats membres ne sont tenus de respecter l'interdiction de la discrimination fondée sur l'âge contenue dans le droit primaire que lorsque les faits examinés présentent un lien avec le droit de l'Union.[139]

aa. Obligation de respect du droit de l'Union par les Etats membres

D'après la jurisprudence de la CJUE antérieure à la decision *Bartsch*, le droit de l'Union lie les Etats membres au moins dans le cas où ces derniers « mettent en œuvre » des règlementations communautaires et agissent pour ainsi dire comme délégués de l'Union[140] (ce qu'on appelle *agency situation*)[141]. Ceci vaut également, et même essentiellement pour la transposition des directives.[142] Il n'est pas nécessaire dans ce cas de figure – comme le précise la décision *Mangold*[143] – qu'une réglementation nationale donnée ait été adoptée pour transposer précisément la directive aux dispositions de laquelle elle s'avère contraire. Il suffit bien plutôt que la réglementation en cause ait été adoptée pour mettre en oeuvre une directive européenne quelconque ou découle du droit communautaire.[144] Le législateur national doit donc, lorsqu'il transpose des dispositions européennes

138 Arrêt de la CJUE du 23 septembre 2008 – Affaire C-427/06 (Bartsch).

139 Arrêt de la CJUE du 23 septembre 2008 – Affaire C-427/06, point 25 (Bartsch).

140 Arrêt de la CJUE du 13 juillet 1989 – Affaire 5/88, Rec. 1989, p.2609, point 19 (Wachauf) ; voir également à ce sujet Preis/Temming, NZA 2008, p. 1209 (1211) ; Nettesheim, JZ 2008, p. 1159 (1160).

141 Arrêt de la CJUE du 13 juillet 1989, affaire 5/88, Rec. 1989, 2609, point 19 (Wachauf) ; voir sur ce point Preis/Temming, NZA 2008, p. 1209 (1211) ; Nettesheim, JZ 2008, p. 1159 (1160).

142 Arrêt de la CJUE du 12 décembre 1996 – Affaires conjointes C-74/95 et C-129/95, Rec. 1996, p. I-6609, point 25 et suivant (X) ; Jarass, Droits fondamentaux de l'UE, § 4 point 12.

143 Arrêt de la CJUE du 22 novembre 2005 – Affaire C-144/04, point 75 (Mangold).

144 Voir les Conclusions de l'avocat général Sharpston du 22 mai 2008 – Affaire C-427/06, point 69 (Bartsch).

dans le droit national, éviter les contradictions posibles avec l'ensemble du droit de l'Union.

Toutefois, la CJUE n'a pas restreint le caractère contraignant des príncipes généraux du droit de l'Union au seul cas de figure dans lequel les Etats membres "mettent en oeuvre" le droit de l'Union. Elle a bien plutôt considéré que les Etats membres ont le devoir général de respecter les droits fondamentaux de l'Union dès lors qu'une réglementation nationale relève « du champ d'application » du droit communautaire. [145] Cette formulation s'entend naturellement de manière plus large que le simple concept de « mise en œuvre » du droit de l'Union.[146]

Ceci étant posé, dans quelles conditions concrètes peut-on présupposer que les Etats membres sont liés par les principes généraux du droit de l'Union et qu'ils sont tenus de respecter l'interdiction de la discrimination en fonction de l'âge inscrite dans le droit primaire, y compris pour les règles qui ne constituent pas une transposition du droit communautaire : la décision *Bartsch* non plus n'a toujours pas apporté de réponse claire à cette question.[147]

bb. Portée de la décision Bartsch

De fait, dans l'affaire *Bartsch*, qui portait sur une disposition du droit allemand relative aux pensions de retraite professionnelles, la CJUE n'a que modérément contribué à répondre à la question de savoir quand une réglementation nationale présente le lien requis avec le droit de l'Union.

Partant des questions préjudicielles, la Cour affirme seulement que l'article 19 TFUE (ex article 13 TCE), qui ne fait qu'attribuer au Conseil la compétence de prendre des mesures pour lutter contre la discrimination, n'est pas propre à faire entrer une réglementation

---

145 Arrêt de la CJUE du 18 juin 1991 – Affaire C-260/89, Rec. 1991, p. I-2925, point 42 (ERT).

146 Nettesheim, JZ 2008, p. 1159 (1160).

147 Pour une possible acception restrictive de la formule employée par la CJUE, « champ d'application du droit communautaire », voir aussi Preis/Temming, NZA 2008, p. 1209 (1212 f.).

purement nationale dans le champ d'application du droit communautaire.[148] On interpréterait trop largement le libellé, le but et la logique de l'article 19 TFUE (ex article 13 TCE) si on déduisait de la simple mention d'un objectif de lutte contre les discriminations une obligation des Etats membres de respecter l'interdiction de la discrimination fondée sur l'âge du droit primaire y compris dans les dispositions légales qui ne constituent pas une transposition du droit communautaire.[149]

Du point de vue de la CJUE, la directive 2000/78/CE ne peut pas non plus avoir pour effet, avant l'expiration du délai de transposition accordé à l'Etat membre concerné, de faire passer dans le champ d'application du droit communautaire des faits purement nationaux dans le but d'appliquer l'interdiction de la discrimination fondée sur l'âge contenue dans le droit primaire.[150]

Cette jurisprudence a cependant été critiquée dans la doctrine dans la mesure où elle fait dépendre de l'expiration du délai de transposition de la directive 2000/78/CE le début de la validité du principe général d'interdiction de la discrimination fondée sur l'âge. D'après *Preis/Temming*[151], la CJUE défendrait dans sa décision *Bartsch*, une position contraire à celle adoptée dans ces décisions relatives aux affaires antérieures *Navarro*[152] et *Cordero*[153]. La CJUE y avait déjà appliqué le principe général d'égalité de traitement du droit primaire, selon lequel – toujours d'après la CJUE – des situations identiques ne peuvent être traitées de manière différente que si cette

148 Arrêt de la CJUE du 23 septembre 2008 - Affaire C-427/06, point 18 (Bartsch).

149 Voir l'argumentation convaincante du Tribunal du travail fédéral (BAG) du 27 juin 2006 – 3 AZR 352/05 (A) = AP n° 6 sur le § 1 b de la loi sur l'amélioration des pensions de retraite professionnelles (Gesetz zur Verbesserung der betrieblichen Altersversorgung, ci-après dénommée BetrAVG).

150 Voir arrêt de la CJUE du 23 septembre 2008 – Affaire C-427/06, point 25 (Bartsch).

151 Preis/Temming, NZA 2008, p. 1209 (1212 ff.).

152 Arrêt du 17 janvier 2008 – Affaire C-246/06, Rec. 2008, p. I-105 (Velasco Navarro).

153 Arrêt du 7 septembre 2006 – Affaire C-81/05, Rec. 2006,p. I-7569 (Cordero Alonso).

inégalité est justifiée de manière objective[154], à partir de l'entrée en vigueur de la directive à transposer dans le cas d'espèce[155]. La CJUE partait donc du príncipe que le droit national en cause faisait partie du « champ d'application » du droit communautaire à partir de ce moment.

L'entrée en vigueur de la directive ne peut cependant pas être considérée comme le point de référence pour l'ouverture du champ d'application du droit de l'Union s'il s'agit d'une interdiction d'inégalité de traitement précisée dans le cadre d'une directive[156] – comme c'est le cas pour l'interdiction de la discrimination fondée sur l'âge dans le droit de l'Union. D'après l'article 288, paragraphe 3 TFUE (ex article 249, paragraphe 3 TCE), la directive charge seulement les Etats membres d'adapter leur droit national aux dispositions de la directive dans le délai de transposition prévu. La directive n'a précisément pas d'effet à l'égard des tiers horizontal[157]. Mais si on considère la date d'entrée en vigueur de la directive comme marquant le début de la validité de l'interdiction de la discrimination fondée sur l'âge inscrite dans le droit primaire, on passe outre aux restrictions inhérentes à la directive. La date marquant l'ouverture du champ d'application du droit de l'Union en ce qui concerne l'interdiction de la discrimination fondée sur l'âge ne peut donc être, à notre avis, que la date d'entrée en vigueur de la loi de transposition nationale, ou bien, pour la relation d'une personne privée à l'Etat – si tant est que les conditions d'un effet direct de la directive soient réunies – la date d'expiration du délai de transposition, si elle précède celle de l'entrée en vigueur de la loi de transposition.[158]

---

154 Voir aussi l'arrêt de la CJUE du 12 décembre 2002 – Affaire C-442/00, Rec. 2002, p. I-11915, point 32 (Rodríguez Caballero).

155 Arrêt de la CJUE du 17 janvier 2008 – Affaire C-246/06, point 34 (Velasco Navarro) ; arrêt du 7 septembre 2006 – Affaire C-81/05, point 29, 35 et suivants (Cordero Alonso).

156 Voir également Rolfs, EuZA 2009, p. 235 (244).

157 Voir plus haut : A.III.1.a.

158 Vgl. auch Rolfs, EuZA 2009, p. 235 (244).

B. L'Etat du droit en France

I. Le principe d'égalité

1. Règles constitutionnelles générales

Le principe d'égalité est omniprésent dans les textes constitutionnels français. La Déclaration des droits de l'Homme et du citoyen du 26 août 1789 reconnaissait déjà l'égalité en droits et l'égalité devant la loi comme des principes fondamentaux[1], idée renforcée par la constitution du 4 octobre 1958.[2] En outre, les textes constitutionnels comportent différents príncipes d'égalité spécifiques, notamment le príncipe de l'égal accès aux emplois publics[3], le principe de l'égalité devant l'impôt[4] et le principe de l'égalité entre les femmes et les hommes[5]. On se refère souvent à ces principes sous l'appellation générique de principe d'égalité constitutionnel.[6] En revanche, le système juridique français ne connaît pas de règles constitutionnelles particulières prenant en compte le critère de l'âge.

1 « Les hommes naissent et demeurent libres et égaux en droits. Les distinctions sociales ne peuvent être fondées que sur l'utilité commune. » (Article 1) « La Loi [...] doit être la même pour tous, soit qu'elle protège, soit qu'elle punisse. » (Article 6).

2 Article 1 et préambule.

3 Article 6, phrase 4 de la Déclaration des droits de l'Homme et du citoyen du 28 août 1789.

4 Article 13 de la Déclaration des droits de l'Homme et du citoyen du 28 août 1789.

5 Alinéa 3 du préambule de la constitution du 27 octobre 1946.

6 Jeammaud, Dr. soc. 2004, p. 694 (699).

Les principes d'égalité constitutionnels existants lient en premier lieu les sujets de droit public et sont des critères d'évaluation de la légalité des lois et d'autres règles de droit public.[7]

Plusieurs décisions de la Cour de cassation révèlent cependant la tendance à reconnaître au principe d'égalité inscrit dans la constitution un effet immédiat dans les relations de travail entre personnes privées en ce qui concerne l'égalité de traitement des employés (effet horizontal).[8]

Comme l'explique *Jeammaud*, ceci constitue un élargissement de sa portée originelle.[9] En effet, le principe d'égalité se réfère au sens propre à une situation dans laquelle toutes les personnes – à l'intérieur d'un cadre donné – disposent des mêmes droits, jouissent des mêmes avantages, ont les mêmes devoirs ou sont soumis aux mêmes contraintes.[10]Au contraire, l'égalité de traitement des employés – qui est en quelque sorte une version atténuée du principe d'égalité – se caractérise par le fait qu'elle autorise des différences, si celles-ci reposent sur des motifs valables.[11] Il faut cependant distinguer le principe de non-discrimination de la notion d'égalité de traitement dans la mesure où cette dernière exige, dans un sens positif, que les mêmes critères soient appliqués pour toutes les personnes concernées, tandis que le principe de non-discrimination est de nature négative et interdit la prise en compte de certains motifs.[12]

Si la Cour de cassation postule désormais parfois un effet immédiat du principe d'égalité dans les relations de droit privé, on ne sait toujours pas de manière sûre jusqu'à quel point il faut reconnaître un tel effet à ce principe.[13] Comme l'expose *Mazeaud* avec pertinence,

---

7 Jeammaud, Dr. soc. 2004, p. 694 (699).

8 Voir par exemple Cass. soc. 18 janvier 2000, Bull. civ. V, N° 25 ; ainsi que Mazeaud, Droit du travail, point 741, avec d'autres renvois ; Jeammaud, Dr. soc. 2004, p. 694 (700 et suivantes).

9 Jeammaud, Dr. soc. 2004, p. 694 (699 et suivantes).

10 Jeammaud, Dr. soc. 2004, p. 694 (696).

11 Jeammaud, Dr. soc. 2004, p. 694 (697 et suivantes).

12 Jeammaud, Dr. soc. 2004, p. 694 (697).

13 Jeammaud, Dr. soc. 2004, p. 694 (700, 702).

le principe d'égalité ancré dans le droit constitutionnel français ne pourra pas, même en ce qui concerne l'égalité de traitement, être entièrement transposé dans le droit du travail, puisque ce dernier n'est tout simplement pas l'équivalent du droit de la fonction publique, dans lequel les employés se trouvent dans une relation contractuelle avec l'Etat.[14]

Il faut néanmoins retenir que, dans le droit français, les droits fondamentaux ayant valeur constitutionnelle peuvent de manière générale – contrairement à ce qu'il se passe dans l'ordre juridique allemand[15] – avoir un effet immédiat à l'égard des tiers dans le cadre de relations de droit privé (effet horizontal).[16]Les actes de droit privé peuvent donc en principe être examinés à la lumière de normes constitutionnelles.[17]

2. *Le principe "A travail égal, salaire égal"*

En 1996, la Cour de cassation a décidé, à l'occasion de l'affaire *Ponsolle*[18], que le príncipe de l'égalité des salaires des hommes et des femmes inscrit dans les articles L 133-5 point 4 d)[19] et L 136-2 point 8[20] (dans l'ancienne numérotation, en usage à l'époque) était simplement l'expression de la règle générale "à travail égal, salaire égal". Partant de ce principe, l'employeur serait tenu « d'assurer

14 Mazeaud, Droit du travail, point 741 ; dans le même ordre d'idées, Jeammaud, Dr. soc. 2004, p. 694 (700).

15 Voir par exemple Jarass, in : Jarass/Pieroth, GG, point 50 sur l'Article 1 GG.

16 Meyrat, Droits fondamentaux et Droit du travail, p. 155 et suivantes.

17 Meyrat, Droits fondamentaux et Droit du travail, p. 155 et suivantes.

18 Cass. soc. 29 octobre 1996, Bull. civ. V, N° 359.

19 Voir article L 2261-22 II point 9 C. trav. Le Code du travail a fait l'objet d'une nouvelle codification, avec effet au 1er mai 2008, qui a conduit à une nouvelle division, visant à une plus grande clarté et une meilleure lisibilité, sans modification du contenu. Dans le cadre de cette étude, nous utiliserons la nouvelle numérotation. Nous ne ferons référence à l'ancienne ou la citerons en premier que si nécessaire.

20 Voir Article L 2271-1 Ziff. 8 C. trav.

l`égalité de rémunération entre tous les salariés de l'un et l`autre sexe, pour autant que les salariés en cause soient placés dans une situation identique ». La Cour de cassation a ainsi posé un principe[21], qui n'a cessé d'être développé et précisé par la jurisprudence ultérieure.

a. Contenu

La jurisprudence retient comme condition d'application du principe "à travail égal, salaire égal" le fait que les employés concernés se trouvent dans une situation identique. Cependant, la Cour de cassation tient dans ce cas pour suffisant[22] l'exercice d'un "travail de valeur égale" – conformément à la règle valable dans le domaine de la discrimination fondée sur le sexe inscrite à l'article L 3221-2 C. trav. (ex-article L 140-2 C. trav.). Dans le même temps, la Cour de cassation estime qu'une rémunération différente des employés peut, même dans ce cadre, être justifiée par certaines circonstances objectives.[23] La Cour de cassation a donc posé que l'employeur ne méconnaît pas le principe "à travail égal, salaire égal", s'il peut justifier la différence de rémunération entre des employés qui exercent le même travail ou un travail de valeur égale par des données objectives et vérifiables.[24] Il faut noter que, d'après la jurisprudence de la Cour de cassation, la règle "à travail égal, salaire égal" s'étend

---

21 La Cour de cassation a utilisé pour la première fois le terme « principe » en 1999 (Cass. soc. 18 mai 1999, Bull. civ. V, N° 213) et s'y est tenue depuis lors. Voir Gasser, RJS 8-9/07, p. 687 note 2 ; Lyon-Caen, RDT 6/2006, p. 16 ; ainsi que Jeammaud, Dr. soc. 2004, p. 694 (702).

22 Pour plus de détails sur ce point, voir : Gasser, RJS 8-9/07, p. 687 ; sur le concept de « travail égal » ou « travail de valeur égale » en particulier, voir aussi Aubert-Monpeyssen, Dr. Soc. 2005, p.18 (20 et suivantes).

23 Cass. Soc. 10 ocotbre 2000, Bull. civ. V, n°317 ; voir aussi Gasser, RJS 8-9/07, p. 687 (688 et suivantes) ; Champeaux, SSL 2009 n°1381, p. 12 ; Stein, SSL 2006 Suppl. n°1256, p. 17 (18 et suivantes).

24 Voir par exemple Cass. Soc. 21 juin 2005, Bull. civ. V, n°206 ; Cass. Soc. 1er décembre 2005, Bull. civ. V, n°346 : « [...] ne méconnaît pas le principe "à travail égal, salaire égal" [...] l'employeur qui justifie par des raisons objectives et matériellement vérifiables la différence de rémunération entre des salariés effectuant un même travail ou un travail de valeur égale ».

désormais à tous les types de rétribution, et même à tous les avantages consentis à un employé.[25]

b. Portée

Jusqu'à la décision *Ponsolle*, l'employeur pouvait, dans le cadre de son droit de direction, décider en principe librement des augmentations de salaires pour chaque employé individuellement, tant que les critères pris en compte pour fixer la rémunération ne correspondaient pas, dans un cas donné, à une discrimination interdite par la loi.[26] Cependant, le principe "à travail égal, salaire égal" s'opposait au principe de liberté contractuelle, selon lequel les parties à un contrat peuvent – dans le respect de la législation générale existante – fixer librement d'un commun accord le montant de la rémunération.[27]

L'arrêt *Ponsolle* ne remit certes pas en cause le droit de direction de l'employeur. Cependant, il fut dès lors soumis au contrôle du juge, dans la mesure où l'individualisation des salaires par l'employeur n'était plus autorisée que si elle reposait sur des données objectives.[28] Ce principe amena à ce que l'employé qui dénonce une entorse au principe "à travail égal, salaire égal", bénéficie en dernière analyse, d'après la jurisprudence de la Cour de cassation, d'une répartition de la charge de la preuve similaire à celle qui prévaut dans le domaine de la discrimination[29], où le régime de la preuve est favorable à l'employé[30] : dès lors que l'employé a exposé les faits qui font conclure à l'existence d'une différence de rémunération, l'employeur

25 Voir par exemple, à propos de l'octroi de jours de repos supplémentaires : Cass. Soc. 6 juillet 2005, Bull. civ. V, n°235 ; voir aussi Gasser, RJS 8-9/07, p. 687.

26 Cass. Soc. 9 juillet 1985, Bull. civ. V, n°419 ; voir aussi Stein, SSL 2006 Suppl. n°1256, p. 17.

27 Mazeaud, Droit du travail, point 740.

28 Mazeaud, Droit du travail, point 740 ; voir aussi Stein, SSL 2006 Suppl. n°1256, p. 17.

29 Voir Lyon/Caen, RDT 6/2006, p. 16 et suivantes ; Radé, Dr. Soc. 2008, p. 530 ; Mazeaud, Droit du travail, point 740.

30 Sur ce point, voir infra B.II.2.a.aa.

doit prouver qu'il y a bien des paramètres objectifs justifiant cette différence.[31]

c. Evaluation juridique et critique de la doctrine française

Le raisonnement suivi par la Cour de cassation dans sa décision *Ponsolle* pour affirmer l'existence de la règle générale "à travail égal, salaire égal", est critiqué pour diverses raisons dans la doctrine française. On reproche essentiellement à la Cour de s'être appuyée sur des dispositions législatives[32] qui ne concernent que l'égalité de salaire entre hommes et femmes. La Cour confondrait ainsi le principe de non-discrimination avec le principe d'égalité[33], puisqu'elle élargirait pratiquement le champ d'application de ces règles à d'autres motifs et en déduirait un principe général d'égalité de traitement en matière de rémunération. L'obligation d'égalité des salaires entre hommes et femmes serait en effet une expression du principe de non-discrimination, la généralisation d'une obligation d'égalité de traitement indépendamment du motif découlerait en revanche du principe d'égalité.[34]

De fait, la Cour de cassation renonça dans ses décisions ultérieures à jusitifer l'existence d'un principe général "à travail égal, salaire égal" en se référant à des dispositions législatives concrètes et choisit de considérer d'emblée que ce principe avait une valeur générale.[35] Il faut cependant retenir que la Cour semble admettre elle aussi que la règle "à travail égal, salaire égal" est une expression du principe de l'égalité de traitement des salariés. La Cour a ainsi établi clairement dans une décision du 5 juillet 2005 qu'une cour d'appel

31 Cass. Soc. 25 mai 2005, Bull. civ. V, n°178 ; Cass. Soc. 10 octobre 2000, Bull. Civ. V, n°317.

32 Ex article L 133-5 point 4 d) C. trav. Et ex article L 136-2 point 8 C. trav.

33 Langlois, SSL 2006 Suppl. n° 1256, p. 7 (9) ; dans le même ordre d'idées Stein, SSL 2006 Suppl. n°1256, p. 17. A propos de la séparation stricte entre ces deux principes dans le droit français, voir plus haut B.I.1.

34 Langlois, SSL 2006 Suppl. n° 1256, p. 7 (9).

35 Voir Cass. Soc. 13 janvier 2004, Bull. civ. V, n°1 ; voir aussi Langlois, SSL 2006 Suppl. n° 1256, p. 7 (9) ; Aubert-Monpeyssen, Dr. Soc. 2005, p. 18.

chargée de déterminer seulement s'il y avait eu entorse au principe "à travail égal, salaire égal" n'avait pas à se pronconcer sur l'existence éventuelle d'une discrimination.[36] Dans deux arrêts du 15 mai 2007, la Cour a utilisé expressément le concept d'égalité de traitement dans le domaine de la rémunération pour se référer au principe "à travail égal, salaire égal".[37]

En revanche, la portée exacte d'un tel principe n'est pas évidente. Une partie de la littérature spécialisée française attribue à la règle "à travail égal, salaire égal", au vu de la jurisprudence de la Cour de cassation, le rang d'un principe fondamental du droit du travail, voire d'un principe général du droit.[38] On devrait en revanche refuser de reconnaître au principe "à travail égal, salaire égal", qui porte concrètement sur l'égalité de traitement du point de vue de la rémunération entre salariés d'un même employeur, une valeur constitutionnelle, au motif qu'il serait l'expression du principe constitutionnel d'égalité[39] – et c'est d'ailleurs ce que suggère aussi en partie la jurisprudence de la Cour de cassation.[40] On peut avancer comme premier argument contre cette reconnaisance – et c'est ce que fait *Langlois* – le fait que le principe constitutionnel d'égalité du droit français – comme nous l'avons exposé au point B.I.1. – pose une

36 Cass. Soc. 5 juillet 2005, Bull. civ. V, n°231.

37 Cass. Soc. 15 mai 2007 – n°05-42893 (non publié dans le Bulletin de la Cour de cassation) ; Cass. Soc. 15.5.2007, Bull. civ. V, n° 75 ; voir aussi Gasser, RJS 8-9/07, p. 687.

38 Aubert-Monpeyssen, Dr. Soc. 2005, p. 18 ; Radé, Dr. Soc. 2008, p. 308 ; Radé, Dr. Soc. 2008, p. 530 ; Jeammaud, Dr. Soc. 2004, p. 694 (702). Radé, Dr. Soc. 2008, p. 981 (992 et suivantes), voit dans des décisions récentes de la Cour de cassation des éléments permettant d'établir un nouveau principe fondamental du droit du travail sous la forme d'un principe d'égalité de traitement, dont l'expression particulière serait sans plus de doute le principe "à travail égal, salaire égal".

39 Jeammaud, Dr. Soc. 2004, p. 694 (702).

40 Sur ce point, voir plus haut B.I.1.

égalité devant la loi, qui en tant que telle ne peut pas être entièrement transférée aux relations de droit privé.[41]

d. Jurisprudence de la Cour de cassation

En plus des critères tels que le niveau de formation, la qualité du travail fourni ou la diversité des tâches accomplies, la Cour de cassation reconnaît comme critère justifiant une différence de traitement dans le domaine de la rémunération l'ancienneté du salarié dans la société ou l'entreprise.[42] La prise en compte de l'ancienneté a généralement pour conséquence que les salariés plus jeunes sont directement désavantagés par rapport aux employés plus âgés, puisqu'en régle générale, ce sont les salariés les plus âgés qui appartiennent depuis le plus longtemps à l'établissement ou à l'entreprise.

D'après la jurisprudence de la Cour de cassation, l'ancienneté dans l'entreprise ne peut cependant justifier un salaire de base plus élevé que si elle n'est pas déjà prise en compte d'une autre manière dans la rémunération – sous la forme d'une prime spéciale.[43] Bien que la prise en compte de l'ancienneté soit généralement un premier moyen de récompenser, en plus de la fidélité à l'entreprise, l'expérience professionnelle du salarié[44], ce principe n'est cependant pas valable dans le cas où un employeur souhaite prendre en compte, en augmentant son salaire de base, une expérience professionnelle *particulière* d'un salarié. Ainsi, le fait qu'à l'intérieur de l'entreprise concernée, une prime d'ancienneté soit accordée n'empêche pas l'employeur, du point de vue de la Cour de cassation, de rétribuer l'expérience professionnelle acquise par certains salariés en les faisant bénéficier de salaires de base plus élevés à titre individuel, à partir du

---

41 Langlois, SSL 2006 Suppl. n° 1256, p. 7 (9) ; Mazeaud, Droit du travail, point 741.

42 Champeaux, SSL 2009 n° 1381, p. 12. m.W.N

43 C'est ainsi qu'avait déjà tranché la Cour de cassation dans Cass. Soc. 29 octobre 1996, Bull. civ. V, n°359.

44 Gasser, RJS 8-9/07, p. 687 (691).

moment où cette expérience est attestée par des données concrètes et objectives.[45] L'argument général selon lequel les salariés ayant le plus d'ancienneté dans l'entreprise auraient davantage d'expérience et devraient en conséquence bénéficier de salaires plus élevés n'est pas suffisant en l'espèce.[46]

L'expérience professionnelle acquise au sein de l'établissement ou de l'entreprise concernée a déjà été reconnue plusieurs fois par la Cour de cassation comme un critère valable justifiant une différence de rémunération.[47] D'après la jurisprudence actuelle de la Cour de cassation, il convient de tenir compte aussi, en cas de différence de traitement en termes de rémunération, de l'expérience professionnelle que le salarié a acquise avant son embauche, auprès d'autres employeurs.[48] Cette jurisprudence ouvre largement la possibilité de différenciations au cas par cas dès la fixation du salaire d'embauche.[49] Elle est conforme à un grand nombre de décisions des cours d'appels, qui, dès avant cette décision, étaient parties du principe que l'employeur, lorsqu'il fixe le montant du salaire d'embauche, peut ou doit tenir compte de l'expérience professionnelle acquise chez les employeurs précédents.[50]

---

45 Cass. Soc. 16.2.2005 – n°03-40465 (non publié dans la Bulletin de la Cour de cassation).

46 Pour plus de références, voir : Gasser, RJS 8-9/07, p. 687 (691).

47 Voir par exemple Cass. Soc. 16.2.2005 – n°03-40465 (non publié dans la Bulletin de la Cour de cassation) ; Cass. Soc. 29.9.2004 – n° 03-42025 (non publié dans la Bulletin de la Cour de cassation).

48 Cass. Soc. 15 novembre 2006, Bull. civ. V, n°340.

49 Gasser, RJS 8-9/07, p. 687 (692).

50 Pour plus de références, voir : Gasser, RJS 8-9/07, p. 687 (692).

II. Le principe de non-discrimination

1. La protection contre la discrimination fondée sur l'âge avant les lois de transposition de la directive 2000/78/CE

a. Nullité des « clauses couperets »

Dès avant l'adoption des lois de transposition de la directive 2000/78/CE, le droit du travail français interdisait certaines clauses stipulant que le contrat de travail pouvait être rompu au seul motif de l'âge du salarié. Il s'agissait de dispositions contractuelles collectives ou individuelles, prévoyant que le contrat de travail prendrait fin automatiquement dès que le salarié aurait atteint une certaine limite d'âge définie comme âge de la retraite (ce qu'on appelait les « clauses couperets »). Par la loi du 30 juillet 1987, les clauses de ce type furent toutes déclarées nulles[51] (article L 1237-4 alinéa 2 C. trav. ; ex article L 122-14-12 alinéa 2 C. trav.).

aa. L'état du droit avant la réforme de 1987

Bien que les clauses couperets fussent parfois violemment critiquées en raison de la limite d'âge absolue qu'elles fixaient[52], la Cour de cassation les considérait comme licites avant la réforme de 1987.[53] Elle se réclamait du fait que le droit positif ne comportait pas de disposition législative interdisant ce type de clauses contractuelles.[54] Dans le même temps, la Cour constatait que les clauses couperets, en raison de leur caractère automatique, ne pouvaient relever, en ce qui concerne leur nature juridique et leur effet, ni du droit de licenciement ni du droit de démission, puisque la relation de travail ne prenait fin ni

---

51 Loi n° 87-588 portant diverses mesures d'ordre social du 30 juillet 1987 (Article 59), JO du 31.7.1987 p. 8574 ci-après dénommée : Loi n° 87-588.

52 Voir : Savatier, Dr. soc. 1987, p. 1 (4).

53 Cass. soc. 24 avril 1986, Bull. civ. V, N° 173.

54 Cass. soc. 24 avril 1986, Bull. civ. V, N° 173.

à l'initiative de l'employeur, ni à celle du salarié.[55] Les clauses avaient bien plutôt pour effet que les parties au contrat se voyaient privées de toute possibilité d'influer sur la rupture du contrat de travail.[56]

On opposa donc à ces clauses couperets, des clauses dites « souples », qui fixaient un âge maximal réglementaire pour le départ à la retraite mais laissaient la possibilité à l'employeur ou à l'employé de mettre fin de sa propre initiative au contrat de travail.[57] La « mise à la retraite » et le « départ à la retraite » étaient des modes de rupture du contrat de travail inconnus du code du travail[58] avant la réforme fondamentale de 1987.[59]

bb. La réforme de 1987

La Loi n°87-588 du 30 juillet 1987 déclara finalement nulles toutes les clauses couperets.[60] Cette modification de la loi fut décidée au titre que la rupture automatique du contrat de travail provoquée par ce type de clauses présentait des inconvénients majeurs pour le salarié.[61] D'une part, le salarié ne pouvait obtenir une indemnité, puisque la fin du contrat n'était liée ni à un licenciement, ni à un départ volontaire, sauf si une disposition particulière des conventions collectives le lui garantissait. D'autre part, il se voyait refuser la possibilité de

---

55 Cass. soc. 24 avril 1986, Bull. civ. V, N° 173 ; voir aussi Franck, Dr. soc. 1986, p. 460 (462).

56 Cass. soc. 24 avril 1986, Bull. civ. V, N° 173 ; voir également : Circulaire relative à l`application de l`article 59 de la loi n° 87-588 du 30 juillet 1987 portant diverses mesures d`ordre social (départ à la retraite du salarié) du 8.9.1987, JO du 11.12.1987, p. 14409 (http ://www.legifrance.gouv.fr/jopdf/common/jo_pdf.jsg?numJO=0& dateJO=19871211&numTexte=&pageDebut=14409&pageFin=) ; ci-après dénommée : Circulaire relative à l`application de l`article 59 de la loi n° 87-588.

57 Voir Savatier, Dr. soc. 1999, p. 779 (780 et suivante) ; voir aussi : Circulaire relative à l`application de l`article 59 de la loi n° 87-588.

58 Voir plus loin notre B.II.1.a.bb.

59 Voir aussi : Circulaire relative à l`application de l`article 59 de la loi n° 87-588.

60 Article L 1237-4 paragraphe 2 C. trav. (ex-Article L 122-14-12 paragraphe 2 C. trav.).

61 Voir : Circulaire relative à l`application de l`article 59 de la loi n° 87-588.

continuer à travailler au-delà d'une certaine limite d'âge. Enfin, la rupture automatique du contrat de travail pouvait conduire à ce que le salarié soit obligé de mettre fin à son activité alors qu'il ne disposait pas du nombre légal d'années de cotisation nécessaires pour bénéficier d'une pension de retraite.[62]

Dans le cadre de la réforme de 1987, les clauses dites souples furent remplacées par un nouveau régime légal, qui réglementait les nouveaux modes de rupture du contrat de travail : la mise à la retraite et le départ à la retraite.[63]

cc. L'article L 1237-4 alinéa 2 C. trav. : une disposition favorable au salarié

Seul le salarié peut faire valoir la nullité d'une clause couperet. C'est ce qu'a décidé la Cour de cassation pour la première fois dans son arrêt du 6 novembre 1998, en rappelant que le législateur, via l'article L 1237-4 alinéa 2 C. trav. (ex article L 122-14-12 alinéa 2 C. trav.), avait voulu protéger le salarié et non l'employeur.[64] Cet arrêt constituait un revirement fondamental de la jurisprudence de la Cour de cassation, qui avait jusqu'alors rendu une série de décisions dans lesquelles elle reconnaissait à la nullité établie par l'article L 1237-4 alinéa 2 C. trav. une validité absolue (nullité d'ordre public absolue).[65] Cette nullité absolue avait eu pour conséquence que l'employeur pouvait lui aussi se réclamer de la nullité de la règle fixant une limite d'âge pour mettre le salarié à la retraite avant l'âge prévu dans la clause couperet, dès lors que ce dernier remplissait les conditions légales pour bénéficier d'une pension de vieillesse.[66] Cette jurisprudence avait donc conduit à ce que l'employeur soit le réel

---

62 Circulaire relative à l'application de l'article 59 de la loi n° 87-588.

63 Circulaire relative à l'application de l'article 59 de la loi n° 87-588.

64 Cass. soc. 6.11.1998, Bull. civ. V, N° 3.

65 Voir par exemple Cass. soc. 15 mars 1995, Bull. civ. V, N° 87 ; Cass. soc. 1er février 1995, Bull. civ. V, N° 48.

66 Voir : Cass. soc. 15.3.1995, Bull. civ. V 1995, N° 87 ; Cass. soc. 1er février 1995, Bull. civ. V, N° 48.

bénéficiaire de l'illégalité des clauses couperets.[67] Par sa décision du 6 novembre 1998, la Cour de cassation ne reconnaissait plus à la nullité des clauses couperets qu'un effet relatif, visant à la protection du salarié.

dd. Portée

Conformément à la décision de la Cour de cassation du 1er février 1995, étaient également frappées de nullité au titre de l'article L 1237-4 alinéa 2 C. trav. (ex article L 122-14-12 alinéa 2 C. trav.) les clauses prévoyant que le contrat de travail pouvait être prolongé au-delà de la limite d'âge fixée en vertu d'un accord expresse entre les parties.[68] Au vu de cette jurisprudence, la prescription devait donc être interprétée comme entraînant la nullité de toute règle permettant pour quelque raison que ce soit une rupture automatique du contrat de travail à partir d'un âge donné, en raison de l'interdiction des clauses couperets.[69]

La Cour de cassation fonda par la suite une autre décision, celle du 6 décembre 1995, sur une interprétation large de l'interdiction des clauses couperets. Dans l'affaire en question, la Cour appliqua l'interdiction formulée à l'article L 1237-4 alinéa 2 C. trav. à une règle des conventions collectives qui fixait – tout à fait indépendemment d'une mise à la retraite – un âge maximal pour l'exercice d'une activité professionnelle donnée.[70]

La loi n°87-588 du 30 juillet 1987, qui entraîna la création de l'article L 1237-4 alinéa 2 du Code du travail est cependant largement interprétée comme visant à réglementer la rupture du contrat de travail liée à l'arrivée à l'âge de la retraite.[71] Du reste, une interprétation logique plaide aussi en faveur de l'idée que l'article L 1237-4 alinéa 2 C. trav. ne concerne en principe que les clauses qui prévoient une rupture du contrat de travail en raison de l'arrivée du salarié à un âge

67 Couturier, Dr. soc. 1995, p. 231 (232).
68 Cass. soc. 1er février 1995, Bull. civ. V, N° 48.
69 Voir : Savatier, Dr. soc. 1996, p. 359 (360).
70 Cass. soc. 6 décembre 1995, Bull. civ. V, N° 331.
71 Savatier, Dr. soc. 1996, p. 359.

considéré comme étant l'âge de la retraite. Le premier paragraphe de la prescription ne concerne donc que les dispositions d'une règle qui font référence à l'arrivée à l'âge de la retraite. Ceci suggère que le deuxième paragraphe de cette disposition légale ne s'applique lui aussi qu'à des règles ayant un contenu similaire.[72]

D'après la jurisprudence de la Cour de cassation dont il est ici question[73], une clause fixant un âge maximal pour l'exercice d'une profession donnée est également frappée de nullité au titre de l'article L 1237-4 alinéa 2 C. trav., bien que la nature de la profession concernée – dans le cas d'espèce, celle de danseur classique – exige de fait des capacités physiques dont, en règle générale, on ne dispose plus bien avant d'avoir atteint l'âge de la retraite. L'interprétation large retenue par la Cour trouve sa justification uniquement dans le but recherché par la prescription de l'article L 1237-4 alinéa 2 C. trav., qui est d'exclure toute discrimination possible liée à l'âge dans le cadre d'une rupture de contrat de travail. Personne ne doit être contraint de cesser son activité professionnelle uniquement en raison de son âge.[74]

Considérant que la régle de limite d'âge en cause est nulle en vertu de l'article L 1237-4, alinéa 2 C. trav., la Cour poursuit en qualifiant la rupture du contrat de licenciement et souligne que celui-ci ne saurait être justifié que s'il existe une « cause réelle et sérieuse » – indépendante de l'âge de l'employé – pour rompre le contrat de travail, ce qui ne serait pas le cas dans l'affaire examinée.[75]

Les problèmes que pose cette jurisprudence de l'instance juridicitionnelle suprême apparaissent clairement, si on examine les arguments de l'instance inférieure, la Cour d'appel de Paris. Cette dernière avait certes elle aussi considéré la règle de limite d'âge comme nulle, mais elle avait jugé que la rupture du contrat de travail

---

72 Voir l'argumentaire convaincant de Savatier, Dr. soc. 1996, p. 359.

73 Cass. soc. 6 décembre 1995, Bull. civ. V, N° 331 ; voir aussi Savatier, Dr. soc. 1996, p. 359.

74 Voir Savatier, Dr. soc. 1996, p. 359 (360).

75 Cass. soc. 6 décembre 1995, Bull. civ. V, N° 331.

était justifiée, dans la mesure où le métier de danseur classique exige des aptitudes particulières.[76]

Le point décisif était de savoir si, en cherchant la cause réelle et sérieuse de licenciement indépendante de l'âge exigée par la Cour de cassation on prenait en compte l'âge légal d'une personne ou bien la diminution de ses capacités physiques liée au vieillissement.[77] La cour d'appel, qui considère le licenciement comme justifié du fait de la diminution des capacités physiques privilégie une solution qui, en quelque sorte, anticipe la disposition de l'article L 1133-2 C.trav. (ex article L 122-45-3 C. trav.) introduite en 2001 dans le Code du travail pour transposer les directives européennes de lutte contre la discrimination.[78] Une inégalité de traitement ayant un lien avec l'âge légal d'une personne peut être justifiée sous certaines conditions.[79]

ee. Champ d'application

L'article L 1237-4, al. 2 C. trav. ne concerne que les règles relatives à une limite d'âge dans le cadre d'un contrat individuel ou collectif. Les clauses fixant une limite d'âge à l'intérieur de certains régimes de retraite spécifiques ne sont pas couvertes par le contenu de cette disposition.[80] Par conséquent les limites d'âge en vigueur dans le droit de la fonction publique de même que les règles de limite d'âge de ce type prévues dans les statuts des entreprises publiques avant la réforme fondamentale de 2008[81] ne sont pas frappées de nullité par l'article L 1237-4, al. 2 C. trav.[82] On peut trouver une explication à ce statut juridique dans le fait que les limites d'âge en question sont liées

76 Voir sur ce point Savatier, Dr. soc. 1996, p. 359 (361).
77 Savatier, Dr. soc. 1996, p. 359 (361).
78 Langlois, Dr. soc. 2006, p. 155 (156).
79 Voir ci-dessous la section B.II.2.a.aa.(3).
80 Lardy-Pélissier/Pélissier/Roset/Tholy, Le Nouveau Code du Travail Annoté, Art. L 1237-4.
81 Sur ce point, voir infra : C.II.3.c.
82 Voir pour la SNCF : CA Paris 28.11.1990 – RJS 2/91 N° 284 ; dans le même sens : Cass. soc. 23.1.2007, Bull. civ. V, N° 9.

à l'entrée dans un système de retraite considéré dans l'ensemble comme favorable aux personnes concernées.[83]

b. Cumul emploi-retraite

Depuis le début des années 1980, le droit français autorisait les (anciens) salariés à exercer une activité rémunérée après leur départ à la retraite, sous certaines conditions, sans avoir à renoncer pour cela au versement de leur pension.[84] En pratique, cette possibilité de revenu supplémentaire, baptisée « cumul emploi-retraite », ne concernait qu'un très petit nombre de retraités, qui ne disposaient en règle générale que d'une pension minime et avaient donc besoin d'un revenu complémentaire, comme les agriculteurs de plus de 60 ans ou des retaités relativement jeunes, tels que, en particulier, les soldats.[85]

En ce qui concerne les actifs de plus de 60 ans employés dans le cadre du cumul emploi-retraite, se posait cependant le problème, tant que la version de l'article L 1237-5 alinéa 1 C. trav. (ex article L 122-14-13 C. trav.) précédant l'adoption de la Loi portant réforme des retaites du 21 août 2003[86] était en vigueur, que ces derniers pouvaient en principe être mis à la retraite sans autre justification, dès lors qu'ils avaient atteint l'âge de 60 ans révolus. En effet, la condition pour qu'une mise à la retraite soit licite était en principe généralement que le salarié puisse prétendre à une retraite à taux plein et ait atteint l'âge

83 Savatier, Dr. soc. 1996, p. 359 (360).

84 Voir : Ordonnance n° 82-290 relative à la limitation des possibilités de cumuls entre pensions de retraite et revenus d'activités du 30 mars 1982, JO du 31 mars 1982, p. 984. Les conditions dans lesquelles il est licite de percevoir une rémunération supplémentaire dans le cadre d'un cumul emploi-retraite ont été récemment considérablement assouplies par la Loi de financement de la sécurité sociale pour 2009 (Art. 88). Pour plus de détails sur ce point : Circulaire interministérielle DSS/3A n° 2009-45 du 10 février 2009. (http ://www.legislation.cnav.fr/textes/cr/cn/TLR-CR_CN_2009025_13032009.htm).

85 Voir : Santraine, La discrimination en raison de l'âge, p. 15.

86 Loi n° 2003-775 portant réforme des retraites du 21 août 2003, JO du 22 août 2003, p. 14310 ; ci-après dénommée : Loi portant réforme des retraites.

de 60 ans révolus.[87] Mais les salariés concernés percevaient déjà une retraite à taux plein au moment de leur embauche. Si l'on avait appliqué la disposition en question sans restriction aux employés qui acceptaient un nouvel emploi salarié sur la base du cumul emploi-retraite, cela aurait eu pour conséquence que l'employeur aurait pu rompre le contrat de travail après très peu de temps au seul motif de l'âge de l'employé.[88] Dans ce contexte, la Cour de cassation décida, dès 1999, qu'un salarié qui est embauché alors qu'il peut déjà prétendre à une retraite à taux plein ne peut légalement être mis à la retraite qu'à l'âge de 65 ans révolus ou – si cette solution lui est plus favorable – s'il a atteint la limite d'âge fixée dans le contrat de travail ou dans une convention collective.[89] Une mise à la retraite qui ne remplirait pas cette condition représente, du point de vue de la Cour, un « licenciement sans cause réelle et sérieuse ».[90] En 2007 encore, la Cour de cassation a confirmé sa jurisprudence sur cette question – à nouveau dans le cadre d'un litige concernant le droit en vigueur avant l'adoption de la loi portant réforme des retraites – et l'a précisée en ajoutant que l'âge de la retraite fixé dans le contrat de travail ou dans une convention collective ne peut être favorable au salarié que s'il est supérieur à la limite des 65 ans.[91]

---

87 Ex-article L 122-14-13 al. 3 S. 1 C. trav. en lien avec l'article L 351-1, al. 1, R 351-2 CSS dans leur version de l'époque. La Loi portant réforme des retraites a introduit un changement, dans la mesure où les salariés ne pouvaient plus désormais être mis à la retraite qu'à partir de 65 ans (ex-article L 122-14-13 al. 3, phrase 1 C. trav. en lien avec l'article L 351-8, al. 1, point 1, R 351-27 al. 1, point 1, phrase 2 CSS dans leur version correspondante dans la loi).

88 Sur cette question, voir : Santraine, La discrimination en raison de l'âge, p. 16.

89 Cass. soc. 19 janvier 1999, Bull. civ. V, N° 33.

90 Cass. soc. 19 janvier 1999, Bull. civ. V, N° 33.

91 Cass. soc. 23 mai 2007 - N° 06-40229 (non publié dans le Bulletin de la Cour de cassation).

c. *Protection contre la discrimination fondée sur l'âge dans le cadre du processus de recrutement*

Le législateur français a en outre déjà prévu à l'article L 5331-2 C. trav. (ex article L 311-4 paragraphe 5 point 1 C. trav.) une protection contre la discrimination en raison de l'âge au moment du recrutement. D'après la prescription pertinente, il était interdit à un employeur de faire paraître une offre d'emploi dans la presse en fixant un âge maximal pour les postulants. Cette interdiction ne valait cependant pas pour les offres d'emploi comportant des conditions d'âge fixées par la loi.

2. *L'élargissement de la protection contre la discrimination fondée sur l'âge dans le cadre de la transposition de la directive 2000/78/CE*

Suite à la transposition de la directive 2000/78/CE, le droit français relatif à la lutte contre la discrimination fut considérablement étoffé dans le domaine de la discrimination liée à l'âge. La loi la plus importante est celle du 16 novembre 2001, baptisée « Loi relative à la lutte contre les discriminations »[92], qui, outre la directive 2000/78/CE, transposait en grande partie les directives anti-discrimination 2000/43/CE et 97/80/CE.

a. *Modifications introduites par la Loi n°2001-1066 relative à la lutte contre les discriminations du 16 novembre 2001*

aa. *Droit civil*

La Loi relative à la lutte contre les discriminations a entraîné des modifications essentielles dans le Code du travail, où la protection contre la discrimination déjà garantie à l'article L 1132-1 C. trav. (ex article L 122-45 C.trav.) a été considérablement élargie.

---

92 Loi n°2001-1066 (note 8).

(1) Interdiction de la discrimination fondée sur l'âge, article L 1132-1 C. trav.

La disposition de l'article L 1132-1 C. trav. (ex article L 122-45 al. 1 C. trav.) introduite dans le droit français en 1982, concernait déjà avant l'entrée en vigueur de la Loi relative à la lutte contre les discriminations certaines formes de discrimination, comme celle fondée sur le sexe ou des activités syndicales. En revanche, une inégalité de traitement liée au critère de l'âge n'était pas prise en compte. C'est la Loi relative à la lutte contre les discriminations qui introduisit pour la première fois, dans le cadre de la transposition de la directive 2000/78/CE, l'âge, entre autres critères, dans la liste des motifs de discrimination interdits visés à l'article L 1132-1 C. trav.

Parallèlement, le champ des actes discriminatoires possibles fut considérablement élargi – conformément aux prescriptions de la directive.[93] Avant la Loi relative à la lutte contre les discriminations, l'employé n'était protégé sur la base de l'article L 1131-1 C.trav. pour l'essentiel qu'en ce qui concernait l'accès à l'emploi, grâce à l'interdiction des mesures discriminatoires à l'embauche, ainsi que dans le domaine de la rupture des contrats, grâce à l'interdiction des licenciements discriminatoires. Une protection contre la discrimination n'existait par ailleurs que dans le cadre de sanctions. La Loi relative à la lutte contre les discriminations étendit la protection à la relation de travail dans son ensemble, puisque depuis son entrée en vigueur toute mesure discriminatoire, y compris dans le cadre de l'exécution du contrat de travail – par exemple en ce qui concerne la formation, la promotion ou la rétribution – est interdite.

La Loi relative à la lutte contre les discriminations a de plus apporté une innovation décisive dans la mesure où l'article L 1132-1 C.trav. se réfère désormais explicitement à des formes de discrimination directes et indirectes, sans toutefois définir ces concepts de discrimination.

Il faut noter sur ce point que la discrimination indirecte n'était pas reconnue comme forme possible de discrimination dans le droit

93 Voir plus haut la section A.I.2.a.bb.

français avant l'adoption de la Loi relative à la lutte contre les discriminations.[94] En réalité, la raison pour laquelle la Loi relative à la lutte contre les discriminations ne reprend pas la définition correspondante du droit communautaire est que le législateur français – comme l'avait déjà montré la procédure de normalisation relative à la directive 2000/43/CE[95] –, au vu du rang qu'occupe le principe constitutionnel d'égalité dans l'ordre juridique français, s'y est refusé.[96] *Borillo* fait ainsi observer que le concept de discrimination indirecte du droit de l'Union oblige à faire référence à différentes catégories de la population, ce que le principe constitutionnel d'égalité n'autorise pas.[97]

Bien que le concept de discrimination indirecte ait désormais été intégré en tant que tel dans le Code du travail par la Loi relative à la lutte contre les discriminations, il n'a finalement que rarement été l'objet de la jurisprudence française par la suite.[98]

Jusqu'aux nouveautés introduites par la Loi n°2008-496 du 27 mai 2008[99], seul le Code pénal (article 225-1) contenait une définition légale du concept de discrimination directe. Mais celle-ci non plus n'était pas conforme aux prescriptions du droit communutaire.[100]

(a) Interdiction des licenciements liés à l'âge

L'article L 1131-1 du Code du travail cite une multitude de mesures dans le cadre desquelles il est interdit à un employeur de prendre en compte l'un des motifs de discrimination.

En ce qui concerne celui de l'âge, l'interdiction des licenciements liés à l'âge, dont s'est réclamée pour la première fois la Cour de

94 Voir CFDT, Action Juridique 2008 n°188, p. 7 (10).

95 A ce sujet, voir : Lanquetin, Dr.soc. 2008, p. 778 (781).

96 Borillo, Revue française des affaires sociales 2002 n°1, p. 113 (126).

97 Borillo, Revue française des affaires sociales 2002 n°1, p. 113 (126).

98 Voir cependant par exemple Cass. Soc. 9 janvier 2007, Bull. civ. V, n° 1, à propos d'une discrimination directe fondée sur l'état de santé. Voir également CFDT, Action Juridique 2008 n°188, p. 7 (10). Voir infra, B.II.2.c.bb. (1).

99 Voir infra, B.II.2.c.bb. (1).

100 Voir infra, B.II.2.c.bb. (1).

cassation dans un arrêt du 21 décembre 2006[101] sur une affaire de mise à la retraite occupe une place centrale.

Dans l'affaire en question, il s'agissait de décider si la mise à la retraite d'un salarié, qui avait été décrétée bien que les conditions légales pour ce faire n'aient pas été réunies[102], constituait un licenciement discriminatoire lié à l'âge et était par conséquent nulle.

Sur la base de l'article L 1237-8 C. trav. (ex article L 122-14-13 al. 5 C.trav.), qui dispose qu'une mise à la retraite en l'absence des conditions légales doit être qualifiée de licenciement, la Cour de cassation avait toujours considéré une telle rupture de contrat comme un licenciement abusif[103], avant sa décision du 21 décembre 2006.

Dans l'affaire qu'elle devait alors trancher, la Cour de cassation s'est référée pour la première fois à la règle de l'article L 1132-1 C.trav. (ex article L 122-45 al. 1 C.trav.) et a qualifié la mise à la retraite illicite (prématurée) de discrimination fondée sur l'âge et l'a donc déclarée nulle, puisqu'elle ne reposait, en dernière analyse, que sur l'âge du salarié.[104]

(b) Interdiction des sanctions à caractère discriminatoire fondées sur l'âge

L'article L 1132-1 C.trav. interdit également à l'employeur de prendre des mesures disciplinaires[105] sur la base de motifs interdits.

---

101 Cass.soc. 21 décembre 2006, Bull. civ. V, n° 412.

102 D'après les constations de la Cour de cassation, le salarié mis à la retraite n'avait pas encore droit à une retraite à taux plein. Or cette condition était déjà indispensable et expressément inscrite dans le droit applicable avant l'adoption de la Loi portant réforme des retraites du 21 août 2003 pour que la mise à la retraite soit licite (voir ex article L 122-14-13 al. 3, phrase 1 C.trav. dans son ancienne version). Voir aussi sur ce point Desbarrats, RDT 4/2007, p. 238 (239).

103 Cass. soc. 16 juin 1998, Bull. civ. V, N° 325 ; Cass. soc. 9 novembre 2004 – N° 02-41709 (non paru dans le Bulletin de la Cour de cassation) ; Cass. soc. 28 février 2006, Bull. civ. V, N° 90. Voir aussi sur cette question Duplat, RJS 3/07, p. 223 (225 et suivante).

104 Cass. soc. 21 décembre 2006, Bull. civ. V, N° 412.

105 D'après l'article L 1331-1 C.trav. est une mesure disciplinaire « toute mesure, autre que les observations verbales, prise par l'employeur à la suite d'un

Cela signifie que l'employeur peut certes faire porter leur responsabilité de manière différente à des employés qui ont commis une faute ensemble ou ont commis des fautes similaires[106], mais que toute mesure disciplinaire concrète prise dans les faits en raison d'un des motifs de discrimination interdits est illicite.

(c) Interdiction de la discrimination fondée sur l'âge en matière de rémunération

En matière de rémunération également, l'article L 1132-1 C.trav. interdit toute différence de traitement liée à un des motifs de discrimination décrits. L'interdiction de la discrimination fondée sur l'âge doit être considérée sur ce point essentiellement quand il s'agit d'établir la licéité des systèmes de rémunération où le salaire augmente en fonction de l'ancienneté dans l'établissement ou l'entreprise.[107]

D'après l'article L 1132-1 C.trav., la notion de rémunération doit s'entendre ici dans le même sens qu'à l'article L 3221-3 C.trav., qui régit l'égalité des salaires entre hommes et femmes. Le salaire au sens de l'article L 1132-1 C.trav. comprend donc le salaire de base ainsi que tous les autres avantages et accessoires payés au salarié.[108]

---

agissement du salarié, considéré par lui comme fautif, que cette mesure soit de nature à affecter immédiatement ou non la présence du salarié dans l'entreprise, sa fonction, sa carrière ou sa rémunération ». Bien que le libellé de la prescription ne soit pas catégorique, la Cour de cassation ne qualifie de mesures disciplinaires que les sanctions qui affectent réellement la présence du salarié dans l'entreprise, sa fonction, sa carrière ou sa rémunération (voir en particulier Cass. Soc. 13 juin 2007 – n° 06-41368, non publié au Bulletin de la Cour de cassation). Ressortissent de cette catégorie en particulier les avertissements, la mise à pied disciplinaire, la mutation, la rétrogradation et le licenciement. Pour plus de détails, voir : Pélissier/Supiot/Jeammaud, Droit du travail, point 634.

106 Cass. soc. 15 mai 1991, Bull. civ. V, N° 236 ; Cass. soc. 1er février 1995, Bull. civ. V, N° 45 ; Cass. soc. 17 décembre 1996, Bull. civ. V, N° 445.

107 Sur la question de la compatibilité de ce type de systèmes de rémunération avec l'interdiction de la discrimination au motif de l'âge inscrite dans le droit communautaire, voir infra : C.II.2.a.bb.

108 Voir le libellé de l'article L 3221-3 C.trav.

(d) Interdiction d'autres mesures discriminatoires liées à l'âge

Sont également interdites aux termes de l'article L 1132-1 C.trav. toutes les mesures discriminatoires liées à l'âge, en ce qui concerne les intéressements, le reclassement et la qualification.

De même l'article L 1132-1 C.trav. proscrit toute discrimination dans le domaine de la formation, de la promotion professionnelle, de la mutation ou du renouvellement de contrat.

(2) Charge de la preuve, article L 1134-1 C.trav.

La Loi relative à la lutte contre les discriminations a introduit dans le Code du travail, pour transposer les directives anti-discrimination du droit communautaire[109], un régime de charge de la preuve favorable à l'employé.

Alors que d'après le droit applicable auparavant, la charge de la preuve pour établir une discrimination revenait à l'employé, même dans le cadre d'un procès au civil[110], dans le régime de preuve désormais en vigueur, l'employé ou le candidat à un emploi, un stage ou une formation ne doit plus que présenter les faits qui peuvent suggérer l'existence d'une discrimination directe ou indirecte. Il revient donc à l'employeur de prouver que la mesure en cause est justifiée par des critères objectifs et ne constitue pas une discrimination liée à un motif interdit (article L 1134-1 C.trav.).

Dès avant la transposition des directives citées via la Loi relative à la lutte contre les discriminations, la Cour de cassation avait de plus en plus souvent basé sa jurisprudence sur une répartition de la charge de la preuve favorable à l'employé, et ce sous l'influence de la jurisprudence de la CJUE et du régime de la preuve prévu par la directive 97/80/CE.

---

109 Article 4 paragraphe 1 de la directive 97/80/CE ; article 8 paragraphe 1 de la directive 2000/43/CE ; article 10 paragraphe 1 de la directive 2000/78/CE.

110 Borillo, Revue française des affaires sociales 2002 N° 1, p. 113 (125 s.) ; Lardy-Pélissier/Pélissier/Roset/Tholy, Le Nouveau Code du Travail Annoté 2008, Art. L 1134-1.

Dans le domaine de la discrimination, la CJUE avait développé un régime de la preuve favorable à l'employé longtemps avant l'adoption de la directive 97/80/CE[111], afin d'imposer la législation relative à la discrimination de manière plus efficace. Cette jurisprudence a trouvé une nouvelle expression dans la directive 97/80/CE, qui considérait comme suffisant pour prouver l'existence d'une discrimination fondée sur le sexe que l'employé expose des faits crédibles. C'est sur l'employeur que pesait donc la charge de la preuve : il lui fallait prouver que les mesures qu'il avait prises ne portaient pas atteinte au principe d'égalité de traitement.[112]

Sous l'effet de cette conception du droit communautaire, la Cour de cassation avait peu à peu assoupli les exigences relatives à la preuve de l'existence d'une discrimination. Après un premier arrêt important en 1997[113], la Cour de cassation adopta finalement dans ses arrêts de 1999[114] (pour la discrimination fondée sur le sexe) et 2000[115] (pour la discrimination fondée sur des activités syndicales) un régime de la charge de la preuve allant dans le sens des prescriptions du droit communautaire.

La Cour de cassation souligna dans ce contexte que la preuve de la discrimination ne devait pas être apportée par l'employé, même si ce dernier devait présenter les faits qui permettaient de conclure à une violation du principe d'égalité. Après l'exposé des faits en cause, une présomption de discrimination était retenue, qui transférait la charge de la preuve à l'employeur.[116]

Un tel régime de la charge de la preuve fut introduit dans le Code du travail par la Loi relative à la lutte contre les discriminations dans

---

111 Voir pour la discrimination en raison du sexe l'arrêt de la CJUE du 13 mai 1986 – affaire 170/84, Rec. 1986, 1607 point 30 (Bilka) ; arrêt de la CJUE du 27 octobre 1993 – affaire C-127/92, Rec. 1993, I-5535 point 14 (Enderby).

112 Article 4 paragraphe 1 de la directive 97/80/CE.

113 Cass. soc. 12 février 1997, Bull. civ. V, N° 58.

114 Cass. soc. 23 novembre 1999, Bull. civ. V, N° 447.

115 Cass. soc. 28 mars 2000, Bull. civ. V, N° 126.

116 Cass. soc. 28 mars 2000, Bull. civ. V, N° 126 ; Cass. soc. 23 novembre 1999, Bull. civ. V, N° 447.

le cadre de l'article L 1134-1 C.trav. (ex article L 122-45 paragraphe 4 C.trav.) et devint le régime ordinaire.[117]

(3) Différences de traitement fondées sur l'âge autorisées (article L 1133-2 C.trav.)

Sur la base de l'article 6 de la directive 2000/78/CE, la Loi relative à la lutte contre les discriminations déclara finalement les différences de traitement au motif de l'âge autorisées sous certaines conditions dans le cadre d'un nouvel article (ex article L 122-45-3 C.trav.).

(a) Clause générale

Aux termes de la clause générale de l'article L 1133-2 C.trav., dans sa version créée par la Loi relative à la lutte contre les discriminations (ex article L 122-45-3 C.trav.) une différence de traitement liée à l'âge est licite si elle est justifiée de manière objective et raisonnable par un but légitime – en particulier des objectifs de la politique de l'emploi – et que les moyens d'atteindre ce but sont nécessaires et appropriés.

On doit supposer que seul un objectif d'intérêt général peut justifier une discrimination en raison de l'âge dans le cadre de cette disposition. Va dans ce sens le fait que le législateur français a cité dans le cadre de la Loi relative à la lutte contre les discriminations des « objectifs de la politique de l'emploi », exemple qui renvoie explicitement à l'intérêt général. Ceci laisse penser que d'autres objectifs pouvant servir de justification doivent avoir une portée comparable. En 2008, par la loi n° 2008-496[118], le législateur français a inscrit dans l'article 1133-2 C.trav. d'autres exemples concrets d'objectifs pouvant potentiellement servir de justification, sans que cela amène à porter un jugement différent sur la nature de ces objectifs. En effet, il s'agit là encore exclusivement d'objectifs servant l'intérêt général. Les intérêts de certains employeurs ne sont donc pas propres, dans le droit français, à justifier une discrimination fondée sur

117 A propos de la compatibilité de la règle concrète relative à la charge de la preuve avec les prescriptions du droit communautaire, voir infra : C.I.3.

118 Voir infra : B.II.2.c.dd.

l'âge. Ceci est conforme aux exigences de la directive 2000/78/CE, selon lesquelles une discrimination au motif de l'âge, en particulier d'après la jurisprudence actuelle de la CJUE, ne peut être justifiée que par un objectif d'intérêt général.[119]

(b) Exemples

Dans le paragraphe 2 de la nouvelle disposition, le législateur français citait des exemples de cas dans lesquels une inégalité de traitement pouvait être réputée justifiée d'après ces principes.

Il y a d'abord le refus de l'accès à l'emploi ou l'introduction de conditions de travail particulières dans le but d'assurer la protection des travailleurs jeunes et âgés. Peut également être considérée comme licite la fixation d'un âge maximal pour le recrutement, fondée sur la formation nécessaire pour le poste concerné ou par la nécessité d'une période d'emploi donnée avant la retraite.

(4) Interdiction des dispositions discriminant les salariés en raison de leur âge dans les règlements intérieurs des entreprises

L'article L 1321-3 point 3 C. trav. (ex article L 122-35 al. 2 C. trav.) dispose que les règlements intérieurs des entreprises ne doivent pas non plus contenir de dispositions discriminant les salariés en raison de leur âge.

(5) Nullité des dispositions ou mesures discriminatoires, article L 1132-2 C. trav.

Si le caractère discriminatoire d'une disposition ou d'une mesure au sens de l'article L 1132-1 C. trav. est établi de manière à emporter la conviction du tribunal, cette dernière est réputée nulle d'après l'article L 1132-4 C. trav.

bb. Droit pénal

Dans le droit français, la lutte contre les discriminations a ceci de particulier que les discriminations peuvent faire l'objet de poursuites

119 Pour plus de détails sur ce point, voir infra : C.II.1.e.aa.(1).

pénales. En effet, les premières dispositions légales de lutte contre les discriminations – qui concernaient les discriminations fondées sur la race – furent introduites dès 1972 dans le Code pénal[120], soit bien avant que le législateur français prennent des mesures dans le domaine du droit civil.[121]

(1) Article 225-1 al. 1 et 2 C. pén.

La discrimination opérée à l'encontre d'une personne physique est passible de sanctions pénales d'après l'article 225-1 al. 1 C.pén., en lien avec l'article 225-2 C.pén.. La liste des motifs interdits a été complétée dans ce cadre par la Loi relative à la lutte contre les discriminations, parallèlement à celle du Code du travail et contient donc les mêmes critères de discrimination que l'article L 1132-1 C. trav. La discrimination en raison de l'âge peut elle aussi faire l'objet de poursuites pénales sous certaines conditions. Ceci vaut également d'après l'article 225-1, al. 2, en lien avec l'article 225-2 C. pén. en cas de discrimination d'une personne morale en raison de l'âge de l'ensemble de ses membres ou de certains d'entre eux.

A la différence des dispositions anti-discrimination du Code du travail, celles de l'article 225-1 en lien avec l'article 225-2 C. pén. ne prévoient des conséquences pénales dans le domaine de l'emploi et de la profession que dans certains cas particuliers. Dans ce cadre, la discrimination est passible de sanctions pénales essentiellement dans le domaine du recrutement et du licenciement.[122]

(2) Responsabilité pénale des personnes morales

D'après l'article 225-4 al. 1 C. pén., les personnes morales peuvent elles aussi, sous certaines conditions, être amenées à répondre de leurs actes devant une juridiction pénale pour des actes discriminatoires décrits à l'article 225-2 C. pén. C'est le cas lorsque la discrimination

120 Article 416 C. pén. dans sa version de l'époque.

121 Pour plus de détails sur ce point, voir Lanquetin, Dr. Soc. 2008, p. 779.

122 Voir article 225-2, points 3 et 5 C. pén.

visée a été opérée pour le compte d'une personne morale par ses organes ou ses représentants (article 121-2 al. 1 C. pén.).

Toutefois, aux termes de l'article 121-2 al. 1 C. pén., l'Etat n'est pas soumis à cette responsabilité pénale. L'alinéa 2 de cet article dispose que les collectivités territoriales ne sont responsables pénalement que des discriminations commises dans l'exercice d'activités susceptibles de faire l'objet de conventions de délégation de service public.

La responsabilité pénale des personnes morales n'exclut cependant pas celle des personnes physiques auteures ou complices des mêmes faits, dès lors que leur responsabilité pénale propre est fondée (article 121-2 al. 3 C. pén.) en vertu des dispositions du Code pénal (voir article 121-3 al. 4 C. pén.).

cc. Fonction publique

(1) Interdiction de la discrimination en raison de l'âge d'après l'article 6, par.2 de la Loi n°83-634 portant droits et obligations des fonctionnaires du 13 juillet 1983

En ce qui concerne la fonction publique, l'article 6, paragraphe 2, de la Loi n°83-634[123] interdit lui aussi les inégalités de traitement en raison de certains motifs.

Les personnes concernées bénéficient là encore d'une protection contre la discrimination fondée sur l'âge, puisque la liste des motifs de discrimination interdits a également été complétée ici par la Loi relative à la lutte contre les discriminations (article 11) parallèlement à l'introduction des nouvelles règles du Code du travail. L'article 6, par. 8 de la loi n°83-634 prévoit explicitement que ces règles ne valent pas seulement pour les fonctionnaires, mais aussi pour les agents non titulaires de droit public.

123 Loi n°83-634 portant droits et obligations des fonctionnaires du 13 juillet 1983, JO du 14 juillet 1983, p. 2174 ; ci-après dénommée Loi n° 83-634.

(2) Différence de traitement en raison de l'âge autorisée

La Loi relative à la lutte contre la discrimination prévoyait cependant aussi pour les catégories de personnes concernées par la Loi n°83-634 qu'une inégalité de traitement en fonction de l'âge pouvait être admise sous certaines conditions. C'était le cas d'abord pour le recrutement de fonctionnaires dans certains corps, cadres d'emplois ou emplois (article 6, alinéa 4).

Dans le cadre de l'ordonnance n° 2005-901 du 2 août 2005[124], les exceptions possibles à l'interdiction de discrimination en raison de l'âge ont été élargies. D'une part, des limites d'âge peuvent être fixées pour la carrière des fonctionnaires lorsqu'elles résultent des exigences professionnelles, justifiées par l'expérience ou l'ancienneté, requises pour les missions qu'ils sont destinés à assurer à leurs postes respectifs (article 6, alinéa 4 de la Loi n°83-634).

D'autre part, aux termes de l'article 6, alinéa 5 de la Loi n°83-634, des limites d'âge peuvent être maintenues pour le recrutement de fonctionnaires par voie de concours dans des corps, cadres d'emplois ou emplois, lorsque l'accès à ceux-ci est subordonné à l'accomplissement d'une période de scolarité au moins égale à deux ans.

b. La Loi n°2002-73 de modernisation sociale du 17 janvier 2002 et l'introduction des faits de harcèlement moral

Enfin, sous l'influence des directives européennes de lutte contre la discrimination[125], le législateur français a introduit par la Loi de modernisation sociale[126] (article 169), les faits de harcèlement moral dans le droit français, qui ne connaissait jusqu'alors que les faits de harcèlement sexuel (article L 1153-1 C.trav., ex article L 122-46, al. 1, C.trav.). D'après la définition de ces nouveaux éléments constitutifs, qui a été intégrée à l'identique dans le Code du travail (article L 1152-1,

124 JO du 3 août 2005, p. 12720.

125 Article 2, paragraphe 3 de la directive 2000/43/CE ; article 2, paragraphe 3 de la directive 2000/78/CE.

126 Loi n° 2002-73 de modernisation sociale du 17 janvier 2002, JO du 18 janvier 2002, p. 1008 ; ci-après dénommée : Loi de modernisation sociale.

ex article L 122-49) et dans le Code pénal (article 222-33-2) ainsi que dans la Loi n° 83-634 (article 6 quinquiès, alinéa 1), il y a harcèlement moral en cas d'agissements répétés qui ont pour objet ou pour effet une dégradation des conditions de travail susceptible de porter atteinte aux droits et à la dignité de la personne concernée, d'altérer sa santé physique ou mentale ou de compromettre son avenir professionnel.

D'après la jurisprudence de la Cour de cassation, depuis la première décision qu'elle a rendue sur ce grief en 2004, il revenait aux seuls tribunaux d'instance de déterminer si des comportements donnés remplissaient bien ces conditions.[127] Ce n'est qu'en septembre 2008 que la Cour de cassation a été appelée, dans plusieurs décisions, à examiner la qualification de certains comportements comme harcèlement moral retenue par les tribunaux d'instance.[128]

Compte tenu de la difficulté à apporter la preuve d'un harcèlement moral, le législateur français a introduit – en s'inspirant du nouveau régime de la preuve[129] institué par la Loi relative à la lutte contre les discriminations dans le domaine des discriminations – par l'article L 1154-1 C. trav. (ex article L 122-52 C. trav.) pour les faits de harcèlement moral aussi une répartition de la charge de la preuve favorable à l'employé. Alors que sur la base de la Loi de modernisation sociale il suffisait initialement à la personne victime de harcèlement moral de *présenter* les faits qui laissaient supposer l'existence d'un harcèlement moral, un changement fut introduit par la loi du 3 janvier 2003[130], qui dispose que le demandeur doit désormais *établir* de manière crédible les faits en cause. Comme le souligne *Martinel*[131], la cause de cette modification se trouvait sans aucun doute dans le fait que le Conseil constitutionnel n'avait considéré cette

127 Cass. soc. 27 octobre 2004, Bull. civ. V, n° 267.

128 Voir Cass. soc. 24 septembre 2008, Bull. civ. V, n° 175. La signification de ces décisions a été évaluée de diverses manières par les auteurs français. Voir Savatier, Dr. Soc. 2009, p. 57 ; Champeaux, SSL 2008 n° 1368, p. 4.

129 Voir supra B.II.2.a.aa.(2).

130 Loi n°2003-6 du 3 janvier 2003 portant relance de la négociation collective en matière de licenciements économiques (article 4), JO du 4 janvier 2003, p. 255.

131 Martinel, SSL 2008 n° 1368, p. 5 (6).

règle de la charge de la preuve, d'abord ancrée dans la loi, comme conforme à la constitution qu'avec des réserves.[132]

Si, sur la base de la nouvelle règle de droit, l'employé a établi les faits en cause de manière crédible, il revient à l'accusé de prouver que les comportements visés ne constituent pas un harcèlement au sens de la loi et que sa décision est justifiée par des circonstances étrangères à tout harcèlement.

Comme le Conseil constitutionnel l'a précisé dans sa décision du 12 janvier 2002, la nouvelle répartition de la charge de la preuve entrait cependant en contradiction avec la présomption d'innocence en vigueur dans le cadre de la procédure pénale.[133]Le nouveau régime de la preuve n'est donc pas appliqué en droit pénal.

c. *Compléments apportés par la Loi n° 2008-496 portant diverses dispositions d'adaptation au droit communautaire dans le domaine de la lutte contre les discriminations du 27 mai 2008*

En mai 2008 enfin, la Loi n° 2008-496 portant diverses dispositions d`adaptation au droit communautaire dans le domaine de la lutte contre les discriminations[134], qui adaptait le droit français relatif à la lutte contre la discrimination au droit de l'Union sur d'autres points essentiels entra en vigueur. En réalité, cette loi avait été adoptée, après déclaration d'urgence, le 15 mai 2008, suite à deux mises en demeure et un avis motivé de la Commission européenne, selon lesquels la France n'avait transposé que partiellement trois directives européennes – dont la directive 2000/78/CE – dans le délai de transposition.[135] Compte tenu de la situation, le but de cette loi était donc d'achever la transposition dans le droit français des directives concernées.[136] On renonça d'emblée à une codification de cette loi.

132 CC 12 janvier 2002 – n° 2001-455 DC, JO du 18 janvier 2002, p. 1053.

133 CC 12 janvier 2002 – N° 2001-455 DC (note 307).

134 Loi n° 2008-496 (note 10).

135 Voir à ce sujet Rapp. AN N° 695 p. 15 (http ://www.assemblee-nationale.fr/13/pdf/rapports/r0695.pdf).

136 La Loi n° 2008-496 avait aussi pour objet la transposition de deux autres directives, les directives 2004/113/CE et 2006/54/CE avant l'expiration du délai

aa. Champ d'application personnel

La Commission avait premièrement critiqué le fait que le champ d'application personnel des dispositions de lutte contre la discrimination du droit français était trop étroit, dans la mesure où les travailleurs indépendants en particulier n'étaient pas couverts par le champ d'application de ces règles.[137]

La Loi n° 2008-496 étendit par conséquent la protection contre la discrimination sur le plan personnel : les dispositions de la loi contenues dans les articles 1 à 4 et 7 à 10 s'appliquent de manière générale à toutes les personnes publiques, c'est-à-dire aux fonctionnaires et aux employés de la fonction publique, ainsi qu'à toutes les personnes privées, y compris les travailleurs indépendants.[138]

bb. Concept de discrimination

Une critique essentielle de la Commission portait sur le fait que la France avait insuffisamment transposé le concept de discrimination. La Commission se référait aussi bien aux faits de discrimination directe et indirecte qu'au harcèlement moral et à l'injonction à la discrimination.

(1) Discrimination directe

Aux termes des directives européennes de lutte contre la discrimination[139], une discrimination directe se produit lorsque, pour un des critères interdits, une personne est traitée de manière moins favorable qu'une autre ne l'est, ne l'a été ou ne le serait dans une situation comparable.

La Commission reprochait d'une part à la France de n'avoir inscrit aucune définition de la discrimination directe dans le domaine

---

de transposition. Concernant les motivations de la loi, voir là encore Rapp. AN N° 695 p. 15.

137 Voir Rapp. AN N° 695 p. 16.

138 Art. 5 I Loi n° 2008-496.

139 Article 2 point a) de la directive 2000/43/CE ; article 2 point a) de la directive 2000/78/CE.

de l'emploi et de la profession dans ses règles relatives à la lutte contre la discrimination, puisqu'on en trouvait une que dans le Code pénal. D'autre part, la définition pénale lui paraissait criticable[140] au sens où elle ne faisait pas référence à une comparaison avec une autre personne et que sa formulation ne reprenait pas les différents temps et modes retenus dans la directive.[141]

Lors des travaux préparatoires des assemblées visant à compléter le droit français sur ce point, la définition de la discrimination directe retenue par le droit de l'Union provoqua de vifs débats, dans la mesure où elle permettait de constater l'existence d'une discrimination sur la base d'une comparaison avec une personne hypothétique. Alors que l'Assemblée nationale, dans sa proposition de loi originelle, voulait reprendre la définition du droit de l'Union à l'identique[142], le Sénat estimait qu'elle était source d'insécurité juridique et pouvait conduire à des condamnations sur la base d'allégations impossibles à prouver. Le Sénat proposa de se cantonner, dans la définition de la discrimination directe du droit français, à la possibilité d'une comparaison avec la situation d'une autre personne dans le présent et le passé.[143]

L'intervention de la commission mixte paritaire permit de trouver un compromis, en remplaçant la comparaison avec une personne hypothétique par la possibilité d'établir une comparaison avec une situation future.

Une discrimination directe se produit donc, d'après la définition finalement retenue dans le droit français, lorqu'une personne, en raison d'un des motifs prohibés, est traitée de manière moins favorable qu'une autre ne l'est, ne l'a été ou ne l'aura été dans une situation comparable.[144]

---

140 Art. 225-1 C. pén.

141 Voir Lanquetin, Dr. soc. 2008, p. 778 (780).

142 Voir Rapp. AN N° 695 p. 25 et suivante.

143 Voir Rapp. Sénat N° 324 p. 7 et suivantes (http ://www.senat.fr/rap/l07-324/l07-3241.pdf).

144 Article 1, alinéa 1 de la Loi n° 2008-496.

(2) Discrimination indirecte

La transposition du concept de discrimination indirecte dans le droit français ne se fit pas non plus sans débats houleux.

La Commission avait fait observer que le Code du travail, dans son article L 1332-1 (ex article L 122-45 alinéa 1 C. trav.) faisait certes référence aux faits de discrimination indirecte, mais qu'aucune définition de ces faits ne se trouvait dans tout le droit français.

Dans le cadre des délibérations préparatoires, le Sénat refusa cependant une reprise à l'identique de la définition de la discrimination indirecte contenue dans le droit de l'Union[145], au motif qu'elle permet de supposer l'existence d'une discrimination indirecte dès lors qu'une mesure est simplement susceptible d'avoir pour conséquence une inégalité de traitement. Le Sénat jugeait cette définition trop large et la considérait elle aussi comme une source d'insécurité juridique.[146]

Malgré ces réserves, la définition de la discrimination indirecte retenue par le droit de l'Union fut finalement reprise sans modifications dans le droit français après réunion de la commission mixte paritaire.[147]

(3) Harcèlement moral

A propos des faits qualifiés de harcèlement moral dans le droit de l'Union, la Commission reprochait à la France d'avoir donné un autre sens à ce concept dans sa transposition. Le point essentiel était que le concept français se référait trop exclusivement aux conditions de travail.[148]

En effet, les faits de harcèlement moral, introduits dans le droit français par la Loi de modernisation sociale, avant l'adoption de la Loi n° 2008-496, n'étaient pas considérés comme une forme de

145 Article 2 point b) de la directive 2000/43/CE ; article 2 point b) de la directive 2000/78/CE.

146 Rapp. Sénat N° 324 p. 10 et suivantes.

147 Article 1, alinéa 2 de la Loi n° 2008-496.

148 Voir Rapp. AN N° 695 p. 16.

discrimination[149] – alors que c'est le cas dans les dispositions des directives 2000/78/CE[150] et 2000/43/CE[151]. Pour établir l'existence d'un harcèlement, le point décisif était bien plutôt que des comportements répétés aient eu lieu et qu'ils aient été en rapport avec les relations de travail. En revanche, il n'était pas nécessaire que les agissements indésirables soient liés à un des motifs prohibés.[152] D'après le droit de l'Union au contraire, il n'y a harcèlement que si les comportements visés sont liés à un des critères de discrimination.[153]

D'autre part, les conditions posées par le droit français pour qu'un harcèlement soit reconnu allaient au-delà des dispositions du droit de l'Union, puisque pour le droit français, il n'y avait harcèlement que si les comportements indésirables étaient répétés.[154] D'après la définition du droit de l'Union, un seul acte suffit à faire retenir des faits de harcèlement, dès lors que les conditions de qualification des faits sont remplies.[155]

La Loi n°2008-496 a introduit les exigences du droit de l'Union dans le droit français sans modifications. Ainsi, d'après son article 1, alinéa 3, point 1, la discrimination inclut expressément aussi tout agissement lié à un des motifs prohibés qui a pour objet ou pour effet de porter atteinte à la dignité d'une personne ou de créer un environnement hostile, dégradant ou humiliant.

Cette reprise par la Loi n° 2008-496 de la qualification de discrimination pour le harcèlement n'eut cependant pas pour conséquence l'abandon du concept de harcèlement déjà inscrit dans le droit français. Il fut maintenu tel quel dans l'article L 1151-1 C. trav. et dans l'article 222-33-2 C. pén., si bien que deux définitions différentes du harcèlement cohabitent dans le droit français.[156]

---

149 Lanquetin, Dr. soc. 2008, p. 778 (781).
150 Article 2, paragraphe 3 de la directive 2000/78/CE.
151 Article 2, paragraphe 3 de la directive 2000/43/CE.
152 Voir supra B.II.2.b.
153 Voir supra A.I.2.c.cc.
154 Voir supra B.II.2.b.
155 Voir supra A.I.2.c.cc.
156 Péru-Pirotte, JCP S 2008 N° 23, p. 12 (14).

(4) Injonction à la discrimination

D'après la directive 2000/78/CE[157], le fait d'enjoindre quelqu'un de pratiquer une discrimination est considéré comme une discrimination et aura les mêmes conséquences juridiques. Sur ce point, la Commission reprochait à la France l'absence dans le droit français de toute disposition tenant compte de cette règle.[158] C'est pourquoi la Loi n° 2008-496 (article 1, al. 3, point 2) a qualifié l'injonction à la discrimination de forme de discrimination particulière.

cc. Exigence professionnelle déterminante

Sur la base de l'article 4, paragraphe 1 de la directive 2000/78/CE, la Loi n°2008-496 prévoit également, dans son article 2, point 2, al.2, qu'une différence de traitement fondée sur les motifs prohibés est admissible si le critère en question correspond à une exigence professionnelle essentielle et déterminante, et pour autant que l'objectif soit légitime et l'exigence proportionnée.

Cette règle d'exception a été introduite par la Loi n° 2008-496 (article 6) dans l'article L. 1133-1 C. trav. immédiatement après la section « Principe de non-discrimination », en tête de la section « Différences de traitement autorisées ». Du fait de la place qu'elle occupe dans le texte, cette règle concerne donc toutes les formes de discrimination couvertes par l'article L. 1132-1 C.trav., et donc tous les motifs de discrimination qui y sont cités.[159]

La portée exacte de cette disposition reste cependant incertaine.[160] En ce qui concerne l'âge, on peut supposer que cette règle n'aura qu'une portée minime – de même que la prescription de l'article 4, paragraphe 1 de la directive 2000/78/CE[161] – puisque le législateur

157 Article 2, paragraphe 4 de la directive 2000/78/CE.

158 Voir Lanquetin, Dr. soc. 2008, p. 778 (782).

159 Dans la mesure où les dispositions de la Loi n° 2008-496 n'ont pas été codifiées, la règle énoncée dans son article 2, point 2, al. 2 ne concerne en principe que les motifs de discrimination visés à son article 2, point 2, al. 1. Voir aussi Berthou, Dr. soc. 2009, p. 410 (411).

160 Voir Berthou, Dr. soc. 2009, p. 410 (411).

161 Voir supra la section A.I.2.d.aa.

français a pris soin de rédiger une règle spéciale pour les exceptions au principe de non-discrimination en raison de l'âge, inscrite à l'article L 1133-2 C.trav .

dd. Inégalité de traitement fondée sur l'âge autorisée

En ce qui concerne la discrimination fondée sur l'âge, le législateur avait déjà posé une règle relative aux inégalités de traitement autorisées dans l'ex-article L 122-45-3 al. 1 C.trav.[162], sur la base de l'article 6, paragraphe 1, al. 1 de la directive 2000/78/CE. Les inégalités de traitement y étaient déclarées autorisées, si elles étaient objectivement et raisonnablement justifiées par un objectif légitime – en particulier des objectifs de la politique de l'emploi – et que les moyens utilisés pour atteindre cet objectif étaient appropriés et nécessaires.

D'après la Commission toutefois, cette formulation, comparée aux exigences de la directive 2000/78/CE, était trop vague. Elle exigea du législateur français des précisions quant aux situations pouvant justifier une inégalité de traitement fondée sur l'âge.[163]

La Loi n°2008-496 modifia donc la disposition concernée : le seul exemple d'objectif légitime cité dans le texte originel (les objectifs de la politique de l'emploi) fut supprimé et divers autres exemples concrets ajoutés (protection de la santé ou de la sécurité des travailleurs, action en faveur de leur insertion professionnelle, mesure destinée à assurer leur emploi, leur reclassement ou leur indemnisation en cas de perte d'emploi) (art. L 1133-2 al. 1 C.trav.).

Cette modification non plus ne fut pas sans créer un débat lors de la procédure législative. Le Sénat s'était prononcé pour un libellé le plus concis possible, c'est-à-dire évoquant seulement un objectif légitime et renonçant à citer tout exemple d'objectifs légitimes

162 L'ex-article L 122-45-3 C. trav. a d'abord correspondu après la recodification du Code du travail et avant l'entrée en vigueur de la Loi n° 2008-496 à l'article L 1133-1 C. trav.. ce n'est qu'avec la Loi n° 2008-496 (Art. 6) que la disposition fut déplacée à l'article L 1133-2 C. trav.

163 Voir Lanquetin, Dr. soc. 2008, p. 778 (783).

envisageables[164], au motif qu'une énumération peut toujours s'apparenter à une restriction.[165]

Au contraire, le rapporteur de l'Assemblée nationale souligna, dans le cadre de la réunion de la commission mixte paritaire, que la version défendue par l'Assemblée et finalement adoptée contribuait, en citant des exemples d'objectifs légitimes possibles, à renforcer la sécurité juridique dans les situations dans lesquelles des inégalités de traitement fondées sur l'âge considérées comme autorisées avaient régulièrement lieu. En outre, cette version présentait l'avantage que l'énumération n'était pas limitative.[166]

ee. Répartition de la charge de la preuve

L'article 4, paragraphe 1, al.1 et 2 de la Loi n°2008-496 étendit la répartition de la charge de la preuve favorable à l'employé introduite par la Loi relative à la lutte contre les discrimination du 16 novembre 2011 aux faits de discrimination nouvellement couverts par la Loi n°2008-496, de sorte que cette répartition est désormais applicable dans toutes les procédures civiles et administratives.[167] Dans le cadre de la Loi n°2008-496, il suffit donc également que la personne qui s'estime victime d'une discrimination *présente* les faits qui laissent présumer une discrimination.

En revanche, la nouvelle répartition de la charge de la preuve ne s'applique toujours pas devant les juridictions pénales, en raison du

164 Voir la proposition de Loi n° 2008-496 - TA N° 72 (2007-2008) dans sa version modifée par le Sénat, du 9 avril 2008 (http ://www.senat.fr/leg/tas07-072.html).

165 Voir Compte rendu de la commission mixte paritaire sur la lutte contre les discriminations du 13 mai 2008 (http ://www.senat.fr/bulletin/20080513/cmp.html#toc1) ; Rapp. Sénat N° 324, p. 4, 18.

166 Compte rendu de la commission mixte paritaire sur la lutte contre les discriminations du 13 mai 2008.

167 Voir l'art. 5 I de la Loi n° 2008-496, aux termes duquel les art. 1 à 4 et 7 à 10 de Loi n° 2008-496 s'appliquent à toutes les personnes, dans le secteur privé comme dans le secteur public. Voir également Péru-Pirotte, JCP S 2008 N° 23, p. 12 (15).

principe de présomption d'innocence (art. 4, al. 2 de la Loi n° 2008-496).[168]

d. Le droit français et l'autorisation des actions positives

Le droit français ne prévoit pas de cadre général autorisant les « actions positives », que les Etats membres peuvent conserver ou introduire pour assurer l'égalité totale dans la vie professionnelle d'après la directive 2000/78/CE (article 7, par. 1).[169] En effet, le concept de discrimination positive a été considéré comme partiellement incompatible avec le principe d'égalité universel inscrit dans les textes constitutionnels français, qui interdit toute division de la population en catégories spécifiques.[170]

Cependant, le Conseil constitutionnel reconnaît sur le principe que des mesures positives, au sens du concept de discrimination positive du droit de l'Union[171], peuvent être autorisées.[172] Ceci apparaît particulièrement clairement à la lecture de la décision du Conseil constitutionnel du 14 mars 2003, relative à la constitutionnalité d'une disposition de la Loi portant réforme des retraites, qui prévoyait que, dans certaines conditions, le temps passé par les femmes à élever des enfants pouvait être pris en compte à leur avantage dans le calcul du montant de leur retraite. Dans cette décision, le Conseil constitutionnel expliquait qu'il appartenait au législateur de tenir compte des désavantages de fait que les femmes avaient subi jusqu'ici. Le législateur pouvait donc – afin de compenser les effets négatifs – adopter des dispositions destinées à compenser des désavantages de fait, qui ne devraient normalement pas exister.[173]

---

168 Voir à ce propos Péru-Pirotte, JCP S 2008 N° 23, p. 12 (16).

169 Lhernould/Moizard, Dr. soc. 2005, p. 509 (512).

170 Voir Borillo, Revue française des affaires sociales 2002 N° 1, p. 113 (126).

171 Voir supra, la section A.I.2.d.cc.

172 Voir Lhernould/Moizard, Dr. soc. 2005, p. 509 (512) ; CFDT, Action Juridique 2008 N° 188, p. 7 (12).

173 CC 14 août 2003 – N° 2003-483 DC, JO du 22 août 2003, p. 14343.

Sur la question des quotas, la jurisprudence du Conseil constitutionnel semble se rapprocher de celle de la CJUE dans le domaine de la discrimination fondée sur le sexe[174]. Il a ainsi considéré que fixer un quota donné de femmes dans les conseils d'administration et de surveillance des sociétés privées et des entreprises publiques n'était pas conforme à la constitution, puisque cela contrevenait au principe d'égalité devant la loi.[175] Même si l'objectif poursuivi par cette réglementation était conforme aux principes constitutionnels, il ne pouvait justifier la priorité absolue du critère d'appartenance à un sexe donné sur les critères de qualification et d'intérêt général.[176]

174 Pour une étude très complète : Hinrichs, in : Däubler/Bertzbach, Allgemeines Gleichbehandlungsgesetz, point 32 et suivants, sur le § 5 AGG.

175 CC du 16 mars 2006 - N° 2006-533 DC, JO du 24 mars 2006, p. 4446. Voir également CFDT, Action Juridique 2008 N° 188, p. 7 (12).

176 CC 16 mars 2006 – N° 2006-533 DC.

C. Légalité des règles de droit français prenant en compte le critère de l'âge

I. Conformité au droit de l'Union des prescriptions anti-discrimination du Code du travail

1. Art. L 1133-2 C.trav.

Comme il a été exposé plus haut, la clause générale relative aux exceptions admises au principe de non discrimination fondée sur l'âge, inscrite à l'article L 1333-2 C.trav., a été modifiée dans le cadre de la Loi n°2008-496 à la demande de la Commission, avec l'introduction de différents exemples concrets d'objectifs légitimes, sans toutefois qu'une règle limitative ait été adoptée. La deuxième phrase de la prescription, qui cite deux exemples possibles d'inégalités de traitement liées à l'âge admissibles, est demeurée inchangée.

Malgré la précision ainsi apportée, on pouvait encore douter de la conformité de la prescription au droit de l'Union, dans la mesure où l'article 6, par. 1 de la directive 2000/78/CE semble pouvoir exiger des Etats membres de nommer tous les cas d'inégalités de traitement fondées sur l'âge non concernés par l'interdiction de discrimination sous la forme d'une liste exhaustive.

La CJUE a dû répondre récemment à une question sur ce point dans le cadre de sa décision du 5 mars 2009 concernant l'affaire *Age Concern England.* Il s'agissait en l'espèce de déterminer si une disposition du droit anglais, selon laquelle une mesure entraînant une discrimination en fonction de l'âge concrète devait généralement être considérée comme licite à partir du moment où elle constituait un moyen proportionné pour atteindre un objectif légitime, était conforme au droit de l'Union. La CJUE a clairement affirmé à cette occasion que l'art. 6 par. 1 de la directive 2000/78/CE n'oblige pas les Etats membres à faire figurer dans leurs mesures de transposition une liste particulière d'inégalités de traitement susceptibles d'être justifiées par un objectif légitime.[1] La CJUE justifie son interprétation essentiellement en rappelant la grande marge d'appréciation dont disposent les Etats membres en ce qui concerne le choix des moyens lors de la transposition d'une directive, qui n'est contraignante que relativement à l'objectif à atteindre, aux termes de l'art. 288, par. 3 TFUE (ex-art. 249 par. 3 TCE).[2] La transposition d'une directive n'exige pas même nécessairement aux yeux de la CJUE que ses dispositions soient reprises formellement dans une disposition législative expresse. Une directive peut bien plutôt être mise en œuvre via une mesure générale, à partir du moment où celle-ci est propre à assurer l'effet plein et entier de la directive. Dans le cas de dispositions d'une directive créant des droits subjectifs, le droit positif résultant d'une telle mesure doit cependant être suffisamment clair et précis et permettre aux personnes bénéficiaires de prendre pleinement connaissance de tous leurs droits.[3]

Au vu de cette jurisprudence, il n'aurait donc pas été obligatoire d'introduire dans la clause générale de l'art. 1133-2 C.trav. d'autres exemples d'objectifs légitimes. Une réglementation nationale qui – comme le souhaitait le Sénat – ne contient pas d'énumération des objectifs pouvant justifier une inégalité de traitement mais fait seulement dépendre la légalité de celle-ci de la légitimité de l'objectif poursuivi et de la proportionnalité des moyens employés constitue donc une transposition en bonne et due forme.[4] La prescription de l'art. L 1133-2 C.trav. dans sa version actuelle est donc conforme à la directive sur ce point.[5]

1 CJUE 5 mars 2009 – affaire C-388/07 point 43 (Age Concern England).
2 CJUE 5 mars 2009 – affaire C-388/07 point 42 (Age Concern England).
3 CJUE 5 mars 2009 – affaire C-388/07 point 42 (Age Concern England).
4 CJUE 5 mars 2009 – affaire C-388/07 point 43, 52 (Age Concern England).
5 Dans le même sens, voir : Cavallini, JCP S 2009 N° 18, p. 29 (30 et suivante).

2. Définition de la discrimination directe

La définition de la discrimination directe retenue par les directives anti-discrimination n'a pas été reprise telle quelle par le droit français dans le cadre de la Loi n° 2008-496 ; elle a été modifiée en ceci que la référence à une comparaison avec une personne hypothétique a été remplacée par la comparaison avec une situation future.[6] Il paraît au minimum douteux que cette version soit conforme aux prescriptions du droit de l'Union et, au vu des considérations qui ont amené à la reconnaissance d'une comparaison avec une personne hypothétique au niveau communautaire, il faut probablement conclure qu'elle ne l'est pas.

En effet, la CJUE s'était longtemps appuyée uniquement sur une comparaison avec une personne concrète existante en matière de discrimination directe.[7] Ce n'est que dans les cas de grossesse, dans lesquels il ne peut y avoir de comparaison avec une personne du sexe masculin, qu'elle renonçait à s'appuyer sur l'existence d'une personne concrète dont la situation était comparable.[8] Avec l'adoption des directives anti-discrimination 2000/43/CE et 2000/78/CE, la discrimination a été comprise dans un sens plus large et on a accepté la référence à une personne (seulement) hypothétique pour établir une comparaison prouvant un traitement moins favorable.[9] Les directives n'exigent même pas qu'il s'agisse d'une personne présentant d'autres caractères.[10] Cette modification a été introduite en raison des inconvénients que présentait le concept de personne concrète dans une

6 Voir supra : B.II.2.c.bb.(1).

7 Voir par exemple CJUE 27 mars 1980 – affaire 129/79, Rec. 1980, 1275, points 14 et suivants (Smith) ; CJUE 4 février 1988 – affaire 157/86, Rec. 1988, 673, (Murphy) ; voir également : Schiek, in : Schiek, AGG, point 2 sur le § 3 AGG ; Schrader/Schubert, in : Däubler/Bertzbach, Allgemeines Gleichbehandlungsgesetz, point 3 sur le § 3 AGG.

8 Pour plus de références, voir Schrader/Schubert, in : Däubler/Bertzbach, Allgemeines Gleichbehandlungsgesetz, point 3 sur le § 3 AGG.

9 Voir supra : A.I.2.c.aa.

10 Schiek, in : Schiek, AGG, point 3 sur le § 3 AGG.

situation comparable, puisque sans personne concrète pour établir une comparaison, on ne pouvait faire valoir une discrimination.[11]

Même si les types de cas dans lesquels la référence à une personne hypothétique sera pertinente sont difficiles à définir pour l'instant, cette possibilité aura son importance dans les cas où il est impossible de trouver une personne concrète avec laquelle établir une comparaison dans le présent, le passé ou l'avenir.[12] La doctrine allemande cite par exemple le cas d'une entreprise de migrants, dans laquelle aucun employé ne serait allemand, ainsi que des situations où il est impossible de trouver des personnes présentant d'autres caractéristiques.[13]

Des cas de ce type ne peuvent en règle générale pas fonder une discrimination d'après la définition de la discrimination directe introduite dans le droit français. Pour que l'existence d'une discrimination soit reconnue, il faut, aux termes de l'art.1 par.1 de la Loi n° 2008-496, qu'une comparaison avec une personne concrète soit possible, même si cette dernière pourra se trouver dans une situation comparable à celle de la victime présumée seulement à l'avenir. Le libellé de la loi française est donc contraire à l'intention du législateur européen, qui voulait éviter les problèmes liés à l'exigence d'une comparaison possible avec une personne concrète. La définition française de la discrimination directe doit donc être considérée comme non conforme à la directive.

3. Règle relative à la charge de la preuve de l'article L 1134-1 C.trav.

D'après la règle gouvernant la charge de la preuve inscrite à l'article L 1134-1 C. trav., une personne qui s'estime victime d'une discrimination doit simplement *présenter* les faits qui laissent supposer une

11 Vgl. Schiek, in : Schiek, AGG, points 2 et suivant sur le § 3 AGG.

12 Voir Schrader/Schubert, in : Däubler/Bertzbach, Allgemeines Gleichbehandlungsgesetz, point 24 et suivant sur le § 3 AGG.

13 Schrader/Schubert, in : Däubler/Bertzbach, Allgemeines Gleichbehandlungsgesetz, point 25 sur le § 3 AGG.

discrimination directe ou indirecte. On peut légitimement se demander si cette règle est conforme au contenu des directives anti-discrimination[14], puisque celles-ci exigent que la personne concernée *établisse* les faits de manière crédible.[15]

Il faut cependant noter que, lorsque les directives parlent d'établir les faits, il ne faut pas comprendre cette expression dans le sens qu'elle a, par exemple, dans la disposition contenue au par. 294 du code de procédure civile allemand, qui prévoit des cas particuliers. Dans le cas contraire, les dispositions du droit communautaire devraient citer expressément les particularités propres à chacun des Etats membres.[16]

Dans le cas des directives, il s'agit donc simplement de diminuer l'ampleur des preuves à apporter, au sens où il suffit de présenter les faits qui rendent vraisemblable l'existence d'un traitement moins favorable sur la base d'un des motifs prohibés.[17] Parlent en faveur de cette interprétation au premier chef les motifs qui ont poussé à l'élaboration d'une règle de la charge de la preuve propre au droit communautaire. Ces motifs sont liés d'une part au fait que la raison pour laquelle une mesure discriminatoire est prise tient à des faits personnels, qui peuvent très difficilement être prouvés par le demandeur. D'autre part, il s'agissait d'écarter les difficultés que pouvait rencontrer le demandeur pour présenter des documents internes à l'entreprise, auxquels il n'a généralement pas accès.[18]

On doit par conséquent admettre que la règle qui gouverne la charge de la preuve inscrite à l'article 1134-1 du Code du travail français qui, en exigeant simplement de présenter les faits, diminue

---

14 Voir Lhernould/Moizard, Dr. soc. 2005, p. 509 (514).

15 Art. 4, par. 1 de la directive 97/80/CE ; Art. 10 par. 1 de la directive 2000/78/CE ; Art. 8 par. 1 de la directive 2000/43/CE.

16 Hoentzsch, DB 2006, p. 2631 (2633).

17 Voir Bertzbach, in : Däubler/Bertzbach, Allgemeines Gleichbehandlungsgesetz, point 3 sur le § 22 AGG ; Hoentzsch, DB 2006, p. 2631 (2632).

18 Voir Hoentzsch, DB 2006, p. 2631 ; voir aussi le considérant 31 de la directive 2000/78/CE.

l'ampleur des preuves à apporter et déplace la charge de la preuve, est conforme à la directive.

II. Autres règles du droit du travail et du droit social français

1. L'accès à l'emploi

a. Contrats à durée déterminée seniors

L'Accord national interprofessionnel relatif à l'emploi des seniors conclu le 13 octobre 2005 par les partenaires sociaux, qui visait à promouvoir l'accès à l'emploi des seniors ainsi que leur retour à la vie active, prévoyait comme mesure phare la création des contrats à durée déterminée seniors (CDD seniors).[19] Le point clé était que le contrat de travail passé avec des seniors pouvait être limité dans le temps sous certaines conditions. A l'instigation des partenaires sociaux, ce nouveau motif autorisant à conclure des contrats à durée déterminée fut finalement intégré dans le Code du travail (art. D 1242-2 C. trav.)[20] – à l'origine dans une nouvelle section intitulée « Retour à l'emploi des salariés âgés » (ex art. D 322-24 et suivants C. trav.)

aa. Caractéristiques des contrats à durée déterminée seniors

Les règles du Code du travail relatives à ces contrats prévoient qu'il est possible de conclure un contrat à durée déterminée pour une durée maximale de 18 mois[21] avec des personnes de plus de 57 ans, qui se

---

19 Pélissier/Lardy-Pélissier, RDT 9/2006, p. 168 ; Rodière, SSL 2006 N° 1266, p. 7.

20 Décret n° 2006-1070 aménageant les dispositions relatives au contrat à durée déterminée afin de favoriser le retour à l'emploi des salariés âgés du 28 août 2006.

21 Art. D 1242-7 C. trav.

sont déclarées en recherche d'emploi depuis plus de 3 mois ou peuvent faire valoir leur droit à une mesure de réinsertion personnalisée (art. D 1242-2 C. trav.). Ce contrat peut être renouvelé une fois et sa durée totale ne peut excéder 36 mois.[22] L'objectif de cette possibilité de fixer une durée déterminée est, d'après le libellé de la loi, de faciliter le retour à l'emploi des personnes âgées et de leur permettre d'acquérir des droits supplémentaires afin de bénéficier d'une pension de retraire plus élevée (art. D 1242-2 C. trav.)

Mais ce CDD seniors a pour conséquence que les travailleurs de la classe d'âge des plus de 57 ans risquent de ne plus avoir accès à des contrats de travail à durée indéterminée. Ils sont donc victimes d'une discrimination directe du fait de cette possibilité de limiter la durée des contrats.

bb. Jurisprudence de la CJUE concernant la conformité au droit de l'Union des mesures nationales prenant en compte l'âge

(1) Prescriptions de la CJUE d'après la jurisprudence Mangold

La procédure préjudicielle *Mangold* trouve son origine dans une mesure du gouvernement allemand, par laquelle il voulait favoriser l'insertion professionnelle des travailleurs âgés au chômage. Elle était inscrite à l'art.14, par. 3 de la loi sur le travail à temps partiel et les contrats à durée déterminée (*Teilzeitbefristungsgesetz*, TzBfG) dans son ancienne version, qui prévoyait que les restrictions prévues par le droit allemand pour la conclusion de contrats à durée déterminée ne s'appliquaient pas aux contrats passés avec des salariés ayant atteint un âge donné. Le tribunal du travail de Munich posa une question préjudicielle pour savoir si une telle règle, qui fait dépendre la possibilité de limiter un contrat de travail dans le temps du seul fait que le salarié ait dépassé un certain âge, est compatible avec les dispositions de la directive 2000/78/CE.[23] Comme on le sait, la CJUE a répondu par la négative en affirmant qu'une règle nationale qui

22 Art. D 1242-7 C. trav.

23 Voir CJUE 22 novembre 2005 – affaire C-144/04, deuxième question (Mangold).

– indépendamment d'autres considérations relatives à la structure du marché du travail dans le pays concerné ou à la situation personnelle du salarié – fixe comme seul critère pour autoriser la limitation dans le temps d'un contrat de travail l'âge du salarié va au-delà de ce qui est nécessaire et proportionné pour atteindre l'objectif d'insertion professionnelle des travailleurs âgés au chômage.[24] La défense du principe de proportionnalité signifie en effet que, lorsque des exceptions sont admises à un droit subjectif, les exigences de l'objectif recherché doivent autant que possible être mises en conformité avec le principe d'égalité de traitement.[25]

(2) Jurisprudence Palacios

(a) Présentation de l'affaire et jurisprudence de la CJUE

Dans sa décision *Palacios* très attendue[26], la CJUE devait à nouveau donner une interprétation de la directive 2000/78/CE relativement à la discrimination fondée sur l'âge.

Sa décision rendue suite à une question préjudicielle du tribunal espagnol *Juzgado de lo Social no. 33 de Madrid* concernait le problème de savoir si la fixation de limites d'âge générales pour la mise à la retraite d'office était compatible avec l'interdiction de la discrimination inscrite dans le droit communautaire.[27]

La CJUE, qui considère à juste titre qu'il y a là une discrimination directe fondée sur l'âge[28], admet cette compatibilité, car la différence de traitement serait justifiée d'après l'article 6, par.1 de la directive 2000/78/CE.

---

24 CJUE, 22 novembre 2005 – affaire C-144/04, point 65 (Mangold).

25 CJUE, 22 novembre 2005 – affaire C-144/04, point 65 (Mangold).

26 CJUE 16 ocotbre 2007 – affaire C-411/05 (Palacios de la Villa).

27 Voir pour la première question préjudicielle l'arrêt de la CJUE du 16 octobre 2007 – affaire C-411/05, point 40 (Palacios de la Villa).

28 Voir CJUE, 16 octobre 2007 – affaire C-411/05, point 45, 51 (Palacios de la Villa) ; pour plus de détails sur ce point et sur l'application possible de la directive 2000/78/CE aux limites d'âge pour le passage à la retraite, voir infra, C.II.3.a.aa.

Elle précise d'abord que les Etats membres et le cas échéant les partenaires sociaux dans le domaine de la politique de l'emploi et de la politique sociale, disposent d'une large marge d'appréciation non seulement pour déterminer un objectif concret, mais aussi pour choisir les mesures propres à l'atteindre.[29] Ceci vaudrait en particulier pour la décision de prolonger la durée de la vie active des salariés ou au contraire de prévoir un passage à la retraite plus précoce, que les instances nationales concernées peuvent être amenées à prendre en raison de considérations d'ordre politique, économique, social, démographique et/ou budgétaire et compte tenu de la situation concrète du marché du travail dans un Etat membre donné.[30]

Dans ce contexte, poursuit la CJUE, il ne paraît pas « déraisonnable »[31] de la part d'un Etat membre, d'estimer que des limites d'âge générales peuvent être nécessaires et proportionnées pour favoriser le plein emploi en facilitant l'accès au marché du travail. En outre, la CJUE fait observer que le salarié concerné par la règle de droit espagnole en question bénéficiait d'une compensation financière sous la forme d'une pension de retraite, dont le montant ne pouvait être considéré comme inapproprié. De ce fait, les intérêts du salarié n'étaient donc pas méconnus de manière excessive par la mise à la retraite d'office.[32] Enfin, il était possible de prévoir des modes de recours flexibles au mécanisme de mise à la retraite d'office par le biais de conventions collectives, pour pouvoir tenir compte des caractéristiques propres des emplois en cause.[33]

(b) Portée de la décision Palacios pour les mesures prises par le législateur français

L'originalité de la décision *Palacios* tient à ce que la CJUE, en rappelant que les Etats membres disposent d'une large marge d'appréciation dans le domaine de la politique de l'emploi et de la

29 CJUE 16 octobre 2007 – affaire C-411/05, point 68 (Palacios de la Villa).
30 CJUE 16 octobre 2007 – affaire C-411/05, point 69 (Palacios de la Villa).
31 CJUE 16 octobre 2007 – affaire C-411/05, point 72 (Palacios de la Villa).
32 CJUE 16 octobre 2007 – affaire C-411/05, point 73 (Palacios de la Villa).
33 CJUE 16 octobre 2007 – affaire C-411/05, point 74 (Palacios de la Villa).

politique sociale, se limite elle-même, dans le cadre du contrôle qu'elle exerce sur la proportionnalité des mesures, à évaluer s'il est plausible que ces dernières soient proportionnées. [34] La CJUE n'examine pas même en détail si la limite d'âge en question est effectivement nécessaire pour atteindre l'objectif de politique de l'emploi visé, mais estime qu'il suffit que l'option retenue par l'Etat membre ne semble « pas déraisonnable ».[35] La Cour n'exige pas de preuve concrète d'un effet positif sur l'emploi des limites d'âge. Certes, elle mentionne par ailleurs la possibilité de prendre en compte les caractéristiques spécifiques des différents emplois concernés[36], ce qui pourrait plaider en faveur du fait que la référence à des intérêts de la politique de l'emploi ne peut justifier la fixation d'une limite d'âge à ses yeux que s'il existe un lien direct et concret, au moins avec la situation du marché de l'emploi dans la branche concernée. [37] Cependant, l'insistance avec laquelle la CJUE souligne que les Etats membres disposent d'une large marge d'appréciation dans le domaine de la politique de l'emploi et de la politique sociale laisse penser que sur la base de sa décision *Palacios,* elle tend à autoriser largement la fixation de limites d'âge, d'autant plus que la large marge d'appréciation reconnue aux Etats membres trouve son expression directe dans l'arrêt rendu.

Le critère de contrôle retenu dans la décision *Palacios* semble au minimum contredire la jurisprudence rendue par la CJUE dans l'affaire *Mangold.* Certes, dans cette affaire aussi, la CJUE avait souligné la large marge d'appréciation du législateur national dans le domaine de la politique du marché de l'emploi et de la politique sociale.[38] Mais il s'agissait alors d'une simple concession, puisque la

---

34 CJUE 16 octobre 2007 – affaire C-411/05, point 68 et suivants (Palacios de la Villa) ; voir également Temming, NZA 2007, p. 1193 et suivante. ; Bayreuther, DB 2007, p. 2425 (2426).

35 CJUE 16 octobre 2007 – affaire C-411/05, point 72 (Palacios de la Villa).

36 CJUE 16 octobre 2007 – affaire C-411/05, point 74 (Palacios de la Villa).

37 Voir sur ce point Bayreuther, DB 2007, p. 2425, qui pointe du doigt le manque de clarté des déclarations de la CJUE sur ce point.

38 CJUE 22 novembre 2005 – affaire C-144/04, point 63 (Mangold).

CJUE avait soumis la disposition de droit allemand en cause à un examen de proportionnalité des plus strictes. Le critère d'examen retenu dans l'affaire *Palacios* semble au contraire avoir été considérablement assoupli.[39]

Ceci pose la question de savoir si dans l'affaire *Palacios*, la CJUE a pris une décision qui engage pour l'avenir, au sens où les mesures nationales relevant de la politique du marché du travail et de l'emploi ne pourraient plus être contrôlées que de manière très limitée relativement à l'interdiction de la discrimination fondée sur l'âge du droit de l'Union. Il est donc difficile d'évaluer la portée exacte de la décision *Palacios*.

D'après une opinion défendue dans la doctrine allemande, la CJUE n'aurait pris, dans l'affaire *Palacios*, qu'une décision relative à la fixation d'un âge maximal pour le départ à la retraite, dont les principes ne sauraient être transposés tels quels à d'autres mesures du législateur national – comme les CDD seniors.[40] La fixation d'une limite d'âge générale aurait d'ordinaire pour objectif premier de promouvoir une répartition équitable des emplois entre générations. Pour parvenir à une répartition adéquate entre les générations du nombre limité d'emplois disponibles dans chaque Etat, il y aurait cependant toujours plusieurs solutions, d'autant plus que l'âge maximal fixé – comme la CJUE l'expliquerait bien – dépendrait aussi de la situation démographique ainsi que de l'état du marché du travail national, qui différeront d'un Etat membre à l'autre. La CJUE aurait donc sciemment concédé au législateur national une large marge d'appréciation uniquement et spécifiquement en ce qui concerne la fixation de limites d'âge générales.[41]

Mais les prises de position de la CJUE dans la décision *Palacios* ne doivent pas être considérées comme ayant une portée aussi limitée. Il en ressort en effet que la Cour accorde aux Etats membres une large marge d'appréciation non seulement pour la fixation de limites d'âge

39 Temming, NZA 2007, p. 1193 (1196) ; voir aussi Laulom, SSL 2008 Suppl. N° 1338, p. 23 (25).
40 Sagan, EuZW 2007, p. 765 (766).
41 Sagan, EuZW 2007, p. 765 (766).

générales pour le départ à la retraite, mais aussi pour d'autres mesures relevant de la politique de l'emploi et de la politique sociale. En effet, d'après la formulation de la CJUE, cette large marge d'appréciation des Etats membres existe *en particulier* pour la décision de prolonger la durée de la vie active ou de prévoir un passage à la retraite plus précoce[42], mais pas exclusivement.

Toujours est-il que la marge de manœuvre des Etats membres dans le domaine de la politique de l'emploi et de la politique sociale a été élargie de manière décisive par la décision *Palacios*.[43] En dernière analyse, l'interdiction de la discrimination fondée sur l'âge se trouve considérablement limitée du fait de ce critère de contrôle souple, aussi bien en ce qui concerne la discrimination directe qu'en ce qui concerne la discrimination indirecte.[44] Les explications de la CJUE laissent cependant penser que les inégalités de traitement fondées sur l'âge ne sont pas autorisées sans restriction, même après la décision *Palacios*. D'une part, une mesure de droit national devra être considérée comme non nécessaire, si elle est déraisonnable au regard de l'objectif à atteindre.[45] D'autre part, la CJUE semble faire dépendre la proportionnalité des limites d'âge générales du fait que le salarié mis à la retraite d'office est mis à l'abri des difficultés financières par le versement d'une pension de retraite.[46] Ceci permet de conclure que – conformément à la ligne de la décision *Mangold* – même après la jurisprudence *Palacios*, les règles qui ne prennent en compte que l'âge, sans considérer les autres éléments, en particulier la situation personnelle de l'intéressé, ne sont jamais autorisées.[47]

42 CJUE 16 octobre 2007 – affaire C-411/05, point 69 (Palacios de la Villa).
43 Temming, NZA 2007, p. 1193 (1195).
44 Temming, NZA 2007, p. 1193 (1196, 1198).
45 Temming, NZA 2007, p. 1193 (1198).
46 Voir en particulier Tissandier, RJS 2/08 p. 97 (98) ; Laulom, SSL 2008 Suppl. N° 1338, p. 23 (24 et s.) ; Sagan, EuZW 2007, p. 765 (766 et s.).
47 Temming, NZA 2007, p. 1193 (1198).

(3) Portée de la décision Age Concern England

Dans l'affaire *Age Concern England*, qui avait pour origine la procédure préjudicielle lancée par la *High Court of Justice* anglaise, la CJUE devait déterminer en particulier si les Etats membres sont tenus, aux termes de l'article 6, par. 1 de la directive 2000/78/CE, de citer chacune des inégalités de traitement fondées sur l'âge autorisées dans leurs dispositions transposant la directive.[48] La CJUE répond par la négative et considère que la mesure de transposition est suffisante si un Etat membre – comme l'avait fait le législateur anglais – prévoit une clause générale d'après le modèle de l'art. 6 par. 1 de la directive.[49]

La CJUE attribue au juge national la compétence de déterminer si les conditions justifiant l'inégalité de traitement sont réunies en l'espèce.[50] Cependant, elle affirme que la Cour peut donner des indications pour aider à l'interprétation sur ce point.[51] Le tribunal ayant introduit la demande devait donc examiner si, en tenant compte de tous les points de vue sur cette question et de la possibilité d'atteindre l'objectif de politique sociale reconnu comme légitime par d'autres moyens, la réglementation britannique en question était un moyen proportionné et nécessaire d'atteindre cet objectif au sens de l'article 6, paragraphe 1 de la directive 2000/78/CE.[52] Dans ce contexte, la CJUE insiste sur la large marge d'appréciation des Etats membres dans le domaine de la politique de l'emploi et de la politique sociale.[53] Cette marge d'appréciation ne doit cependant pas avoir pour conséquence de vider de sa substance le principe d'interdiction de la discrimination fondée sur l'âge. Des postulats généraux, tendant à

48 Voir CJUE 5 mars 2009 – affaire C-388/07, quatrième question préjudicielle (Age Concern England).

49 CJUE 5 mars 2009 – affaire C-388/07, point 43 et suivants (Age Concern England).

50 CJUE 5 mars 2009 – affaire C-388/07, points 47, 49 et suivant (Age Concern England).

51 CJUE 5 mars 2009 – affaire C-388/07, point 48 (Age Concern England).

52 CJUE 5 mars 2009 – affaire C-388/07, point 50 (Age Concern England).

53 CJUE 5 mars 2009 – affaire C-388/07, point 51 (Age Concern England).

affirmer qu'une mesure donnée est utile à la politique de l'emploi, et aurait des effets positifs sur le marché du travail et la formation professionnelle, ne suffiraient donc pas pour établir que le but de cette mesure peut justifier que soit fait une exception au principe de non-discrimination et ne permettent pas de conclure que les moyens choisis sont appropriés pour atteindre cet objectif.[54]

En effet, le fait que la CJUE rappelle explicitement le devoir du tribunal chargé de l'affaire d'examiner concrètement si la disposition du droit britannique concernée est nécessaire et proportionnée pourrait faire conclure qu'elle souhaite s'éloigner dans la décision *Age Concern England* de la ligne plutôt conciliante de la jurisprudence *Palacios*.

La portée de ces déclarations demeure finalement difficile à déterminer, car la CJUE ne prend pas de décision propre sur le fond dans cette affaire et que, d'après les questions préjudicielles, elle n'était pas obligée de le faire. L'affaire *Age Concern England* diffère donc sur un point fondamental des affaires *Mangold* et *Palacios de la Villa*, dans lesquelles la CJUE devait prendre position de manière concrète sur la question de la compatibilité d'une règle de droit allemand entraînant une discrimination fondée sur l'âge avec la directive 2000/78/CE.

Vu l'insistance avec laquelle la CJUE rappelle la large marge d'appréciation des Etats membres, le texte de la décision *Age Concern England* ne doit sans doute pas être compris comme annonçant que les règlementations nationales prenant en compte le critère de l'âge seront désormais soumises à un examen de proportionnalité strict. Il faut plutôt interpréter cette prise de position comme une simple marque de la volonté de la CJUE de donner une précision supplémentaire en restant dans le cadre de la jurisprudence *Palacios,* qui penche pour un contrôle souple. Elle a ainsi précisé que les postulats généraux ne

54 CJUE 5 mars 2009 – affaire C-388/07, point 51 (Age Concern England).

suffisent pas pour faire admettre qu'une mesure est appropriée pour atteindre un objectif légitime.[55]

Par ailleurs, en affirmant que les Etats membres ne sont pas tenus de citer chacune des inégalités de traitement fondées sur l'âge autorisées, la CJUE élargit leur marge de manœuvre, puisque ceux-ci ne sont pas forcés de déterminer de manière restrictive leur politique de l'emploi au niveau national. Ils peuvent au contraire, par le biais de clauses générales, laisser les organismes en charge du droit du travail collectif et individuel, souvent plus proches des réalités concrètes, se charger en partie de l'application pratique des mesures.[56]

(4) L'affaire Hütter

Enfin, la CJUE a récemment rendu un arrêt dans l'affaire *Hütter*.[57] La question posée dans le cadre de la procédure préjudicielle concernait une disposition de la loi autrichienne relative aux agents contractuels de l'Etat (*Vertragsbedienstetengesetz*, VBG), qui excluait la prise en compte de l'expérience professionnelle acquise avant l'âge de 18 ans pour déterminer l'échelon auquel sera placé l'agent, élément décisif pour fixer le montant du salaire d'embauche. Il s'agissait de savoir si cette disposition était compatible entre autres avec les prescriptions de la directive 2000/78/CE. La CJUE, qui estime qu'il y a bien inégalité de traitement fondée sur l'âge directe [58], déclare illégale cette disposition au vu des conditions posées à l'article 6, paragraphe 1 de la directive 2000/78/CE pour qu'une inégalité de traitement soit justifiée.

Certes, cette règle poursuit des objectifs légitimes aux yeux de la CJUE, puisqu'elle doit, d'une part, éviter que les personnes ayant fait des études secondaires générales soient désavantagées et, d'autre part,

55 Sur les conditions nécessaires pour qu'un objectif soit reconnu comme légitime au sens de l'article 6, paragraphe 1 de la directive 2000/78/CE, voir infra la section C.II.1.e.aa.(1).

56 Sprenger, EuZA 2009, p. 355 (363 f.).

57 CJUE 18 juin 2009 - affaire C-88/08, non encore publiée au recueil officiel, = NZA 2009, p. 891 (Hütter).

58 CJUE 18 juin 2009 – affaire C-88/08, point 38 (Hütter).

favoriser l'insertion des jeunes issus d'une formation professionnelle sur le marché du travail.[59] Toutefois, la CJUE considère la disposition comme non adaptée pour atteindre les objectifs cités. Elle commence par rappeler une nouvelle fois la large marge d'appréciation qui revient aux Etats membres dans le domaine de la politique de l'emploi et de la politique sociale.[60] Mais même dans ce contexte, cette règle engendrerait une discrimination fondée sur l'âge illicite. La CJUE justifie sa décision par le manque de cohérence interne et de proportionnalité de la disposition en cause.[61] La « cohérence interne » exigée par la CJUE a sans doute à voir avec l'adéquation de la règle à son objectif. Une règle n'est adéquate, en ce sens, que si elle poursuit un but de manière cohérente et systématique.[62] La CJUE estime que cette cohérence manque dans le cas d'espèce. Elle considère comme antinomique qu'une mesure ait pour but d'une part, de ne pas défavoriser les personnes ayant choisi l'enseignement secondaire général par rapport à celles issues de l'enseignement professionnel, et d'autre part de favoriser l'insertion sur le marché du travail précisément des jeunes ayant suivi un enseignement professionnel.[63]

Cette règle n'est pas non plus appropriée aux yeux de la CJUE. En ce qui concerne l'objectif de ne pas désavantager les personnes ayant suivi des études secondaires générales par rapport à celles issues de l'enseignement professionnel, la CJUE justifie son point de vue en avançant tout d'abord que la disposition en cause ne considère que l'âge auquel l'expérience professionnelle a été acquise, de manière globale et exclusive, sans prendre en compte la nature de la formation suivie.[64] Pour ce qui est de la promotion de l'insertion des jeunes issus

---

59 CJUE 18 juin 2009 – affaire C-88/08, points 40 et suivants (Hütter).

60 CJUE 18 juin 2009 – affaire C-88/08, point 45 (Hütter).

61 CJUE 18 juin 2009 – affaire C-88/08, points 46 et suivants (Hütter).

62 Voir CJUE 18 juin 2009 – affaire C-88/08, point 46 et suivant (Hütter) ; pour d'autres références, voir : Conclusions de l'avocat général Kokott du 2 juillet 2009 – affaire C-169/08, non encore publiées au recueil officiel, point 69, (Presidente del Consiglio dei Ministri / Regione autonoma della Sardegna).

63 CJUE 18 juin 2009 – affaire C-88/08, point 47 (Hütter).

64 CJUE 18 juin 2009 – affaire C-88/08, point 48 (Hütter).

de l'enseignement professionnel sur le marché du travail, la CJUE estime là encore que la disposition est inappropriée, dans la mesure où, indépendamment de la situation réelle au moment de l'embauche, elle laisse de côté, sans distinction, toute expérience professionnelle acquise avant l'âge de 18 ans.[65]

Avec cette prise de position, la CJUE confirme d'une part la ligne que dessinaient les jurisprudences *Mangold* et *Palacios,* selon laquelle des mesures qui ne tiennent compte que du critère de l'âge sont inappropriées. D'autre part, elle précise sa jurisprudence relative à la discrimination fondée sur l'âge en affirmant qu'une mesure liée à l'âge ne doit pas être considérée comme appropriée pour atteindre l'objectif légitime qu'elle poursuit si la réglementation en cause manque de « cohérence interne ».

cc. Conformité des contrats à durée déterminée seniors avec le droit de l'Union

Comme le fait la très grande majorité des auteurs français[66], il convient de considérer que les CDD seniors résistent à l'examen de compatibilité avec l'interdiction de la discrimination fondée sur l'âge du droit de l'Union. On peut partir du principe que les conditions nécessaires pour justifier une inégalité de traitement fondée sur l'âge directe au sens de l'article 6, paragraphe 1 de la directive 2000/78/CE sont réunies.

Les dispositions qui ont créé le contrat à durée déterminée seniors comme base légale permettant de conclure un contrat de travail limité dans le temps ont clairement pour objectif de promouvoir la réinsertion professionnelle des salariés âgés. Il s'agit donc sans aucun doute d'un objectif légitime de la politique de l'emploi, comme le suggère le point a) du paragraphe 1 de l'article 6 de la directive, qui

65 CJUE 18 juin 2009 – affaire C-88/08, point 49 (Hütter).

66 Voir en particulier Rodière, SSL 2006 N° 1266, p. 7 (11) ; Robin-Olivier, RDT 7-8/2006, p. 133 (134) ; Laulom, SSL 2006 Suppl. N° 1288, p. 21 (23) ; Cavallini, JCP S 2005 N° 25, p. 25 (28).

cite expressément la promotion de l'insertion des travailleurs âgés comme objectif pouvant justifier ce type de mesures.

Par ailleurs, la CJUE a reconnu que la promotion des embauches constitue un objectif légitime de la politique de l'emploi et de la politique sociale des Etats membres.[67] Comme elle le souligne dans sa décision *Palacios* à propos des limites d'âge générales, cette appréciation vaut manifestement aussi pour les mécanismes de la politique de l'emploi nationale destinés à améliorer les chances d'insertion dans la vie active de certaines catégories de travailleurs.[68]

Il ressort du libellé de la loi que les CDD seniors doivent en outre permettre aux salariés âgés de prétendre à une pension de retraite plus élevée.[69] La règle a donc en même temps pour but de mettre les personnes âgées à l'abri des difficultés financières. Sachant que la CJUE accorde au législateur national une large marge d'appréciation pour fixer des objectifs concrets dans le domaine de la politique sociale et de la politique de l'emploi[70], on pourra reconnaître cet objectif aussi comme légitime au sens de l'article 6, paragraphe 1 de la directive 2000/78/CE.[71]

De la même manière, on peut tenir pour acquis que les dispositions légales en question sont proportionnées. La doctrine française fait observer à juste titre qu'une comparaison avec la disposition allemande du par. 14, al.3 de la TzBfG dans son ancienne version, dont la CJUE a considéré qu'elle créait une discrimination en raison de l'âge dans sa décision *Mangold*, plaide en faveur de cette hypothèse, puisque les règles relatives au CDD seniors s'en distinguent sur des points essentiels.[72] En effet, le seul point commun

---

67 Voir entre autres : CJUE 11 janvier 2007 – affaire C-208/05, Rec. 2007, I-181, point 39 (ITC).

68 CJUE, 16 octobre 2007 – affaire C-411/05, point 65 (Palacios de la Villa).

69 Voir Art. D 1242-2 C. trav.

70 Voir CJUE, 16 octobre 2007 – affaire C-411/05, point 68 (Palacios de la Villa).

71 Concernant la légitimité d'un tel objectif, lire dans la doctrine française : Rodière, SSL 2006 N° 1266, p. 7 (11) ; Pélissier/Lardy-Pélissier, RDT 9/2006, p. 168 (169).

72 C'est en particulier l'opinion de Rodière, SSL 2006 N° 1266, p. 7 (10, 11).

entre ces deux dispositions légales est qu'elles font toutes deux référence à un âge du salarié donné pour autoriser la conclusion d'un contrat de travail à durée limitée. Mais alors que la règle allemande autorisait la conclusion d'un contrat de travail à durée limitée dès lors que le salarié avait dépassé un certain âge, sans prendre en compte d'autres critères et sans poser de restrictions, les règles françaises relatives aux CDD seniors font dépendre la possibilité de limiter le contrat de travail dans le temps d'autres conditions. Ainsi, un CDD seniors ne peut être conclu qu'avec les travailleurs âgés qui étaient déjà au chômage depuis un certain temps au moment de l'embauche ou qui pouvaient faire valoir leur droit à une mesure de réinsertion personnalisée.[73]

Les règles encadrant le CDD seniors ne font donc pas uniquement référence à l'âge, mais font aussi dépendre la possibilité de conclure un contrat de travail à durée déterminée de la situation personnelle du salarié concerné. Ce simple fait permet de supposer que les dispositions en question doivent être considérées comme conformes au droit de l'Union[74] d'après la jurisprudence actuelle de la CJUE.[75]

Enfin, les CDD seniors ne peuvent pas – alors que ceci était autorisé par la disposition allemande du par.14, al.3 de la TzBfG dans son ancienne version – être conclus de manière illimitée, par exemple, via la conclusion de contrats à durée déterminée successifs jusqu'à ce que le salarié atteigne l'âge de la retraite. D'après le droit français, un CDD seniors ne peut être prolongé qu'une seule fois, et la durée totale autorisée du contrat à durée déterminée, renouvellement inclus, ne peut pas dépasser 36 mois.[76] Cet aspect constitue un argument supplémentaire pour affirmer que les règles encadrant le CDD seniors prennent en compte les intérêts des salariés de manière appropriée[77], si

73 Art. D 1242-2 C. trav.

74 Vont dans le même sens Rodière : SSL 2006 N° 1266, p. 7 (11) ; et Robin-Olivier, RDT 7-8/2006, p. 133 (134).

75 Voir supra, la section C.II.1.a.bb.

76 Art. D 1242-7 C. trav.

77 Voir Rodière, SSL 2006 N° 1266, p. 7 (11).

l'on considère que la stabilité de l'emploi est une composante importante de la protection des salariés.

L'objection de *Pélisser* et *Lardy/Pélissier*, selon laquelle le choix de l'âge de 57 ans comme limite à partir de laquelle un CDD seniors peut être conclu ne s'explique par aucun élément objectif et doit donc être considéré comme inapproprié[78], peut être écartée. Certes, il se peut en effet que l'âge de 57 ans ne puisse pas être mis en relation avec une détérioration particulière de la situation d'un salarié sur le marché de l'emploi. Mais on est bien obligé, vu la jurisprudence *Palacios*, de concéder au législateur une certaine marge d'appréciation en la matière.

b. Contrat première embauche

aa. Histoire et caractéristiques du contrat première embauche

En janvier 2006, avec l'objectif déclaré de promouvoir l'insertion professionnelle des jeunes, le gouvernement français ajouta au projet de *Loi pour l'égalité des chances* un amendement constitué d'un article relatif au « contrat première embauche » (CPE), qui devait alimenter les débats parlementaires.[79] Ce type de contrats, réservé aux entreprises de plus de 20 salariés, devait permettre aux employeurs de passer des contrats (à durée indéterminée) avec des jeunes âgés de moins de 26 ans, stipulant que pendant les deux premières années, appelées « période de consolidation »[80], des dispositions essentielles du Code du travail relatives à la protection contre les licenciements ne s'appliquaient pas.[81] Le projet de loi prévoyait en particulier de lever l'obligation pour l'employeur de préciser le motif de licenciement (la fameuse « cause réelle et sérieuse ») pour que ce dernier soit légal.[82] Il

78 Pélissier/Lardy-Pélissier, RDT 9/2006, p. 168 (169).

79 Loi n° 2006-396 pour l'égalité des chances du 31 mars 2006, JO du 2 avril 2006, p. 4950 ; ci-après dénommée : Loi pour l'égalité des chances.

80 Voir la critique que fait Pélissier de cette expression, RDT 9/2006, p. 145.

81 Art. 8 II par. 2 du projet de Loi pour l'égalité des chances (Sénat TA N° 72).

82 Voir Art. L 1232-1 C. trav. ; Art. L 1233-2 C. trav. (ex-Art. L 122-14-3 al. 1 C. trav.).

était prévu que l'employeur ne soit pas même tenu de justifier le licenciement par écrit.[83]

Le projet de loi se heurta à une opposition durable de l'opinion publique française, qui critiquait entre autres le fait que le champ d'application personnel de ce nouveau type de contrats soit limité aux jeunes de moins de 26 ans.[84] Le gouvernement reçut en revanche le soutien du Conseil constitutionnel, que l'opposition avait saisi suite à l'adoption de la loi par le parlement et qui déclara que les règles relatives au CPE étaient conformes à la constitution.[85] Au vu de cette décision, la Loi pour l'égalité des chances fut donc promulguée, y compris son article 8 tant contesté. Toutefois, le président Chirac fit comprendre avant même la promulgation de la loi que le CPE ne trouverait pas d'application pratique.[86] Pour mettre fin aux protestations violentes qui se prolongeaient, en particulier du côté des syndicats et des étudiants, les règles relatives au CPE furent finalement remplacées par la Loi n°2006-457 sur l'accès des jeunes à la vie active en entreprise[87] du 21 avril 2006.[88] Cette loi prévoyait une série de mesures en faveur de l'emploi des jeunes, qui renforçaient et élargissaient des mécanismes de soutien de l'Etat déjà existants.[89]

Même si le CPE n'a donc jamais été appliqué, la question demeure intéressante de savoir si une mesure nationale de ce type, ayant pour objectif la promotion de l'insertion professionnelle des jeunes, est compatible avec l'interdiction de la discrimination fondée sur l'âge prévue par le droit de l'Union.

83 Voir Art. L 1232-6 C. trav. ; Art. L 1233-16 C. trav. (ex-Art. L 122-14-2 al. 1 C. trav.).
84 Voir Zumfelde, NZA 2006, p. 906 (907).
85 CC 30 mars 2006 – N° 2006-535 DC, JO du 2 avril 2006, p. 4964.
86 FRS 11-06 p. 9 ; voir aussi Pélissier/Lardy-Pélissier, RDT 6/2006, p. 20.
87 JO du 22 avril 2006, p. 5993
88 Voir FRS 11-06 p. 9.
89 Voir FRS 11-06 p. 9.

bb. Décision du Conseil constitutionnel du 30 mars 2006

La saisine du Conseil constitutionnel par l'opposition s'appuyait largement, outre sur le postulat d'une atteinte au principe d'égalité devant la loi garanti par la constitution, sur l'argument selon lequel le CPE était contraire à la directive 2000/78/CE.[90]

Le Conseil constitutionnel décida qu'il n'y avait pas atteinte à l'obligation d'égalité, dans la mesure où l'inégalité de traitement liée à la limite d'âge de 26 ans était justifiée par l'objectif de la loi, à savoir la promotion de l'insertion professionnelle des jeunes.[91] Cependant, le Conseil constitutionnel – en rappelant que sa compétence d'examen était limitée – n'examina pas la compatibilité des règles concernées avec les dispositions légales internationales et européennes, et donc avec les exigences de la directive 2000/78/CE[92] et ne prit donc pas clairement position sur une éventuelle infraction à l'interdiction de la discrimination fondée sur l'âge du droit de l'Union. En revanche, dans le cadre de ses développements concernant l'éventuelle atteinte au principe d'égalité devant la loi, il souligna que le législateur est autorisé à prendre certaines mesures destinées à venir en aide à des catégories de personnes défavorisées.[93] Il se référait ainsi implicitement, d'une part, de manière générale aux mesures positives autorisées par la directive 2000/78/CE[94], d'autre part et plus précisément à l'article 6, par. 1 point a) de la directive 2000/78/CE, aux termes duquel certaines conditions d'emploi propres à favoriser l'insertion professionnelle des jeunes peuvent être autorisées par le droit de l'Union. Le Conseil constitutionnel semblait donc considérer que le droit de l'Union ne s'opposait pas en principe à des règles telles que celles sur le CPE, dont le but était de compenser les désavantages des jeunes sur le marché du travail.[95]

---

90 Voir CC 30 mars 2006 – N° 2006-535 DC.

91 CC 30 mars 2006 – N° 2006-535 DC.

92 CC 30 mars 2006 – N° 2006-535 DC ; voir aussi à ce sujet Rodière, SSL 2006 N° 1266, p. 7 (9).

93 CC 30 mars 2006 – N° 2006-535 DC, point 17.

94 Voir supra : A.I.2.d.cc.

95 Dans le même sens, voir Rodière, SSL 2006 N° 1266, p. 7 (9).

En prenant position sur la question de savoir si les dispositions du CPE qui limitent la protection contre les licenciements violent le droit au travail inscrit dans la constitution[96], le Conseil constitutionnel fait une déclaration intéressante du point de vue du droit de l'Union[97] : il affirme que ces dispositions ne sont pas contraires à la constitution, dans la mesure où l'introduction du CPE visait précisément à promouvoir le droit au travail et que lui-même n'a pas à juger si le but poursuivi par le législateur pourrait aussi être atteint par d'autres moyens, dès lors que la mesure n'est pas manifestement inappropriée.[98] Le Conseil constitutionnel laisse donc une large marge d'appréciation au législateur national en ce qui concerne le choix des moyens employés. Des parallélismes apparaissent donc avec la jurisprudence de la CJUE dans l'affaire *Palacios*, où la Cour reconnaît de la même façon aux Etats membres une large marge d'appréciation dans le cadre des mesures nationales motivées par la politique de l'emploi.[99]

cc. Conformité des contrats première embauche au droit de l'Union

D'après la jurisprudence actuelle de la CJUE, les règles relatives au CPE devraient être considérées comme non conformes aux exigences de la directive.

Les dispositions légales en question désavantagent en effet directement les salariés de moins de 26 ans, puisque dans le cadre des contrats conclus avec eux, la protection contre le licenciement est en grande partie suspendue pendant les deux premières années d'activité.

Relativement à la directive 2000/78/CE, la question est donc de savoir si l'inégalité de traitement liée à l'âge est justifiée de manière objective au sens de son article 6, paragraphe 1.

L'introduction du CPE reposait sans conteste sur un objectif légitime. Car, quand bien même le CPE créait une situation

96 Ce point avait également été mis en avant par les demandeurs. Voir CC 30 mars 2006 – N° 2006-535 DC.

97 Sur ce point, voir aussi Rodière, SSL 2006 N° 1266, p. 7 (9).

98 CC 30 mars 2006 – N° 2006-535 DC.

99 Voir supra : C.II.1.a.bb.(2).

professionnelle très instable, on ne peut mettre en doute le fait que, compte tenu des difficultés rencontrées par les jeunes sur le marché du travail en France, ce nouveau type de contrats – conformément à son objectif déclaré – devait favoriser l'insertion professionnelle des jeunes, en particulier des jeunes les moins qualifiés.[100] La légitimité de cet objectif se déduit du texte même de l'article 6, paragraphe 1, point a) de la directive 2000/78/CE, qui mentionne expressément comme objectif légitime possible la promotion de l'insertion professionnelle des jeunes.

Si on considère les conditions que la CJUE a posées pour que des mesures nationales en rapport avec l'âge soient conformes au droit de l'Union, les règles relatives au CPE se révèlent cependant problématiques en ce qui concerne leur proportionnalité. La seule condition requise pour qu'un CPE puisse être conclu était en effet que le candidat au poste ait moins de 26 ans. Aucun autre élément, comme la structure du marché du travail concerné ou la situation personnelle du candidat, en particulier ses difficultés à trouver un emploi, son manque d'expérience dans le secteur d'activité concerné, l'insuffisance ou l'inadéquation de ses qualifications n'était pris en compte. Or, dans sa décision *Mangold*, la CJUE avait déclaré disproportionnée une règle de droit allemand, dont l'application dépendait uniquement d'une condition d'âge. Elle a par ailleurs maintenu ce principe dans sa décision *Palacios*.[101] C'est pourquoi le CPE, qui autorise à conclure un contrat de travail précaire sur la base du seul critère de l'âge, doit être considéré comme disproportionné du point de vue du droit de l'Union.[102]

---

100 Rodière, SSL 2006 N° 1266, p. 7 (10).

101 Sur ce point voir supra : C.II.1.a.bb.(2)(b).

102 Pour un point de vue similaire dans la doctrine française, voir Tissandier, RJS 4/06, S. 257 (260).

c. *Autres mesures en faveur de l'insertion de certaines catégories de personnes dans la vie active*

Le droit français prévoit divers mécanismes de soutien (financier) destinés à promouvoir l'insertion professionnelle de certaines catégories de personnes en difficulté considérées comme prioritaires du point de vue de la politique de l'emploi. Quand ces mécanismes prennent en compte l'âge des personnes, la question se pose régulièrement de savoir s'ils sont compatibles avec l'interdiction de la discrimination fondée sur l'âge du droit de l'Union.

aa. Contrat d'insertion dans la vie sociale

Le droit français permet aux jeunes âgés de 16 à 25 ans qui ont des difficultés particulières à s'insérer dans la vie sociale et professionnelle à passer avec l'Etat un « contrat d'insertion dans la vie sociale (Civis) », dans le cadre duquel ils peuvent prétendre à un accompagnement personnalisé pour s'insérer dans la vie active (art. L 5131-4 C.trav.). Les personnes ayant dépassé cette limite d'âge se trouvent directement désavantagées par cette règle.

Pour ce qui est de la compatibilité de ce dispositif avec la directive 2000/78/CE, la question est de savoir si les conditions nécessaires pour justifier l'inégalité de traitement sont bien réunies au sens de l'article 6, paragraphe 1.

Dans la mesure où le dispositif Civis a pour objectif l'insertion professionnelle des jeunes, la règle de droit poursuit bien un but légitime au sens du droit de l'Union.

Si on s'appuie sur la jurisprudence actuelle de la CJUE, on doit admettre que les dispositions relatives au contrat Civis doivent être considérées comme proportionnées : en effet, la possibilité de conclure un contrat Civis n'est donnée qu'aux jeunes de 16 à 25 ans qui rencontrent des difficultés particulières pour s'insérer dans la vie sociale et professionnelle. Pour faire valoir ses droits à un tel dispositif d'aide à l'insertion, l'âge n'est donc pas le seul critère, la situation personnelle du jeune est également décisive, en particulier ses difficultés individuelles sur le marché du travail.

Du point de vue du droit de l'Union, la limite d'âge de 25 ans n'est pas critiquable. D'une part, elle semble se justifier objectivement, puisque les statistiques montrent que la catégorie des moins de 25 ans est actuellement très fortement touchée par le chômage en France.[103] D'autre part, une certaine marge d'appréciation quant à la fixation de limites d'âge concrètes semble devoir être laissée au législateur national, si on se fie à la jurisprudence *Palacios*.

bb. Contrat de professionnalisation

Le « contrat de professionnalisation » est un autre mécanisme de la politique de l'emploi prévu par le droit français, destiné à permettre à la personne aidée dans le cadre de ce type de contrat d'acquérir une qualification professionnelle (ou des compétences supplémentaires) dans le but de s'insérer ou de se réinsérer dans la vie active (art. L 5131-4 C.trav.). Il s'agit d'un contrat incluant une formation théorique dans un établissement d'enseignement et une formation pratique au sein d'une entreprise.[104] Les employeurs qui concluent un contrat de professionnalisation avec des demandeurs d'emploi âgés de 45 ans et plus sont exonérés des cotisations au titre des assurances sociales et des allocations familiales.[105]

Dans la mesure où l'exonération dépend de l'âge du salarié, les dispositions légales créent une inégalité de traitement fondée sur l'âge directe en ce qui concerne l'accès à l'emploi. Cette inégalité tient à ce qu'une incitation financière n'est consentie à l'employeur que s'il embauche des demandeurs d'emploi âgés d'au moins 45 ans. Il est assez facile de se représenter les conséquences concrètes que cela peut avoir pour les demandeurs d'emploi plus jeunes. La réduction des

---

103 Voir par exemple : Eurostat, communiqué de presse n° 79/2009 du 2 juin 2009 (le taux de chômage des moins de 25 ans en France s'élevait à 22% en avril 2009).

104 Voir art. L 6325-2 C. trav.

105 Art. L 6325-16 C. trav. Voir aussi : Circulaire DGEFP n° 2007/21 du 23 juillet 2007 relative à la mise en œuvre du contrat de professionnalisation (http ://www.travailsolidarite.gouv.fr/publications/picts/bo/30092007/TRE_2007 0009_0110_0003.pdf).

charges salariales liée au fait qu'en engageant une personne âgée d'au moins 45 ans, l'employeur se voit exonéré de cotisations sociales peut tout à fait motiver son choix lors de la procédure de recrutement.

Là encore, la compatibilité avec la directive 2000/78/CE dépend du fait que l'inégalité de traitement puisse être justifiée au sens de son article 6, paragraphe 1.

Le contrat de professionnalisation, compte tenu de l'exonération de cotisations sociales dont bénéficie l'employeur dans ce cadre, vise sans aucun doute à atteindre un objectif légitime, puisqu'il est censé favoriser l'insertion ou la réinsertion professionnelle des seniors[106].

En revanche, il n'est pas certain que les règles en question soient également proportionnées au regard du droit de l'Union. Si on s'appuie sur la décision *Mangold* et aussi sur la jurisprudence *Palacios* de la CJUE, la conformité au droit de l'Union des mesures évoquées n'apparaîtra finalement pas comme allant de soi.

Les personnes âgées d'au moins 45 ans avec lesquelles l'employeur conclut un contrat de professionnalisation doivent être déclarées auprès de l'agence française pour l'emploi (aujourd'hui Pôle emploi, autrefois ANPE).[107] Cette exigence est valable pour toute personne âgée de 26 ans et plus embauchée dans le cadre d'un contrat de professionnalisation.[108] Un employeur ne bénéficie en revanche d'une exonération de cotisations sociales – indépendamment de toute autre condition, comme la durée de la période de chômage – que s'il embauche un demandeur d'emploi âgé d'au moins 45 ans. Comme la mesure d'aide – l'exonération de cotisations sociales pour l'employeur – est liée uniquement à l'âge de la personne concernée, on peut postuler que sur ce point, la mesure doit être jugée non proportionnée du point de vue du droit de l'Union d'après la jurisprudence de la CJUE.

---

106 Sur la légitimité de l'objectif de promotion de l'insertion professionnelle des travailleurs âgés, voir supra : C.II.1.a.cc.

107 Voir Art. L 6325-1 al. 2 point 2 C. trav.

108 Voir Art. L 6325-1 al. 2 point 2 C. trav.

d. Contrat nouvelles embauches

Le 2 août 2005, comme l'y autorisait une loi spéciale[109], le gouvernement français promulgua une ordonnance [110] qui introduisait un nouveau type de contrats, baptisés « contrats nouvelles embauches », destinés à favoriser l'emploi dans les petites entreprises de moins de 20 salariés.[111] Il s'agissait d'un contrat de travail à durée indéterminée, qui pouvait être résilié de manière simplifiée pendant les deux premières années, puisque des composantes essentielles de la protection contre les licenciements ne s'appliquaient pas durant cette période.[112] L'employeur n'avait en particulier pas besoin de donner un motif de licenciement particulier pour mettre fin au contrat.

Comme le CNE ne semblait pas avoir les effets espérés sur l'emploi – et en raison de plusieurs conflits juridiques quant à la compatibilité de ce nouveau type de contrats avec la convention n°158 de l'Organisation internationale du travail [113] – les règles qui l'encadraient et avaient été codifiées dans les articles L 1223-1 et

---

109 Loi n° 2005-846 habilitant le gouvernement à prendre, par ordonnance, des mesures d'urgence pour l'emploi du 26 juillet 2005, JO du 27 juillet 2005, p. 12223 ; ci-après dénommée : Loi habilitant le gouvernement à prendre des mesures d'urgence pour l'emploi.

110 Ordonnance n° 2005-893 relative au contrat de travail « nouvelles embauches » du 2 août 2005, JO du 3 août 2005, p. 12689 (ci-après dénommée : Ordonnance relative au contrat de travail « nouvelles embauches »).

111 Voir Art. 1 par. 1 de l'Ordonnance relative au contrat de travail « nouvelles embauches ».

112 Voir Art. 2 par. 1 de l'Ordonnance relative au contrat de travail « nouvelles embauches ».

113 Pour un bon résumé de la question de l'incompatibilité des contrats nouvelles embauches avec la convention n°158 de l'OIT, voir : CA Paris, 6 juillet 2007 – N° 06/06992 – RJS 8-9/07, N° 982 ; CA Versailles 18 décembre 2007 – N° 07-00545 (voir à ce propos :Tribunal des conflits, 19 mars 2007 – N° C3622, qui reconnut la compétence des tribunaux civils pour juger de la compatibilité de l'ordonnance n° 2005-893 avec la convention n°158 de l'OIT). En revanche le Conseil d'Etat (19 octobre 2005 – N° 283471), considéra l'ordonnance n° 2005-893 comme compatible avec la convention n°158. Pour plus de détails : Rodière, SSL 2006 Suppl. N° 1276, p. 5 et suivantes.

suivants C.trav., furent abrogées par la Loi n° 2008-596 portant modernisation du marché du travail du 25 juin 2008 (art. 9)[114]. Les contrats nouvelles embauches conclus avant l'entrée en vigueur de cette loi furent convertis en contrat à durée indéterminée de droit commun[115].

Bien que ce type de contrats ait été abrogé, la question demeure intéressante de savoir si le CNE n'entraînait pas une inégalité de traitement liée à l'âge (indirecte) du fait de sa précarité et si, dans l'affirmative, celle-ci aurait été justifiée du point de vue du droit de l'Union.

aa. Inégalité de traitement liée à l'âge indirecte

Comme aucune limite d'âge n'était posée pour conclure un CNE, qui pouvait au contraire être passé en principe avec des personnes de tous âges, l'éventuelle discrimination liée à l'âge en découlant aurait nécessairement été indirecte.

Pour qu'il y ait discrimination liée à l'âge indirecte, il faudrait que le CNE, du fait de la situation professionnelle précaire qu'il crée, désavantage particulièrement une certaine classe d'âge. Comme nous l'avons déjà exposé, une preuve basée sur des données statistiques n'est plus obligatoire pour établir une telle discrimination d'après la directive 2000/78/CE.[116] Il est cependant nécessaire pour que soit établie l'existence d'une discrimination indirecte qu'un risque suffisamment concret existe que les personnes concernées soient particulièrement désavantagées par rapport aux représentants d'autres classes d'âge. Un risque hypothétique ne suffit pas ici.[117]

Comme il ressort des statistiques officielles, les CNE étaient conclus très majoritairement avec des personnes relativement jeunes. Ainsi, 80% des personnes employées dans le cadre d'un CNE en mai

114 JO du 26 juin 2008, p. 10224 ; ci-après dénommée : Loi portant modernisation du marché du travail.

115 Loi portant modernisation du marché du travail (Art. 9 II).

116 Voir supra : A.I.2.c.bb.

117 Schrader/Schubert, in : Däubler/Bertzbach, Allgemeines Gleichbehandlungsgesetz, point 51 sur le § 3 AGG.

2006 n'avaient pas plus de 40 ans.[118] Ce chiffre reflète les difficultés que rencontrent les jeunes sur le marché du travail en France, qui expliquent pourquoi les personnes appartenant à cette classe d'âge étaient généralement plus disposées à accepter un contrat de travail précaire tel que le CNE. Alors que le taux de chômage général s'élevait à 8,8% en mai 2008, le taux de chômage des jeunes de 15 à 29 ans était de 15,8% et atteignait 32% pour les jeunes sans qualifications.[119] De plus, les jeunes attendent en France entre 8 et 11 ans après la fin de leurs études avant de trouver un emploi stable, c'est-à-dire de conclure un CDI obéissant aux règles de droit commun, et ils ont en moyenne déjà 33 ans à cette date.[120]

Comme les chiffres de mai 2006 le prouvent, il existait bien au moins un risque concret que les CNE soient conclus pour une large majorité d'entre eux avec des (jeunes) gens âgés au plus de 35 ans environ. Les représentants de cette classe d'âge étaient donc nettement plus touchés par la précarité de l'emploi créée par le CNE que ceux d'autres classes d'âge. Ces règles engendraient donc une inégalité indirecte liée à l'âge.

bb. Licéité du point de vue de la directive 2000/78/CE

L'inégalité de traitement liée à l'âge ne serait autorisée, aux termes de la directive 2000/78/CE, que si les conditions de l'article 2, par. 2, point b) i) étaient réunies.

Puisque dans le cadre de la politique de l'emploi, le CNE devait servir à promouvoir l'emploi dans les petites entreprises, il répondait sans conteste à un objectif propre à justifier une inégalité de traitement fondée sur l'âge.

Cependant, on peut partir du principe qu'une règle telle que celle relative au CNE ne résisterait pas à un contrôle de proportionnalité du point de vue du droit de l'Union.

---

118 DARES et ACOSS, Le contrat nouvelles embauches un an après, Premières Synthèses, mars 2007, N° 09.1 (http ://www.travail-solidarite.gouv.fr/IMG/pdf/2007.03-08.1.pdf).

119 Source : INSEE.

120 Voir Morvan, RDT 9/2006, p. 147.

Les principes posés par la jurisprudence actuelle de la CJUE dans le domaine de la discrimination fondée sur l'âge laissent penser qu'une règle telle que celle-ci ne serait pas considérée comme proportionnée. Les mesures qui se réfèrent uniquement à l'âge sont toutes illicites d'après cette jurisprudence.[121] Certes, dans l'affaire *Mangold* comme dans l'affaire *Palacios*, il s'agissait d'évaluer la licéité d'une discrimination liée à l'âge *directe*. Cependant, on peut déduire de cette jurisprudence que les dispositions légales, même si elles ne créent qu'un désavantage *indirect* en raison de l'âge, sont généralement illicites si l'applicabilité des mesures de la politique de l'emploi en question est totalement indépendante d'autres éléments.[122] C'était précisément le cas de la règle relative au CNE.

e. *Limites d'âge pour l'accès à un emploi ou à une fonction particulière*

aa. *Limites d'âge pour s'inscrire au concours de l'Ecole Nationale d'Administration*

Le droit français prévoit un âge maximal pour être autorisé à participer au concours d'entrée de l'ENA, qui prépare à la haute fonction publique. Pour le concours externe, il faut être âgé de 28 ans au plus[123], pour le concours interne, la limite est fixée à 40 ans[124]. Ces règles créent donc une inégalité de traitement directe en raison de l'âge. Il n'y aurait cependant pas atteinte à l'interdiction de la discrimination fondée sur l'âge du droit de l'Union si les conditions propres à justifier cette inégalité de traitement inscrites à l'article 6, paragraphe 1 de la directive 2000/78/CE étaient remplies.

---

121 Sur ce point, voir supra : C.II.1.a.bb.

122 Voir supra : C.II.1.a.bb.(2)(b).

123 Décret n° 2002-50 relatif aux conditions d'accès et aux régimes de formation à l'Ecole nationale d'administration (Art. 9) du 10 janvier 2002, JO du 12 janvier 2002, p. 714 ; ci-après dénommé : Décret relatif aux conditions d'accès et aux régimes de formation à l'Ecole nationale d'administration.

124 Décret relatif aux conditions d'accès et aux régimes de formation à l'Ecole nationale d'administration (Art. 15 al. 1).

(1) Objectif d'intérêt général

Le Décret relatif aux conditions d'accès et aux régimes de formation à l'Ecole nationale d'administration, qui fixe les limites d'âge, ne mentionne aucun objectif précis expliquant cette règle. Ceci n'exclut cependant pas que ces limites d'âge puissent être justifiées sur la base de l'article 6, paragraphe 1 de la directive 2000/78/CE si l'on en croit la jurisprudence de la CJUE, dès lors qu'un objectif légitime au sens de la disposition peut se déduire du contexte général dans lequel a été fixée la règle.[125] Dans ce cas, des faits objectifs doivent exister, permettant d'éclairer les considérations qui ont motivé la mesure concernée.[126]

Au sens strict, les limites d'âge en question répondent à un objectif de la politique de gestion des ressources humaines. La limite d'âge permet généralement d'augmenter le nombre d'années de service des fonctionnaires. Or, plus les personnes restent longtemps en poste, plus leur expérience professionnelle est grande, ce qui contribue à améliorer leurs performances.[127] De plus, dans la mesure où la période de service consécutive à la sortie de l'école est considérée comme une « période d'essai », la limite d'âge facilite les processus de sélection, notamment pour les promotions, les nominations à des postes de direction, de contrôle ou de décision ou la désignation pour des tâches spéciales.[128]

Il faut cependant plus de détails pour déterminer si un tel objectif de gestion des ressources humaines est susceptible de justifier une discrimination fondée sur l'âge sur la base de l'art.6, par.1 de la directive 2000/78/CE.

---

125 CJUE 16 octobre 2007 – affaire C-411/05, point. 57 (Palacios de la Villa) ; CJUE 5 mars 2009 – affaire C-388/07, point 45 (Age Concern England).

126 Voir aussi Cavallini, JCP S 2009 N° 18, p. 29 (30).

127 Voir LAG Düsseldorf (tribunal du travail du Land) 12 mars 2008 – Az. 12 Sa 232/08 – DÖD 2008, p. 275, à propos d'une limite d'âge fixée par le droit de la fonction publique allemand ; BVerwG (tribunal administratif fédéral) 28 octobre 2004 - 2 C 23/03 – NVwZ 2005, p. 457.

128 Voir dans le même ordre d'idées : LAG Düsseldorf 12 mars 2008 – Az. 12 Sa 232/08.

Il faut d'abord rappeler qu'on a longtemps hésité sur le fait que seuls les objectifs d'intérêt général pouvaient répondre aux exigences posées pour la reconnaissance d'un objectif légitime au sens du droit de l'Union.

En effet, une partie des auteurs allemands estimaient que les intérêts individuels de certains employeurs pouvaient suffire[129], en avançant que l'art.6, par.1 de la directive 2000/78/CE n'établissait pas de distinction entre la discrimination directe et la discrimination indirecte, si bien que son libellé s'appliquait en principe aux deux formes de discrimination. Dans le cadre de l'art.2, par.2 point b) i) de la directive 2000/78/CE, une discrimination indirecte pouvait à leurs yeux être justifiée par tout objectif légitime de la règle. Aussi la disposition de la directive 2000/78/CE relative à la justification de la discrimination laissait nécessairement la possibilité à des employeurs de définir individuellement des objectifs légitimes propres à justifier une discrimination.[130]

Mais ce point de vue apparaît dénué de tout fondement depuis que la CJUE a rendu sa décision dans l'affaire *Age Concern England*. D'abord, comme elle le suggérait déjà dans la décision *Palacios*[131], la CJUE pose clairement que l'article 6, paragraphe 1 de la directive 2000/78/CE ne peut justifier une discrimination fondée sur l'âge que si la mesure concernée répond à des objectifs d'intérêt général.[132] La CJUE se réfère aux objectifs de politique sociale cités à l'article 6, paragraphe 1, qui ressortissent à la politique de l'emploi, du marché du travail et de la formation professionnelle, et dont elle déduit que les autres objectifs pouvant servir de justification doivent être de nature

129 König, ZESAR 2005, 218 (220).

130 König, ZESAR 2005, 218 (220).

131 Dans l'affaire Palacios, la CJUE avait déjà souligné avec insistance que le soutien à l'emploi constituait un objectif relevant de l'intérêt général et devait donc pour cette raison être reconnu comme légitime au sens de la directive. Voir CJUE 16 octobre 2007 – affaire C-411/05, point 64 (Palacios de la Villa).

132 CJUE 5 mars 2009 – affaire C-388/07, point 46 (Age Concern England).

comparable.[133] Des motifs purement individuels, qui sont propres à la situation de l'employeur, ne sont pas susceptibles à ses yeux de justifier une discrimination fondée sur l'âge au sens de l'article 6, paragraphe 1 de la directive 2000/78/CE. La CJUE cite comme exemples de ce type de motifs l'intérêt de l'employeur à réduire ses coûts ou à améliorer sa compétitivité.[134] Cependant, la CJUE estime que des dispositions du droit national qui laissent à l'employeur un certain degré de flexibilité dans la poursuite des intérêts généraux sont licites.[135]

En outre, la CJUE souligne que la question d'une justification au sens de l'art.6, par.1 ne se pose que dans le cas d'une discrimination liée à l'âge directe. L'article 2, paragraphe 2 point b) de la directive 2000/78/CE permettrait déjà de juger de la licéité d'une inégalité de traitement liée à l'âge indirecte sans qu'il soit besoin d'autres références.[136] D'ailleurs, à l'inverse, l'article 2, paragraphe 2 point b) de la directive 2000/78/CE, qui contient uniquement une règle relative aux inégalités de traitement indirectes – et ce contrairement à l'article 6, par.1 en ce qui concerne tous les motifs de discrimination – ne serait pas pertinent pour les discriminations directes.[137]

Il n'est donc pas possible de déduire des conditions posées par l'article 2, par.2, point b) pour qu'une inégalité de traitement indirecte soit justifiée quelles seront les exigences pour la justification d'une discrimination fondée sur l'âge dans le cadre de l'article 6, par.1.

---

133 CJUE 5 mars 2009 – affaire C-388/07, point 46, 52 (Age Concern England). La majeure partie de la doctrine allemande se range à ce point de vue, voir Schlachter, in : GS Blomeyer, p. 355 (368) ; Wiedemann/Thüsing, NZA 2002, 1234 (1237) ; Brors, in : Däubler/Bertzbach, Allgemeines Gleichbehandlungsgesetz, point. 21 sur le § 10 AGG.

134 CJUE 5 mars 2009 – affaire C-388/07, point 46 (Age Concern England).

135 CJUE 5 mars 2009 – affaire C-388/07, point 46 (Age Concern England).

136 Voir CJUE 5 mars 2009 – affaire C-388/07, point 66 (Age Concern England). Dans le même ordre d'idées dans la doctrine allemande, voir : Brors, in : Däubler/Bertzbach, Allgemeines Gleichbehandlungsgesetz, point 20, 23 sur le § 10 AGG.

137 Voir CJUE 5 mars 2009 – affaire C-388/07, point 59 (Age Concern England).

Du reste, le fait que l'article 6, par.1 de la directive 2000/78/CE concerne des exceptions, comme le rappelle la CJUE dans un autre passage de son arrêt *Age Concern England*[138], et suggère que les exceptions autorisées sur la base de cette disposition ne peuvent être justifiées que de manière limitée par des considérations de politique sociale particulières propres à un Etat membre donné[139], plaide en faveur de l'hypothèse selon laquelle un objectif d'intérêt général est requis.

L'objectif présenté ci-dessus, qui explique la fixation de limites d'âge pour l'entrée à l'ENA, devrait donc correspondre à un objectif d'intérêt général.

Il faut prendre en compte en l'espèce que l'objectif va au-delà des simples considérations de gestion des ressources humaines telles qu'elles peuvent motiver la décision d'un employeur individuel. Toutefois, le fait qu'il s'agisse d'un employeur public et non d'un employeur privé est sans conséquences ici. Dans le cadre du droit de la fonction publique, il faut aussi établir au cas par cas si la norme concernée ne sert que les intérêts individuels de l'employeur ou poursuit au contraire des objectifs d'intérêt général.

Ce qui importe ici, c'est que les limites d'âge en question permettent finalement que des personnes hautement qualifiées et engagées soient recrutées pour occuper les postes clés de la fonction publique et apportent une contribution majeure au bon fonctionnement de l'appareil d'Etat. Vu sous cet angle, l'objectif va donc bien au-delà de ce que la CJUE qualifie de pur intérêt individuel de l'employeur – impropre à servir de justification -, si bien qu'il faut considérer qu'il s'agit d'un objectif légitime relevant de l'intérêt public.

138 Voir CJUE 5 mars 2009 – affaire C-388/07, point 62 (Age Concern England).

139 Voir également l'avis de la Commission européenne sur l'affaire Age Concern England, ainsi que CJUE 5 mars 2009 – affaire C-388/07, point 40 (Age Concern England).

(2) Critère de proportionnalité souple de la jurisprudence Palacios

En ce qui concerne la proportionnalité, c'est un critère d'examen souple qui s'applique. En effet, aux termes de la jurisprudence *Palacios*, un Etat membre doit se voir reconnaître une large marge d'appréciation dans le domaine de la politique de l'emploi et de la politique sociale même lorsqu'il agit comme un (futur) employeur public et ne fait que décider des conditions d'emploi d'un groupe donné – ce qui est le cas pour les limites d'âge à respecter pour entrer à l'ENA.

Certes, l'affaire *Palacios* concernait la conformité au droit communautaire d'une mesure de politique de l'emploi nationale en général. Toutefois, la CJUE parle de manière générale, lorsqu'elle évoque la marge d'appréciation des autorités compétentes des Etats membres à l'échelle nationale, régionale ou au niveau d'un secteur d'activité, sans établir de distinction entre les différents domaines réglementaires. Ceci laisse supposer que la CJUE reconnaît une large marge d'appréciation à un Etat membre, même lorsque celui-ci fixe, dans le cadre de la politique de l'emploi, des règles relatives à l'âge qui ne concernent qu'un groupe restreint. Cette hypothèse est d'autant plus probable qu'avec sa décision *Palacios*, la CJUE a sans doute voulu éviter de trop s'immiscer par le biais des règles interdisant la discrimination dans le domaine politiquement sensible de la politique de l'emploi et de la politique sociale des Etats membres.[140]

Au vu du critère d'examen souple défini par la jurisprudence *Palacios*, les limites d'âge pour entrer à l'ENA devront donc être considérées comme proportionnées.

En ce qui concerne l'accès au concours externe, la proportionnalité se déduit déjà du fait que l'âge du candidat n'est pas la seule condition posée, ce dernier doit également posséder une certaine qualification.[141] Le candidat au concours interne doit quant à lui

140 Voir Temming, NZA 2007, p. 1193.

141 Voir Décret relatif aux conditions d'accès et aux régimes de formation à l'Ecole nationale d'administration (Art. 9).

justifier de quatre années de service au moins.[142] Il semble que le législateur français ait voulu là encore s'assurer que le candidat disposait d'une certaine expérience professionnelle, gage de sa qualification. La règle concernant l'âge maximum fixée pour le concours interne est donc mise en relation avec un autre motif non lié à l'âge et doit donc être qualifiée d'appropriée selon les principes de la jurisprudence actuelle de la CJUE.

Pour ce qui est des limites d'âge concrètes de 28 et 40 ans, le principe de la large marge d'appréciation reconnue aux Etats membres en matière de politique de l'emploi et de politique sociale par la jurisprudence de la CJUE s'applique. Même une limite d'âge très basse peut être justifiée en principe, si on cherche des employés destinés à prendre la relève dans les postes d'encadrement[143], ce qui est le cas pour les diplômés de l'ENA. Quel âge précis semble approprié de ce point de vue pour occuper les postes de la haute fonction publique : ceci est une décision qui doit être laissée à l'appréciation du législateur français.

bb. Âge maximal à l'embauche dans les entreprises publiques

A la SNCF et à la RATP, l'accès à un emploi à durée indéterminée dans le cadre des statuts propres à ces deux entreprises publiques est soumis à certaines limites d'âge.[144] Pour les candidats ayant dépassé l'âge maximal, ces limites d'âge constituent une discrimination directe fondée sur l'âge dans le domaine de l'accès à l'emploi. Là encore, la question est de savoir si les règles relatives aux limites d'âge répondent bien aux exigences posées par la directive 2000/78/CE dans

142 Voir Décret relatif aux conditions d'accès et aux régimes de formation à l'Ecole nationale d'administration (Art. 15 al. 1).

143 Thüsing, Arbeitsrechtlicher Diskriminierungsschutz, point. 432.

144 Voir HALDE Rapp. annuel 2006, p. 89. A la SNCF, cette limite d'âge est par exemple fixée à 30 ans. Les agents statutaires y jouissent d'un statut juridique plus favorable que celui des autres employés (les agents contractuels), en particulier parce qu'ils bénéficient des prestations du système de retraite interne à l'entreprise.

son article 6, paragraphe 1, pour justifier une inégalité de traitement liée à l'âge directe.

Vis-à-vis de la HALDE, la SNCF s'est défendue en faisant valoir que les limites d'âge à l'embauche étaient justifiées par le fait que son système de retraite interne prévoyait qu'un employé ne peut prétendre toucher sa pension qu'après une durée minimale de service.[145]

Le souci d'établir un équilibre entre la durée d'activité et le droit à une prise en charge dans le cadre du système de retraite interne à l'entreprise semble effectivement être propre, sur le principe, à justifier une inégalité de traitement fondée sur l'âge directe, dans la mesure où il paraît compatible avec les prescriptions de l'art.6, par.1 point c) de la directive 2000/78/CE. La nécessité d'une durée d'activité adéquate avant le départ à la retraite y est expressément citée comme un exemple d'objectif légitime.

Il faut cependant tenir compte du fait que, d'après la décision rendue par la CJUE le 3 mars 2009 dans l'affaire *Age Concern England*, seuls les objectifs d'intérêt général et non les intérêts d'un employeur donné – comme celui de réduire ses coûts – peuvent justifier des inégalités de traitement fondées sur l'âge au sens de l'art.6, par.1 de la directive 2000/78/CE. [146] Au vu de cette jurisprudence, on ne pourra pas considérer l'intérêt d'un employeur public à limiter les coûts générés par son système de retraite interne comme propre à justifier dans le cadre de l'art.6, par.1 point c), l'inégalité de traitement fondée sur l'âge engendrée par la fixation d'une limite d'âge à l'embauche. Et ce d'autant moins que la durée minimale d'activité nécessaire pour pouvoir prétendre à une pension dont le montant est fixé dans le cadre d'un système de retraite interne relève d'une décision de l'employeur et peut être modifiée.[147]

Du reste, des limites d'âge à l'embauche telles que celle dont il est question ne pourraient être qualifiées de conformes au droit de l'Union même si on admet qu'elles poursuivent un but légitime au

---

145 Voir l'avis de la HALDE n° 2006-62 du 3 avril 2006.

146 CJUE 5 mars 2009 – affaire C-388/07, point 46 (Age Concern England).

147 Voir LAG Düsseldorf 12 mars 2008 – n° de dossier 12 Sa 232/08.

sens de l'article 6, paragraphe 1 point c) de la directive 2000/78/CE en tenant compte des spécificités du système de retraite concerné, car elles ne seraient pas proportionnées. C'est ce qu'on peut déduire du fait que l'article 6 pose que l'élément déterminant est la nécessité d'avoir effectué un temps de service adéquat avant la retraite. Comme l'article 6 de la directive 2000/78/CE énonce une exception et doit donc être interprété de manière étroite, son libellé laisse penser que les exigences de proportionnalité posées pour la mesure concernée sont elles aussi très strictes et qu'il est exclu de se référer aux principes valables pour la clause générale énoncés dans la première phrase de l'article 6, paragraphe 1 de la directive 2000/78/CE. Il faut donc considérer que la large marge d'appréciation que la CJUE reconnaît aux Etats membres pour les mesures relevant de la politique du marché du travail et de la politique sociale est limitée davantage qu'ailleurs par l'idée de nécessité dans le cadre de l'article 6, paragraphe 1, point c) de la directive 2000/78/CE.[148]

Seul le temps de service approprié avant le départ à la retraite exigé par le système d'aide concerné peut être considéré comme nécessaire.[149] Si un système de retraite prévoit qu'après un certain nombre d'années d'activité, un salarié a droit à une pension de retraite minimale définie par ailleurs, un âge maximal à l'embauche ne peut être considéré comme approprié et nécessaire au sens de la prescription que s'il permet que le salarié travaille pendant la durée indispensable pour que ce droit à une retraite minimum ait effectivement été acquis par son travail.[150] Il faudrait examiner en détail si tel est bien le cas pour les limites d'âge à l'embauche de l'entreprise publique concernée.

148 Le tribunal administratif de Francfort a statué en ce sens le 21 avril 2008 – n° de dossier : 9 E 3856/07, non publié.

149 Tribunal administratif de Francfort, 21 avril 2008 – n° de dossier : 9 E 3856/07.

150 Tribunal administratif de Francfort, 21 avril 2008 – n° de dossier : 9 E 3856/07.

cc. *Limites d'âge fixées par les règles relatives à la carrière des fonctionnaires*[151]

Le droit français prévoit des limites d'âge pour l'accès à certains postes de la fonction publique. C'est le cas par exemple de la limite de 50 ans fixée par le droit de la fonction publique pour l'accès au poste de directeur d'un établissement d'enseignement.[152]

La discrimination liée à l'âge directe engendrée par ce type de limites d'âge ne serait compatible avec l'interdiction de la discrimination posée par le droit de l'Union que si elle remplissait les conditions nécessaires à sa justification au sens de l'article 6, par.1 de la directive 2000/78/CE.

Compte tenu du principe d'emploi à vie en vigueur dans le droit de la fonction publique, on peut supposer que les limites d'âge en question ont pour but de garantir la continuité du service public ou la permanence de l'Etat.[153] Il s'agit donc d'un objectif qui répond bien aux critères posés par le droit de l'Union pour définir un objectif légitime d'intérêt général, d'autant plus que le Conseil constitutionnel a qualifié la continuité du service public de principe à valeur constitutionnelle.[154]

Il faut également considérer que la limite d'âge dont nous parlons résisterait à un examen de proportionnalité. Certes, la limite d'âge stricte de 50 ans a pour conséquence qu'un candidat se trouve exclu de la procédure de recrutement dès qu'il a dépassé, même de très peu,

---

151 Sur cette question, voir l'arrêt récent de la CJUE, 12 janvier 2010 – affaire C-229/08, non encore publiée au recueil officiel = EuZW 2010, p. 142 (Wolf).

152 Art. 12 al. 3 point 1 Décret n° 91-921 relatif aux conditions d'enseignement et de formation professionnelle agricole du 12 septembre 1991, JO du 18 septembre 1991, p. 12222, dans sa version modifiée par le Décret n° 2003-1360 du 30 décembre 2003 (Art. 1, 10), JO du 31 décembre 2003, p. 22836 ; ci-après dénommé : Décret relatif aux conditions d'enseignement et de formation professionnelle agricole.

153 Voir, dans la jurisprudence allemande, LAG Düsseldorf, 12 mars 2008 – n° de dossier 12 Sa 232/08 sur une limite d'âge fixée par le droit de la fonction publique allemand.

154 Voir Meyrat, Droits fondamentaux et Droit du travail, p. 28.

cette limite. Cependant, la large marge d'appréciation reconnue actuellement au législateur national dans le domaine de la politique de l'emploi et de la politique sociale par la jurisprudence de la CJUE joue pleinement ici.[155]

Le point décisif pour juger si la limite d'âge est appropriée au regard de la jurisprudence de la CJUE est de savoir si la prise en compte d'une candidature pour le poste de directeur ne dépend que de cette condition d'âge. Or, d'après les dispositions en vigueur, le candidat doit non seulement remplir les conditions d'âge fixées, mais aussi pouvoir se prévaloir d'un nombre minimum d'années de service dans des fonctions définies précisément par la loi et qui le qualifient particulièrement pour exercer des fonctions de direction.[156] Les autorités françaises voulaient manifestement garantir par là que le candidat concerné disposait bien d'une qualification liée à une certaine expérience professionnelle. La règle se réfère donc effectivement à un critère objectif distinct de l'âge et doit donc être considérée comme conforme au droit de l'Union.

f. Age minimum à l'embauche

Le droit français fait dépendre l'accès à certains postes de la fonction publique d'un âge minimum. Ainsi, pour participer au concours de directeur d'un établissement d'enseignement, dont nous avons déjà parlé à propos de l'âge maximal requis[157], il faut par exemple être âgé d'au moins 30 ans[158]. De même, ne peuvent être nommés au deuxième échelon de la hiérarchie des magistrats que les candidats ayant atteint

155 Voir supra : C.II.1.a.bb.(2)(b).

156 Voir Art. 12 al. 3 point 2 Décret relatif aux conditions d'enseignement et de formation professionnelle agricole.

157 Voir supra C.II.1.e.cc.

158 Voir art. 12 al. 3 point 1 Décret relatif aux conditions d'enseignement et de formation professionnelle agricole.

l'âge de 35 ans.[159] Dans ce dernier cas, une certaine expérience professionnelle est également exigée.[160]

Exiger un âge minimum crée une inégalité de traitement fondée sur l'âge directe, mais on est obligé d'admettre que celle-ci est justifiée sur le fondement de l'art.6, par.1 de la directive 2000/78/CE.

Les exigences relatives à un âge minimum qui existent dans la fonction publique ont généralement pour but légitime de garantir que des tâches d'intérêt public seront remplies convenablement et donc de protéger les intérêts des tiers qui ont affaire avec ces services de l'Etat.[161]

En revanche, il est moins sûr que ces conditions d'âge minimum puissent être jugées proportionnées même si l'on se réfère à la jurisprudence *Palacios.*

Certes, dans sa décision *Palacios*, la CJUE déclare considérer comme suffisant pour l'examen de proportionnalité que l'hypothèse d'un Etat membre selon laquelle la limite d'âge contestée serait adéquate et nécessaire pour atteindre l'objectif de politique de l'emploi en cause ne semble pas « déraisonnable ». En l'espèce, la CJUE n'exige pas de preuve tangible que la limite d'âge a bien un effet bénéfique sur l'emploi.

Cependant, la cour expose clairement dans la décision qu'elle a rendue par la suite dans l'affaire *Age Concern England*, que la large marge d'appréciation dont disposent les Etats membres dans le domaine de la politique sociale ne doit pas vider de sa substance l'interdiction de la discrimination. Des postulats généraux ne suffiraient donc pas à faire admettre qu'une mesure est adaptée pour

---

159 Art. 21-1, phrase 3, point 1 Ordonnance n° 58-1270 portant loi organique relative au statut de la magistrature du 22 décembre 1958, JO du 23 décembre 1958, p. 11551 (ci-après dénommée : Ordonnance n° 58-1270).

160 Art. 21-1, phrase 3, point 1 Ordonnance n° 58-1270.

161 Concernant des règles relatives à un âge minimum semblables dans le droit allemand, voir : Adomeit/Mohr, KommAGG, point 13 sur le § 7 AGG annexe 2 (âge).

atteindre un objectif légitime au sens de l'article 6, par.1 de la directive 2000/78/CE.[162]

Il faut admettre que les âges minimum en vigueur dans la fonction publique ne constituent pas une mesure appropriée, même au regard des exigences très limitées posées par le droit de l'Union. Poser comme condition un âge minimum n'est en rien une mesure appropriée pour atteindre l'objectif de garantir que des tâches d'intérêt général seront remplies correctement. Il n'y a pas forcément de corrélation entre l'âge d'une personne et son expérience professionnelle, qui pourrait garantir qu'elle remplira ses fonctions correctement. On ne peut attribuer à l'âge une valeur d'indicateur, dans la mesure où l'expérience d'une personne dépend de son parcours professionnel personnel.[163]

Dans la mesure où pour la nomination à un poste, les dispositions en vigueur prévoient non seulement que le candidat doit avoir un âge donné, mais aussi qu'il doit disposer d'une certaine expérience professionnelle, comme c'est le cas pour les postes de deuxième échelon dans la magistrature, le critère de l'âge ne sert pas à garantir une certaine expérience professionnelle du candidat, mais bien plutôt une certaine expérience de la vie. Mais même de ce point de vue, l'âge n'est en aucun cas un critère adéquat. On ne peut pas juger de l'expérience d'une personne d'après son âge, puisque celle-ci dépend exclusivement de la biographie de chacun.[164]

g. Non prise en compte des salariés jeunes dans le décompte des effectifs déterminants pour certains seuils pertinents en droit du travail

En plus de l'ordonnance relative au contrat de travail « nouvelles embauches » du 2 août 2005, le gouvernement français prit une autre mesure d'urgence pour la promotion de l'emploi, l'ordonnance

162 CJUE 5 mars 2009 – affaire C-388/07, point 51 (Age Concern England).

163 Voir aussi Brors, in : Däubler/Bertzbach, Allgemeines Gleichbehandlungsgesetz, point 72 sur le § 10 AGG.

164 Voir Bertelsmann, in : Rust/Falke, AGG, point 135 sur le § 10 AGG.

n° 2005-892 relative à l'aménagement des règles de décompte des effectifs des entreprises[165], qui devait créer une incitation concrète à l'embauche de salariés jeunes et faire ainsi baisser le taux de chômage très élevé de cette classe d'âge.[166] D'après les dispositions de cette ordonnance, qui s'appliquaient jusqu'au 31 décembre 2007[167], les salariés âgés de moins de 26 ans embauchés à partir du 22 juin 2005 n'étaient pas pris en compte dans le décompte des effectifs[168]. Ceci était important au regard de certains seuils d'effectif entraînant diverses obligations du droit du travail. Le droit français prévoit en particulier que dans les entreprises d'au moins 11 salariés, des délégués du personnel doivent être élus (art. L 2312-1 C. trav.). Ceux-ci jouent un rôle important essentiellement en cas de licenciements collectifs. Si un employeur envisage de licencier au moins 10 salariés en l'espace de 30 jours pour motif économique, les délégués du personnel doivent être appelés à se réunir et consultés (art. L 1233-28 C. trav.).

Les dispositions de l'ordonnance n'eurent finalement pratiquement aucun effet concret, car le Conseil d'Etat, que plusieurs syndicats français avaient saisi contre l'ordonnance seuils d'effectif, la déclara nulle par un arrêt en date du 6 juillet 2007[169]. Il en avait déjà suspendu l'exécution par sa décision du 23 novembre 2005, suite à la procédure préjudicielle qu'il avait introduite et dans le cadre de laquelle la CJUE avait finalement considéré que l'ordonnance seuils d'effectif n'était pas compatible avec la directive 2002/14/CE établissant un cadre général relatif à l'information et la consultation

---

165 JO du 3 août 2005, p. 12687 (ci-après dénommée : Ordonnance seuils d'effectif). La loi autorisant la promulgation de l'ordonnance seuils d'effectif était – tout comme pour l'ordonnance relative au contrat de travail « nouvelles embauches » - la Loi n° 2005-846 habilitant le Gouvernement à prendre des mesures d'urgence pour l'emploi (art. 1 point 5).

166 Voir art. 1 point 5 de la Loi n° 2005-846 habilitant le Gouvernement à prendre des mesures d'urgence pour l'emploi.

167 Art. 1, 6 Ordonnance seuils d'effectif.

168 Art. 1 Ordonnance seuils d'effectif.

169 CE 6 juillet 2007 – N° 283892 (CONFEDERATION GENERALE DU TRAVAIL et autres).

des travailleurs dans la communauté européenne[170] ni avec la directive 98/59/CE concernant le rapprochement des législations des Etats membres relatives aux licenciements collectifs[171].

Bien que les règles en question se réfèrent explicitement à l'âge, le Conseil d'Etat ne fit pas valoir une possible infraction à l'interdiction de la discrimination fondée sur l'âge dans son projet de décision du 19 octobre 2005. L'avocat général Mengozzi se borne à constater dans ses conclusions du 12 septembre 2006 que « les salariés qui n'ont pas encore atteint l'âge de 26 ans conservent les droits individuels que leur confère le droit national en vertu de leur statut d'employé. »[172] L'ordonnance n'entraîne donc pas à son avis une discrimination liée à l'âge sur le plan des conditions de travail. En dernière analyse, on ne peut qu'être d'accord avec l'avocat général. Sur ce point, l'ordonnance n'engendre aucune inégalité de traitement, ni directe, ni indirecte. Les jeunes salariés de moins de 26 ans ne sont pas directement désavantagés par ces règles, puisque le fait qu'aucun organe de représentation du personnel ne soit créé touche tous les salariés d'une entreprise et pas uniquement la classe d'âge des moins de 26 ans. Par ailleurs, les jeunes salariés de cette catégorie ne sont pas majoritaires dans les petites entreprises concernées par l'ordonnance au point qu'ils puissent être indirectement et particulièrement désavantagés par cette règle.[173]

Certains auteurs français estiment que l'ordonnance pourrait entraîner une discrimination liée à l'âge directe sur le plan des conditions d'accès à l'emploi, en donnant un avantage aux moins de 26 ans par rapport aux personnes plus âgées[174], mais cette hypothèse

170 Directive 2002/14/CE du Parlement européen et du Conseil du 11 mars 2002 établissant un cadre général relatif à l'information et la consultation des travailleurs dans la communauté européenne (JO.CE 2002 L 80/29).

171 Directive 98/59/CE du Conseil du 20 juillet 1998 concernant le rapprochement des législations des Etats membres relatives aux licenciements collectifs (JO.CE 1998 L 225/16).

172 Avocat général Mengozzi, Conclusions, 12 septembre 2006 - affaire C-385/05, Rec. 2007, I-611 point 27 (Confédération générale du travail et autres).

173 Voir aussi Weber, EuZA 2008, p. 355 (357 et suivante).

174 Laulom, SSL 2008 Suppl. N° 1338, p. 31 (32).

doit être écartée. En effet, on ne saurait probablement démontrer l'existence d'un désavantage suffisamment concret. Le désavantage des personnes plus âgées consisterait tout au plus à ce que l'employeur ne soit incité à embaucher que des personnes âgées de moins de 26 ans, puisque s'il embauche une personne de cette classe d'âge, il n'y aura pas d'obligation pour lui de faire élire des représentants du personnel dans son entreprise. Mais cette possibilité est si vague qu'elle ne peut fonder le grief d'inégalité de traitement à l'égard des salariés plus âgés qui ont dépassé la limite d'âge en question.

Même si la procédure préjudicielle n'abordait pas le problème de la discrimination fondée sur l'âge, la question avait cependant été posée à la CJUE de savoir quelle marge de manœuvre les Etats membres possédaient pour la mise en œuvre d'objectifs nationaux de la politique de l'emploi. Certes, cette question – comme le montrent les affaires Mangold et Palacios – joue effectivement un rôle au niveau de la justification d'une inégalité de traitement fondée sur l'âge, mais l'objet de la question préjudicielle était ici plutôt de savoir quelles possibilités d'action sont laissées aux Etats membres en ce qui concerne le champ d'application des directives à l'origine du litige.[175]

h. *Pénalité en cas de non-conclusion d'un accord relatif à l'emploi des seniors*

La Loi n°2008-1330 de financement de la sécurité sociale pour 2009[176] a introduit dans le droit français diverses mesures destinées à promouvoir l'emploi des seniors. Outre le relèvement de la limite d'âge autorisant une mise à la retraite d'office[177], elle comprenait en particulier l'introduction d'une pénalité infligée aux entreprises d'au moins 50 salariés qui n'avaient pas conclu un accord relatif à l'emploi

175 La CJUE expose clairement dans sa décision que les Etats membres ne peuvent décider librement du champ d'application d'une directive. Voir : CJUE, 18 janvier 2007 - affaire C-385/05 point 37 et suivant, 47 (Confédération générale du travail et autres).

176 Cf. note 5.

177 Pour un examen approfondi de cette question, voir infra : C.II.3.a.aa.

des seniors ni mis en place un plan d'action équivalent au 1er janvier 2010[178]. Ces accords ou plans d'action, valables au maximum trois ans, doivent entériner des mesures définies par la loi dans le but de favoriser l'emploi des seniors. Il faut en particulier que soit déterminé un objectif chiffré pour le maintien en activité des plus de 55 ans ainsi que pour l'embauche de salariés âgés d'au moins 50 ans.[179]

Cette réglementation a pour conséquence une discrimination directe des salariés âgés de moins de 55 ou de moins 50 ans, puisque leur emploi n'est pas favorisé par l'obligation, sanctionnée par une amende, de conclure de semblables accords. Sur le fondement de la jurisprudence actuelle de la CJUE, une justification de cette discrimination liée à l'âge au sens de l'article 6, paragraphe 1 de la directive 2000/78/CE ne peut être retenue. Certes, nous sommes indéniablement en présence d'un objectif légitime : la promotion de l'emploi des seniors.[180] Mais cette réglementation ne fait référence, en ce qui concerne les objectifs à inscrire dans un accord ou un plan d'action relatif à l'emploi des seniors, qu'à l'âge des personnes concernées, sans prendre en compte d'autres éléments, tels que leur situation personnelle sur le marché du travail par exemple. D'après les principes dégagés par la CJUE dans les affaires *Mangold* et *Palacios*, elle doit donc être qualifiée d'inappropriée et considérée comme non conforme au droit de l'Union.

178 Art. 87 Loi de financement de la sécurité sociale pour 2009 ; Art L 138-24 à L 138-28 CSS.

179 Art. L 138-25 point 1 en combinaison avec l' art. R 138-25 CSS.

180 Voir en particulier l'art. 6 par. 1 point a) de la directive 2000/78/CE.

2. *Exécution du contrat de travail*

a. *Rémunération*

aa. *Prime d'ancienneté*

En plus du salaire de base, les entreprises françaises versent souvent des primes à leurs salariés, notamment la prime d'ancienneté, qui dépend de la durée d'appartenance à l'entreprise.[181]

En raison du critère sur lequel elle s'appuie – l'ancienneté dans l'entreprise –, cette prime entraîne une inégalité de traitement fondée sur l'âge indirecte, puisque les salariés plus âgés auront généralement une plus grande ancienneté dans l'entreprise. Il s'agit donc de savoir si cette inégalité peut être considérée comme licite d'après l'article 2, paragraphe 2 point b) i) de la directive 2000/78/CE.

(1) *Objectif pouvant justifier une inégalité de traitement fondée sur l'âge indirecte*

Dans la mesure où le fait de récompenser la fidélité à l'entreprise sert l'intérêt personnel de l'employeur, la question se pose de savoir si un tel objectif peut jouer un rôle au niveau du droit de l'Union pour justifier une inégalité de traitement fondée sur l'âge au sens de l'article 2, paragraphe 2, point b) i) de la directive 2000/78/CE. Cela serait possible si la disposition – à la différence de celle inscrite à l'article 6, paragraphe 1 de la directive, qui vaut pour les inégalités de traitement fondées sur l'âge directes[182] – n'exige pas que le motif invoqué soit un objectif d'intérêt général. Et de fait, les conditions posées pour que le motif invoqué puisse invalider le grief de discrimination indirecte comme le prévoit l'article 2, paragraphe 2, point b) i) de la directive 2000/78/CE, sont moins strictes. Il suffit pour s'en convaincre de comparer le texte des deux dispositions. Alors que l'article 6, paragraphe 1 cite expressément des exemples d'objectifs légitimes tels que les objectifs de la politique de l'emploi, du

181 Voir Dumont, JCP S 2007 N° 26, p. 11.

182 Sur ce point, voir supra : C.II.1.e.aa.(1).

marché du travail et de la formation professionnelle, qui sont tous des objectifs d'intérêt général, la règle énoncée à l'article 2, paragraphe 2, point b) i) évoque seulement un « objectif légitime », sans énumérer des motifs potentiellement recevables, ce qui laisse présumer qu'il n'est pas nécessaire que l'objectif invoqué pour justifier une inégalité de traitement indirecte relève de l'intérêt général. Il sera suffisant, mais néanmoins indispensable, de mettre en avant un motif concret, qui semble acceptable d'après des critères objectifs. Un tel motif peut aussi être lié à des considérations propres à l'entreprise.[183] Le but ici poursuivi par l'employeur – récompenser la fidélité à l'entreprise par une prime spéciale – est donc conforme à cette exigence.

(2) Proportionnalité

En revanche, il faut examiner de près la question de savoir si la prime d'ancienneté accordée par un employeur donné pour récompenser la fidélité à l'entreprise est effectivement appropriée et nécessaire.

(a) La jurisprudence Palacios est-elle valable pour les mesures prises individuellement par un employeur ?

Le critère de proportionnalité souple de la décision *Palacios* ne jouera pas ici. En effet, dans cette décision, la CJUE n'accorde explicitement une large marge d'appréciation dans le domaine de la politique de l'emploi et de la politique sociale qu'au législateur national et aux partenaires sociaux.[184] Cela induit, a contrario, qu'un employeur qui prend à titre individuel des mesures liées à l'âge – indépendamment du fait qu'elles entraînent une inégalité de traitement fondée sur l'âge directe ou indirecte – ne dispose précisément pas d'une telle marge d'appréciation.

(b) Proportionnalité d'un cas d'espèce

Ce qui permettra de déterminer si une prime d'ancienneté est proportionnée est l'existence ou non d'une nécessité pour

183 Voir à ce sujet Schiek, in : Schiek, AGG, point 49 sur le § 3 AGG.
184 CJUE 16 octobre 2007 – affaire C-411/05, point 68 (Palacios de la Villa).

l'employeur, dans le cas d'espèce, d'accorder une telle prime en raison de l'avantage que lui procure la promotion de la fidélité à l'entreprise.[185] Il faut noter à ce propos que si l'employeur lie le paiement au fait que le salarié s'implique de plus en plus dans le fonctionnement interne de l'entreprise et instaure une relation stable avec la clientèle, il récompense aussi par là la fidélité à l'entreprise.[186]

Un employeur peut également être amené à accorder une prime d'ancienneté pour se prémunir contre un turn-over trop important. Il n'est cependant pas suffisant que l'employeur affirme devoir agir de la sorte. Le risque concret d'un turn-over important en l'absence de prime d'ancienneté doit exister, ce qui ne sera généralement pas le cas dans les périodes de chômage élevé. En outre, si un tel risque existe, l'employeur doit montrer qu'il est obligé de lutter contre les départs par des mesures liées à l'ancienneté, car le fait d'occuper un même emploi depuis longtemps entraîne en règle générale un lien plus fort du salarié à son entreprise du simple fait du maintien des situations acquises, sans qu'il soit besoin d'accorder une rétribution spéciale. S'il est donc déjà de l'intérêt du salarié de rester dans l'entreprise, tout encouragement supplémentaire à lui rester fidèle de la part de l'employeur doit faire l'objet d'une justification particulière. De plus, si l'employeur veut éviter le turn-over, pour faire l'économie des périodes de formation et ne pas courir le risque de faire de mauvais choix lors de la sélection du personnel, il ne peut pas se contenter d'affirmer qu'il a besoin de prendre des mesures préventives.[187]

bb. Grilles de salaires

(1) Rémunération en fonction de l'ancienneté

C'est essentiellement dans la fonction publique que la durée d'appartenance à une administration joue un rôle important en France, car une certaine durée de service permet le passage automatique à l'échelon supérieur dans la grille des salaires. Cependant, dans les

185 Rieble/Zedler, ZfA 2006, p. 273 (285).
186 Adomeit/Mohr, KommAGG, point 30 sur le § 7 AGG annexe 2 (Alter).
187 Rieble/Zedler, ZfA 2/2006, p. 273 (285).

conventions collectives du secteur privé, la durée d'appartenance à la société ou à l'entreprise est aussi souvent retenue comme critère décisif pour l'évolution du salaire.[188] Compte tenu du fait que ce sont généralement les salariés les plus âgés qui pourront faire valoir la plus grande ancienneté dans l'établissement ou l'entreprise, les salariés jeunes sont indirectement désavantagés par ce genre de systèmes de rémunération. Ceci invite à s'interroger sur la possibilité de maintenir ce type de règles au vu de l'interdiction de la discrimination fondée sur l'âge inscrite dans le droit de l'Union. Aux termes de l'article 2, paragraphe 2, point b) i) de la directive 2000/78/CE, ce maintien ne serait possible que si ces règles reposent sur un objectif légitime et que les moyens d'atteindre cet objectif sont proportionnés.

Dans l'affaire *Cadman,* la CJUE a dû se pencher sur l'ancienneté dans l'entreprise comme critère pour fixer le montant de la rémunération. Il s'agissait de savoir si une salariée, qui percevait une rémunération inférieure à celle de ses collègues masculins, lesquels avaient toutefois plus d'ancienneté dans l'entreprise, était victime d'une discrimination en raison de son sexe. Dans son arrêt, la CJUE explique que l'ancienneté dans l'entreprise va de pair avec l'expérience professionnelle, qui permet en général au salarié de mieux s'acquitter de ses fonctions.[189] La Cour confirmait ainsi sa décision *Danfoss* et reconnaissait de nouveau que le fait de récompenser l'expérience professionnelle acquise représentait un objectif légitime de la politique salariale.[190] D'après la jurisprudence de la CJUE, les systèmes de rémunération organisés en fonction de l'ancienneté poursuivent l'objectif légitime de récompenser l'expérience professionnelle et l'acquisition de meilleures qualifications qui l'accompagne.

188 Voir Dumont, JCP S 2007 N° 26, p. 11.

189 CJUE, 3 octobre 2006 – affaire C-17/05, point 35 (Cadman).

190 Voir CJUE, 17 octobre 1989 – affaire C-109/88, Rec. 1989, 3199 point 24 (Danfoss) ; CJUE, 3 octobre 2006 – affaire C-17/05, point 34 (Cadman).

En outre, la doctrine reconnaît que les grilles de salaires basées sur l'ancienneté peuvent récompenser la fidélité à l'entreprise du salarié concerné.[191]

(a) Portée de la jurisprudence Palacios pour les règles inscrites dans les conventions collectives

En ce qui concerne la proportionnalité, c'est un critère d'examen souple qui s'appliquera, compte tenu de la jurisprudence *Palacios*, non seulement pour les règles de rémunération en vigueur dans la fonction publique[192], mais aussi pour les grilles de salaires fixées par les conventions collectives dans le secteur privé.

C'est ce que laisse penser le fait que la CJUE, dans sa décision *Palacios*, accorde manifestement une large marge d'appréciation non seulement aux Etats membres mais aussi aux partenaires sociaux dans le domaine de la politique de l'emploi et de la politique sociale.[193] Elle étend ainsi implicitement aux conventions collectives les larges possibilités de justification qu'elle reconnaît aux mesures prises par l'Etat en vertu de l'article 6, paragraphe 1 de la directive 2000/78/CE.[194] La raison de cette interprétation du droit tient à ce que la CJUE considère l'accord passé dans les conventions collectives, compte tenu de son champ d'application personnel et matériel limité, comme un indice suffisant du fait que les règles fixées dans les conventions collectives sont appropriées et nécessaires.[195]

Les grilles de salaires organisées en fonction de l'ancienneté prévues par les conventions collectives du secteur privé et dans le secteur public doivent donc être considérées comme nécessaires, si on se réfère à la jurisprudence *Palacios* de la CJUE, dès lors qu'elles ne paraissent pas être un moyen « déraisonnable » de récompenser l'expérience professionnelle acquise. Or, ce type de règles

191 Voir Rieble/Zedler, ZfA 2006, p. 273 (285) ; Dumont, JCP S 2007 N° 26, p. 11.
192 En ce qui concerne le critère de proportionnalité valable pour le secteur public, voir supra : C.II.1.e.aa.(2).
193 CJUE, 16 octobre 2007 – affaire C-411/05, point 68 (Palacios de la Villa).
194 Voir Sagan, EuZW 2007, p. 765 (766).
195 Voir Sagan, EuZW 2007, p. 765 (766).

apparaissent bien comme raisonnables au regard des arguments exposés par la CJUE dans sa décision *Cadman*, dans le cadre de laquelle la Cour a reconnu que la durée d'appartenance à une entreprise allait généralement de pair avec l'expérience professionnelle.[196] Si l'on se penche sur l'idée centrale actuellement défendue par la CJUE en ce qui concerne la discrimination fondée sur l'âge, à savoir, que l'âge ne doit pas être le seul critère, on doit admettre que les grilles de salaires en question remplissent cette condition, puisqu'elles se réfèrent à l'ancienneté et s'appuient sur un élément objectif distinct de l'âge : l'expérience professionnelle acquise.

(b) Grilles de salaires propres à un employeur

D'après la jurisprudence *Palacios*, seuls les systèmes de rémunération dans le cadre desquels un employeur fait lui-même dépendre le montant de la rémunération de la durée d'appartenance à l'établissement ou à l'entreprise seront encore soumis à un examen de proportionnalité strict.[197]

La jurisprudence *Cadman* joue à nouveau un rôle ici. Dans le cadre de ce litige, il s'agissait de répondre à la question de savoir si le recours au critère de l'ancienneté pour récompenser l'expérience professionnelle qui permet à un salarié de mieux s'acquitter de son travail doit être considéré comme approprié.

Cette question se posait du fait qu'une expérience professionnelle assez longue ne va pas forcément de pair avec une amélioration des compétences. Il existe au contraire des professions dans lesquelles un salarié a déjà atteint le plus haut degré de qualification possible au terme d'une courte période sans que des années supplémentaires d'exercice de cette activité puissent améliorer ses compétences de manière significative. En règle générale, le laps de temps nécessaire pour que le salarié atteigne cette qualification professionnelle

196 CJUE, 3 octobre 2006 – affaire C-17/05, point 35 (Cadman).

197 Sur le critère d'examen strict appliqué pour les mesures prises individuellement par un employeur, voir supra : C.II.2.a.aa.(2)(a).

maximale sera d'autant plus court que l'activité exercée est simple. Le rôle joué par l'expérience professionnelle pour la qualité du travail fourni dépend donc de l'activité exercée dans le cas d'espèce.[198]

Cependant, dans sa jurisprudence actuelle, la CJUE tend à préconiser la prise en compte de l'ancienneté dans les systèmes de rémunération.

Comme elle l'explique dans l'affaire *Cadman*, la prise en compte du critère de l'ancienneté dans l'entreprise doit en règle générale être considérée comme un moyen approprié de récompenser l'expérience professionnelle permettant au salarié de mieux s'acquitter de son travail.[199] Avec cette décision, la CJUE maintient sa jurisprudence *Danfoss,* selon laquelle l'employeur n'a en principe pas besoin de justifier l'emploi du critère de l'ancienneté dans le cadre de son système de rémunération.[200] Parallèlement, la CJUE fait observer qu'elle n'a pas exclu dans sa jurisprudence *Danfoss* antérieure, qu'il puisse exister des situations dans lesquelles le recours au critère de l'ancienneté dans l'entreprise doive être justifié dans un cas concret par l'employeur.[201] C'est en particulier le cas lorsqu'un salarié produit des éléments de fait propres à faire naître un doute sérieux quant à la pertinence de la prise en compte du critère d'ancienneté pour récompenser l'expérience professionnelle dans le cas d'espèce. Dans une telle hypothèse, la charge de prouver que, pour le poste en question, la durée de la présence dans l'entreprise va bien de pair avec l'expérience professionnelle et que celle-ci permet à l'employé de mieux s'acquitter des tâches qui lui sont confiées revient à l'employeur.[202] Cependant, aux yeux de la CJUE, dans le cas où un système de classement professionnel, basé sur une évaluation du travail à effectuer, est utilisé pour fixer le montant de la rémunération, il n'est pas nécessaire de prouver qu'un salarié donné a acquis au

198 Voir Adomeit/Mohr, KommAGG, point 14 sur le § 7 AGG annexe 2 (Alter) ; Lhernould, RJS 7/07, p. 595 (601).

199 CJUE, 3 octobre 2006 – affaire C-17/05, point 35 (Cadman).

200 CJUE, 17 octobre 1989 – affaire C-109/88, point 24, 25 (Danfoss).

201 CJUE, 3 octobre 2006 – affaire C-17/05 point 37 (Cadman).

202 CJUE, 3 octobre 2006 – affaire C-17/05 point 38 (Cadman).

cours de la période considérée une expérience propre à lui permettre de mieux remplir ses fonctions.[203]

Par sa jurisprudence *Cadman*, la CJUE prit ses distances vis-à-vis d'arrêts antérieurs, qui, à la suite de la décision *Danfoss* en 1989, semblaient annoncer une sorte de revirement. La CJUE y avait en effet mis en avant le lien entre la nature de l'activité exercée et l'expérience dans le cas d'espèce, pour répondre à la question de savoir si une mesure était adaptée pour atteindre l'objectif invoqué. Elle avait par ailleurs fait porter à l'employeur la charge de la preuve que l'expérience professionnelle permettait effectivement au salarié d'être plus performant dans son activité concrète[204].

Indépendamment de la décision *Cadman,* il faudra cependant considérer comme inappropriés les classements en fonction de l'ancienneté conçue comme un garant de l'expérience professionnelle, s'il n'est pas tenu compte du fait que les compétences liées à l'expérience professionnelle peuvent aussi avoir été acquises chez un autre employeur dans des fonctions similaires. Les périodes d'activité antérieures, passées à un poste comparable, doivent donc être prises en compte.[205]

(2) Lien entre l'âge et la rémunération

Dans la mesure où les grilles de salaires françaises s'appuient encore directement sur l'âge pour déterminer le montant de la rémunération[206], il existe une discrimination fondée sur l'âge directe, qui ne saurait être justifiée par un objectif légitime d'intérêt général. L'argument selon lequel les seniors auraient des besoins financiers plus importants en raison de leur train de vie ou de leurs dépenses de santé ne tient pas, car les personnes plus jeunes n'ont pas nécessairement besoin de moins d'argent pour s'installer dans la vie.[207]

---

203 CJUE, 3 octobre 2006 – affaire C-17/05 point 39 (Cadman).

204 Voir CJUE, 7 février 1991 – affaire C-184/89, Rec. 1991, I-297 point 14 (Nimz) ; CJUE 2 octobre 1997 – affaire C-1/95, Rec. 1997, I-5253 point 39 (Gerster).

205 Rieble/Zedler, ZfA 2006, p. 273 (285).

206 Voir Lhernould, RJS 7/07, p. 595 (600).

207 Voir Adomeit/Mohr, KommAGG, point 27 sur le § 7 AGG annexe 2 (Alter).

b. Congés supplémentaires

aa. Congés supplémentaires en raison de l'âge ou de l'ancienneté

Le droit du travail français prévoit qu'en raison de leur âge ou de leur ancienneté dans l'établissement ou l'entreprise, les salariés peuvent se voir accorder des jours de congés supplémentaires sur l'année selon les modalités déterminées par des conventions collectives. (art. L 3141-8 C. trav.). La durée des congés annuels dépendant dans ce cadre de l'âge des salariés, les salariés les plus jeunes sont directement désavantagés par cette règle, puisque en raison de leur âge ils n'obtiennent pas de congés supplémentaires et que l'octroi de congés supplémentaires a pour effet que la rémunération est différente selon l'âge du salarié. De ce fait, cette règle, parce qu'elle s'appuie sur l'ancienneté, désavantage aussi les salariés jeunes de manière indirecte.

(1) Âge

Il s'agit donc de savoir si l'inégalité de traitement fondée sur l'âge directe créée par ce système d'octroi de congés de l'article L 3141-8 du code du travail peut être considérée comme justifiée au regard de l'article 6, paragraphe 1 de la directive 2000/78/CE.

L'octroi de jours de congé supplémentaires en raison de l'âge répond généralement à la baisse de capacité de travail et au besoin croissant de repos des travailleurs âgés.[208] La règle a donc pour but de maintenir la capacité de travail des salariés les plus âgés en mettant en place des conditions de travail particulières pour eux, qui s'apparentent en dernière analyse à une forme de protection. Si l'on se réfère à la règle énoncée à l'article 6, paragraphe 1 point a) de la directive 2000/78/CE, qui cite expressément la protection des travailleurs âgés comme objectif recevable possible, nous sommes donc en présence d'un objectif légitime d'intérêt général.

Toutefois, la proportionnalité de cette différenciation en fonction de l'âge doit être examinée de plus près. On ne pourra en effet

208 Rieble/Zedler, ZfA 2006, p. 273 (297).

qualifier d'approprié et nécessaire l'octroi de congés supplémentaires à partir d'un certain âge que s'il existe un lien fonctionnel entre l'âge et la détermination de temps de travail différents.[209] L'argument selon lequel les seniors auraient généralement et sans distinctions davantage besoin de repos ou une capacité de travail moindre, n'est pas recevable en tant que tel. Il ne fait que reprendre un cliché. Pour être considérées comme proportionnées, ces règles relatives aux congés doivent s'appuyer sur des études empiriques, qui prouvent qu'à partir d'une limite d'âge donnée, un besoin de repos existe dans des proportions définies ou que la capacité de travail diminue dans une mesure déterminée[210].

Toutefois, d'après la jurisprudence de la CJUE, les partenaires sociaux disposent eux aussi, comme les Etats membres, d'une large marge d'appréciation pour élaborer des mesures relevant de la politique de l'emploi et de la politique sociale.[211] On peut partir du principe que cette large marge d'appréciation englobe aussi la détermination de l'âge exact à partir duquel des jours de congés supplémentaires sont accordés et celle du nombre de jours supplémentaires accordés.

Aux termes de la jurisprudence *Palacios*, les règles relatives aux congés de cette nature doivent être considérées comme nécessaires, dès lors qu'elles ne semblent pas déraisonnables pour prendre en compte le besoin de repos particulier ou la baisse de capacité de travail des salariés concernés en raison de leur âge. En outre, les règles sur l'octroi de jours de congé supplémentaires répondent bien à l'exigence désormais posée par la jurisprudence de la CJUE que l'âge ne soit pas le seul critère de référence, puisqu'elles s'appuient sur un élément objectif distinct de l'âge, à savoir le besoin accru de repos ou la baisse de capacité de travail.

---

209 Brors, in : Däubler/Bertzbach, Allgemeines Gleichbehandlungsgesetz, point 50 sur le § 10 AGG.

210 Brors, in : Däubler/Bertzbach, Allgemeines Gleichbehandlungsgesetz, point 50 sur le § 10 AGG.

211 Voir supra : C.II.2.a.bb.(1)(a).

Cela signifie que la disposition inscrite à l'article L 3141-8 du code du travail français, pour autant qu'elle déclare licite l'octroi de jours de congé supplémentaires, doit être interprétée comme conforme à la directive puisqu'elle se réfère uniquement à des règles déterminées par des conventions collectives, lesquelles sont soumises aux conditions (souples) que nous venons de rappeler.

(2) Ancienneté

Dans la mesure où l'article L 3141-8 du code du travail entraîne une inégalité de traitement fondée sur l'âge indirecte puisqu'il se réfère à l'ancienneté, il faut examiner si cette disposition peut être tenue pour licite au regard de l'article 2, paragraphe 2 point b) i) de la directive 2000/78/CE. Là encore, il faudra répondre par l'affirmative. Le besoin de repos d'un travailleur est toujours lié aussi à l'activité qu'il exerce.[212] On peut donc également faire dépendre la durée des congés de la durée d'activité. Il sera cependant exigé en principe, pour qu'une telle règle soit considérée comme proportionnée, qu'il existe un lien entre la durée d'activité et le besoin de repos. Ce ne sera en règle générale le cas que pour des activités très exigeantes sur le plan physique ou psychique.[213] Compte tenu du mode de justification très souple admis par la jurisprudence *Palacios,* on peut cependant considérer les règles déterminées par des conventions collectives comme nécessaires, dès lors qu'elles ne semblent pas déraisonnables. De plus, du fait de la référence au critère de l'ancienneté, l'octroi de jours de congés supplémentaires ne tient pas uniquement à l'âge du salarié. Bien au contraire, la règle se réfère ici, via la prise en compte d'un plus grand besoin de repos, à un motif objectif distinct de l'âge.

212 Brors, in : Däubler/Bertzbach, Allgemeines Gleichbehandlungsgesetz, point 50 sur le § 10 AGG.

213 Brors, in : Däubler/Bertzbach, Allgemeines Gleichbehandlungsgesetz, point 51 sur le § 10 AGG.

bb. Droit des salariés jeunes à des congés annuels supplémentaires

Le droit du travail français prévoit que les salariés jeunes, qui avaient moins de 21 ans au 30 avril de l'année précédente, peuvent, s'ils le souhaitent, demander un congé annuel de 30 jours. Cependant, les salariés concernés ne perçoivent pas de rémunération pour les jours de congé qu'ils prennent en plus des congés annuels auxquels ils ont déjà droit à proportion du nombre de jours travaillés.

Même si cette règle n'a pas pour effet de modifier le montant de la rémunération en fonction de l'âge, elle désavantage cependant directement les salariés plus âgés, puisque ces derniers n'ont pas la possibilité de demander des jours de congé supplémentaires.

Il faut donc examiner si les conditions nécessaires pour justifier cette inégalité de traitement fondée sur l'âge sont bien réunies au sens de l'article 6, paragraphe 1 de la directive 2000/78/CE et donc si cette disposition est conforme au droit de l'Union.

Cette règle repose sur l'idée que les salariés de cette classe d'âge ne sont pas encore tous mûrs et que, pour qu'ils restent motivés et impliqués dans leur travail, il faut leur accorder plus de temps libre. Dans ces conditions, on peut voir un objectif légitime dans le fait que la possibilité de prendre des jours de congé supplémentaires doit permettre aux salariés les plus jeunes de s'habituer progressivement à la vie active et de conserver, au moins provisoirement, le même emploi.

On peut également estimer que cette règle est proportionnée, au moins au regard du critère de justification très souple de la jurisprudence *Palacios*. Certes, l'argument selon lequel les salariés jeunes seraient globalement tous immatures n'est pas recevable. Mais la règle ne repose pas sur une vision aussi peu nuancée, puisqu'elle se contente de donner aux salariés les plus jeunes la possibilité de prendre plus de jours de congé. L'idée que des congés annuels plus longs contribuent – dès lors qu'ils sont pris à la demande du salarié – au maintien de la motivation et de l'engagement des salariés âgés de 21 ans environ ne semble à tout le moins pas déraisonnable. A l'appui de ce raisonnement, on peut rappeler que la majorité était autrefois fixée à 21 ans par le droit français. Ce n'est que depuis 1974 que cet âge de la majorité a été abaissé à 18 ans.

c. Prise en charge du conjoint survivant

Dans le cadre de la prise en charge du conjoint survivant assurée par l'entreprise, le droit français prévoit encore une fois des restrictions en fonction de l'âge dans certains cas pour que la pension soit versée au conjoint survivant : le versement de la pension peut par exemple dépendre du fait que le conjoint survivant ait atteint un âge donné au moment du décès du salarié (par exemple 55 ans).[214]

Ce type de règles crée incontestablement une inégalité de traitement fondée sur l'âge de la personne concernée. Pour déterminer dans quelle mesure elles tombent sous le coup de l'interdiction de la discrimination liée à l'âge prévue par le droit de l'Union dans le cadre de la directive 200/78/CE, un examen plus approfondi s'impose.

aa. Inégalité de traitement en fonction de l'âge directe subie par le salarié

L'âge minimum requis pour que la pension soit versée est celui du conjoint, et non celui du salarié décédé. Au vu de son objectif explicite – assurer la protection contre la discrimination au travail[215] –, on ne peut considérer que la directive vise à protéger le conjoint du salarié indépendamment de ce dernier. La seule question pertinente est donc de savoir de quelle manière le salarié lui-même est concerné par cet âge minimum, puisque la pension est octroyée uniquement au salarié à titre personnel, attendu qu'il est le seul contractant. La convention ne créé de droits pour le conjoint survivant que de manière

214 Voir Cass. soc. , 15 mars 2001 - N° 99-18320, non publié au Bulletin de la Cour de cassation. D'après l'accord contractuel en cause, l'aide au conjoint survivant était également versée si ce dernier avait la charge de deux enfants mineurs ou n'était pas en mesure d'exercer une activité professionnelle.

215 Voir art. 1 de la directive 2000/78/CE.

indirecte, le cas échéant. Ce dernier n'a en effet pas fourni de contrepartie.[216]

En ce qui concerne le salarié lui-même, on peut admettre qu'il est directement désavantagé par la limite d'âge prévue dans le cadre du droit à pension qui lui est reconnu. Il n'est cependant pas facile de répondre à la question de savoir en quoi consiste concrètement ce désavantage pour le salarié, puisque le dispositif ne sera mis en œuvre qu'au décès de celui-ci. On devra donc considérer que le salarié, du fait de l'âge minimum requis, sera généralement contraint de prévoir une autre forme de prise en charge pour son conjoint tant que ce dernier n'aura pas atteint l'âge requis.

bb. Applicabilité de la directive 2000/78/CE

L'inégalité de traitement fondée sur l'âge entraînée par la fixation d'un âge minimum entre dans le champ d'application de la directive 2000/78/CE. Aux termes de son article 3, paragraphe 1, point c), la directive s'applique à toutes les personnes, tant pour le secteur public que pour le secteur privé, en ce qui concerne les conditions d'emploi et de travail, y compris les conditions de licenciement et de rémunération. Le concept de rémunération s'entend ici – comme il ressort du considérant 13 – dans le sens donné à ce terme pour l'application de l'article 157 TFUE (ex-art. 141 du traité CE) et recouvre donc la pension versée au conjoint survivant, conformément à la jurisprudence récurrente de la CJUE.[217]

cc. Conformité au droit de l'Union

La question se pose donc de savoir si cette inégalité de traitement directe peut être tenue pour justifiée au sens de l'article 6, paragraphe 1 de la directive 2000/78/CE. Il faudrait pour cela que la règle sur la

216 Voir aussi BAG, 27 juin 2006 - 3 AZR 352/05 à propos d'une clause de droit allemand relative à une différence d'âge prévue dans le cadre d'un accord passé avec l'employeur concernant la prise en charge du conjoint survivant.

217 Voir parmi d'autres : CJUE, 9 octobre 2001 – affaire C-379/99, Rec. 2001, I-7275 point 18 (Menauer) ; CJUE, 7 janvier 2004 – affaire C-117/01, Rec. 2004, I-541 point 26 (K. B.).

limite d'âge poursuive un objectif légitime et que les moyens d'atteindre cet objectif soient appropriés et nécessaires.

(1) Objectif servant de justification

Selon la jurisprudence du BAG (Bundesarbeitsgericht, Tribunal fédéral du travail, ci-après dénommé BAG), les restrictions prévues dans le cadre de la prise en charge du conjoint survivant accordée par l'entreprise tiennent compte des intérêts de l'employeur, qui souhaite limiter et rendre plus facilement prévisibles les risques encourus du fait de cette prise en charge volontaire.[218] Le BAG a toujours considéré cette volonté comme légitime dans le cadre du droit national allemand et a de ce fait toujours nié l'existence d'une atteinte au principe général d'égalité de traitement en vigueur dans le droit du travail allemand.[219] Suite à la jurisprudence *Mangold* de la CJUE, le BAG lança cependant une procédure préjudicielle par sa décision du 27 juin 2006, pour savoir si l'interdiction de la discrimination fondée sur l'âge découlant du droit communautaire primaire s'opposait à l'application d'une clause de différence d'âge inscrite dans les règles relatives à la prise en charge du conjoint survivant par l'entreprise.[220] Dans sa troisième question préjudicielle (point b), le BAG formulait une demande concrète, concernant la possibilité de reconnaître l'intérêt de l'employeur à limiter les risques générés par le système de retraite interne à l'entreprise comme motif justifiant l'inscription d'une limite d'âge – en l'occurrence, une clause de différence d'âge – dans les dispositions relatives à la prise en charge du conjoint décédé. La CJUE ne prit finalement pas position sur cette question dans sa décision du 23 septembre 2008, la réponse à la première question

---

218 Voir : BAG, 27 juin 2006 - 3 AZR 352/05 (A) ; BAG, 28 juillet 2005 - 3 AZR 457/04 - NZA-RR 2006, p. 59, à propos des mariages tardifs.

219 Voir : BAG 28 juillet 2005 - 3 AZR 457/04. Le BAG n'a pas eu à statuer sur la compatibilité d'une semblable inégalité de traitement liée à l'âge relevant de l'intérêt de l'employeur avec la loi générale sur l'égalité de traitement, par laquelle la directive 2000/78/CE a été transposée dans le droit allemand, car cette loi n'était pas encore en vigueur au moment où il a rendu ses décisions.

220 BAG, 27 juin 2006 - 3 AZR 352/05 (A).

rendant l'examen des suivantes inutile.[221] La question de savoir si un tel intérêt peut justifier une inégalité de traitement fondée sur l'âge du point de vue du droit de l'Union se pose donc toujours dans les mêmes termes.

Au vu de l'article 6, paragraphe 1 de la directive 2000/78/CE, la première question est de savoir si les intérêts propres à un employeur peuvent jouer un rôle dans la justification d'une discrimination en raison de l'âge directe. Comme nous l'avons déjà exposé, la jurisprudence actuelle de la CJUE amène à répondre par la négative, puisque la condition posée est justement que le motif justifiant la discrimination soit un objectif d'intérêt général.[222]

L'avocate générale *Sharpston* reconnaît cependant dans ses conclusions du 22 mai 2008 sur l'affaire *Bartsch* comme motif légitime tenant lieu de justification de la discrimination fondée sur l'âge directe, qu'elle retient dans ce litige, l'intérêt de l'employeur à limiter de manière globale les coûts engendrés par un système de retraite interne à l'entreprise. Elle fonde ce point de vue sur la reconnaissance d'une large marge d'appréciation aux Etats membres en matière de politique de l'emploi et de politique sociale. La décision politique d'un Etat membre d'accepter l'inscription de restrictions liées à l'âge dans les systèmes de retraite internes aux entreprises devrait donc de ce fait être considérée comme légitime au sens de l'article 6, paragraphe 1 de la directive 2000/78/CE.[223]

(2) Proportionnalité

Même si on admettait l'existence d'un tel objectif légitime, la limite d'âge prévue par un système de retraite interne à l'entreprise pour l'octroi d'une pension au conjoint survivant ne serait pas conforme au droit de l'Union, faute d'être proportionnée.

---

221 Voir CJUE, 23 septembre 2008 – affaire C-427/06 (Bartsch).

222 CJUE, 5 mars 2009 – affaire C-388/07 point 46 (Age Concern England).

223 Avocate générale Sharpston, conclusions du 22 mai 2008 – affaire C-427/06, point 118 (Bartsch).

En effet, la nécessité de cette mesure n'apparaît pas – comme le fait observer à juste titre l'avocate générale *Sharpston*[224]– dans la mesure où il existe des moyens moins radicaux que le refus de toute prestation au conjoint survivant pour limiter les coûts engendrés par le système de retraite interne à l'entreprise. Il serait par exemple possible de verser une pension moins élevée aux survivants jeunes ou encore de différer les versements jusqu'à ce que le conjoint survivant ait atteint un âge déterminé.

Le critère de proportionnalité souple de la décision *Palacios* n'entre pas en jeu ici, puisque l'organisation du système de retraite interne à l'entreprise incombe en dernière analyse au seul employeur à titre individuel. Or ce dernier ne dispose précisément pas d'une large marge d'appréciation pour fixer des règles relatives à des limites d'âge.[225]

3. Rupture du contrat de travail

a. Limites d'âge pour la mise à la retraite d'office

aa. Dispositions légales générales

Depuis la réforme de grande ampleur de 1987[226], le concept de mise à la retraite est inscrit dans le droit du travail français comme forme particulière de rupture du contrat de travail, distincte du licenciement. D'après les règles qui s'y rapportent, il est en principe possible de mettre un salarié à la retraite dès lors qu'il a atteint l'âge de 65 ans.[227]

---

224 Avocate générale Sharpston, conclusions du 22 mai 2008 – affaire C-427/06, point 121 (Bartsch).

225 Sur ce point, voir supra : C.II.2.a.aa.(2)(a).

226 Pour plus de détails sur ce point, voir supra : B.II.1.a.bb.

227 Art. L 1237-5 al. 1 C. trav., en combinaison avec l' art. L.351-8 al. 1 point 1, art. R.351-27 I point 1 CSS.

Une mise à la retraite d'office n'est cependant possible dans l'état actuel du droit que si le salarié a atteint l'âge de 70 ans.[228]

(1) Limites d'âge comme inégalités de traitement fondées sur l'âge directes

Dans la mesure où la mise à la retraite d'office prive le salarié, au seul motif de son âge, de la possibilité de conserver son emploi, les salariés ayant atteint l'âge de 70 ans sont victimes d'une inégalité de traitement directe.

L'objection selon laquelle le passage à la retraite serait la plupart du temps ressenti comme un privilège[229] ne tient pas. La mise à la retraite d'office a une incidence directe sur la durée du contrat de travail et – plus généralement – de l'exercice d'une activité professionnelle par le salarié concerné, puisqu'elle l'empêche en pratique de prendre part plus longtemps à la vie active.[230] De ce point de vue, la mise à la retraite d'office représente une atteinte au droit au travail et au libre choix d'une profession de l'individu, qui – en particulier dans les sources de droit internationales et européennes – ne visent pas uniquement à assurer la subsistance mais recouvrent également la protection de l'épanouissement personnel à travers l'exercice d'une activité professionnelle.[231]

---

228 Voir art. L 1237-5 al. 1, 7 à 9 C. trav. en combinaison avec l'art. D 1237-2-1 C. trav. Ils prévoient que l'employeur doit demander par écrit à l'employé, trois mois avant qu'il atteigne l'âge de 65 ans, s'il a l'intention de prendre sa retraite à brève échéance. Si le salarié ne répond pas dans un délai d'un mois ou s'il affirme avoir cette intention, l'employeur peut le mettre à la retraite. Dans le cas contraire, la mise à la retraite n'est pas légale. La même procédure doit être respectée durant les quatre années suivantes. Cette règle a été introduite dans le droit français par la Loi de financement de la sécurité sociale pour 2009 (art. 90) et a conduit à relever l'âge minimal pour la mise à la retraite d'office, passé de 65 à 70 ans.

229 Voir les conclusions de l'avocat général Mazák du 15 février 2007 – affaire C-411/05 point 69 (Palacios de la Villa).

230 CJUE, 16 octobre 2007 – affaire C-411/05 point 45 (Palacios de la Villa).

231 Voir Waltermann, ZfA 2006, p. 305 (324).

Un désavantage lié à l'âge n'est pas non plus exclu du fait du caractère particulier de ce critère, qui est de progresser dans le temps. L'argument selon lequel les personnes qui arrivent au seuil fixé pour la mise à la retraite auraient elles-mêmes été jeunes un jour et auraient bénéficié d'opportunités d'emploi ou de promotions grâce à ces mêmes règles de limite d'âge dans leurs jeunes années ne tient pas. La règle fixant un âge pour la mise à la retraite d'office fait perdre aux seniors un statut juridique acquis, dont la conservation bénéficierait plus tard aussi aux jeunes salariés, lorsqu'ils auront atteint l'âge en question.[232] Seul compte le désavantage existant ici et maintenant.

(2) Applicabilité de la directive 2000/78/CE

D'après la jurisprudence actuelle de la CJUE, les règles nationales relatives à l'âge limite pour la mise à la retraite (d'office) tombent dans le champ d'application de la directive 2000/78/CE.[233]

Ce point a longtemps été contesté du fait du libellé du considérant 14 de la directive. En effet, aux termes de ce dernier, la directive ne concerne pas les dispositions nationales fixant un âge limite pour le départ à la retraite. Dans l'affaire *Palacios*, l'avocat général de la CJUE, *Mazák*, tira donc la conclusion que les règles fixant un âge limite pour la mise à la retraite d'office n'étaient pas soumises à la directive 2000/78/CE. Son argument principal était que le champ d'application de la directive, en particulier en ce qui concerne l'interdiction de la discrimination fondée sur l'âge et le concept de conditions de licenciement[234] tombant dans le domaine de protection matériel de la directive, devait être considéré comme étroit.[235]

Mais la CJUE n'a précisément pas suivi cet avis dans cette affaire. D'après la CJUE, le considérant 14 pose simplement que la directive n'affecte pas la compétence des Etats membres pour la

232 Voir Waltermann, ZfA 2006, p. 305 (324).

233 CJUE, 16 octobre 2007 – affaire C-411/05 point 42 et suivants (Palacios de la Villa).

234 Art. 3 par. 1 point c) de la directive 2000/78/EG.

235 Voir les conclusions de l'avocat général Mazák du 15 février 2007 – affaire C-411/05 point 57 et suivants (Palacios de la Villa).

détermination de l'âge à partir duquel sont ouverts les droits à pension de retraite. Cette disposition ne s'oppose donc pas à ce que la directive s'applique à des mesures nationales relatives aux conditions de cessation d'un contrat de travail, lorsque le salarié atteint l'âge de la retraite ainsi déterminé.[236] La CJUE ne déduit donc pas du considérant 14 une quelconque limitation du champ d'application de la directive. Elle souligne au contraire que les mises à la retraite d'office affectent la durée du contrat de travail et partant de l'exercice d'une activité professionnelle par le salarié concerné et doivent donc être qualifiées de conditions de licenciement au sens de l'article 3, paragraphe 1 point c) de la directive.[237] La CJUE fonde son interprétation sur le titre et l'objectif de la directive 2000/78/CE, ainsi que sur ses autres considérants et dispositions, qui viseraient tous à garantir à tous les citoyens une protection contre la discrimination en matière d'emploi et de travail fondée sur les motifs prohibés – dont l'âge.[238] La CJUE aurait en outre pu avancer l'argument logique suivant : le considérant 13 fait explicitement référence aux systèmes de protection sociale des Etats membres, ce qui laisse présumer que le considérant 14, qui le suit immédiatement, doit lui aussi être compris comme faisant référence au droit de la protection sociale.[239]

Par cette prise de position, la CJUE suit la jurisprudence qui est la sienne dans le domaine de la discrimination fondée sur l'âge, dans le cadre de laquelle elle avait décidé, dans un contexte semblable, que la cessation d'un contrat de travail au motif de l'âge relève des conditions de licenciement.[240]

Dans sa décision sur l'affaire *Age Concern England*, la CJUE a confirmé sa jurisprudence *Palacios*, au sens où elle a considéré qu'une

---

236 CJUE, 16 octobre 2007 – affaire C-411/05 point 44 (Palacios de la Villa).

237 CJUE, 16 octobre 2007 – affaire C-411/05 point 45 et suivant (Palacios de la Villa).

238 CJUE, 16 octobre 2007 – affaire C-411/05 point 42 (Palacios de la Villa).

239 Sagan défend le même point de vue : EuZW 2007, p. 765.

240 Voir en particulier : CJUE, 26 février 1986 – affaire 262/84, Rec. 1986, 773, point 34 (Vera Mia Beets-Proper) ; CJUE, 26 février 1986 – affaire 152/84, point 32 (Marshall).

règle non contraignante – à la différence de celle en cause dans l'affaire *Palacios* – fixant un âge pour la mise à la retraite tombait dans le champ d'application de la directive 2000/78/CE et a interprété le considérant 14 de manière étroite.[241]

(3) Justification conforme aux exigences de la directive 2000/78/CE

Maintenant que la CJUE, dans sa décision *Palacios*, a pris position explicitement sur le fait qu'une limite d'âge générale prévue par le droit espagnol était justifiée du point de vue du droit de l'Union, on peut présupposer, sur la base des mêmes réflexions, la conformité au droit de l'Union de la limite d'âge générale inscrite dans le droit français qui nous occupe.

(a) La promotion de l'emploi : un objectif légitime

Le paragraphe premier de l'article L 1237 du Code du travail ne contient pas de référence à un objectif précis, mais ceci n'est pas obligatoire d'après la jurisprudence de la CJUE pour qu'une règle nationale soit considérée comme justifiée au sens de l'article 6, paragraphe 1 de la directive 2000/78/CE. La CJUE considère bien plutôt qu'il suffit, pour qu'on admette l'existence d'un objectif légitime, que ce dernier puisse être déduit du contexte général dans lequel la mesure en question a été prise.[242]

La mise à la retraite comme mode de cessation du contrat de travail a été introduite dans le droit français en 1987.[243] La loi portant réforme des retraites du 21 août 2003 a modifié cette règle en ceci que les salariés ne pouvaient plus être mis à la retraite d'office dès l'âge de 60 ans, mais seulement à partir de 65 ans.[244] La Loi de financement de

241 CJUE, 5 mars 2009 – affaire C-388/07, point 23 et suivants (Age Concern England).

242 CJUE, 16 octobre 2007 – affaire C-411/05, point 56 et suivant (Palacios de la Villa).

243 Voir supra : B.II.1.a.bb.

244 Ex-art. L 122-14-13 al. 3 C. trav., en lien avec l'art. L 351-8 al. 1 point 1, R 351-27 al. 1 point 1 CSS dans sa version introduite par la Loi portant réforme des retraites.

la sécurité sociale pour 2009 introduisit une nouvelle modification, en relevant l'âge légal de la mise à la retraite d'office, qui passa à 70 ans.

Dans la mesure où l'introduction de la mise à la retraite comme nouveau mode de cessation d'un contrat de travail date de 1987, époque à laquelle le taux de chômage était déjà relativement élevé en France[245], on ne peut pas sérieusement mettre en doute le fait que le législateur français souhaitait promouvoir les embauches par cette mesure.

Cette hypothèse est par ailleurs conforme aux arguments avancés par la CJUE dans l'affaire *Palacios*, dans laquelle la CJUE a reconnu que des mesures nationales relatives à la fixation d'un âge limite pour la mise à la retraite peuvent avoir pour but de favoriser l'emploi.[246]

La légitimité d'un tel objectif se déduit non seulement de l'article 6, paragraphe 1 de la directive 2000/78/CE, qui se réfère expressément à des objectifs de la politique de l'emploi et du marché du travail, mais aussi de l'article 2, paragraphe 1, premier tiret du TUE et de l'article 2 du TCE. En effet, la promotion d'un niveau d'emploi élevé y apparaît comme un des objectifs poursuivis tant par l'Union que par la communauté européennes. De plus, la CJUE avait déjà reconnu, dans des décisions antérieures, que la promotion des embauches était un objectif légitime de la politique sociale et de la politique de l'emploi des Etats membres.[247]

(b) Proportionnalité

Pour ce qui est de la proportionnalité de la limite d'âge générale, la large marge d'appréciation que la CJUE a accordé au législateur national dans sa décision *Palacios*, en particulier pour la détermination de limites d'âge, vaut pleinement. D'après cette jurisprudence, la limite d'âge générale prévue par le droit français devrait être considérée comme nécessaire dès lors qu'elle ne semble

245 Le taux de chômage général s'élevait à 11,3 % (Source : INSEE).

246 CJUE, 16 octobre 2007 – affaire C-411/05, point 58 et suivants (Palacios de la Villa).

247 Voir supra : C.II.1.a.cc.

pas déraisonnable pour atteindre l'objectif qu'elle poursuit, à savoir la promotion des embauches. C'est précisément ce qu'a admis la CJUE, sans examen plus approfondi, dans l'affaire *Palacios*, à propos de la limite d'âge fixée par le droit espagnol pour la mise à la retraite à l'origine du litige. Il ne peut donc en aller autrement pour la règle sur la limite d'âge du droit français, d'autant plus que l'état du marché du travail national au moment de l'introduction dans le droit français de la mise à la retraite comme mode de cessation du contrat de travail, en 1987, était déjà préoccupant. En outre, même si la mise à la retraite n'entraîne pas l'embauche d'une personne jusque-là en recherche d'emploi mais que le poste devenu vacant est occupé par un salarié déjà présent dans l'entreprise, le marché du travail se trouve quand même soulagé, du fait que ce salarié ne se retrouvera pas au chômage.[248]

Dans sa décision Palacios, la CJUE n'aborde pas la question de savoir s'il faut nier le caractère nécessaire des règles sur la limite d'âge strictes, au motif que des règles individuelles, propres à un emploi donné ou flexibles seraient envisageables. Ses explications laissent cependant penser que cet aspect précis relève de la large marge d'appréciation du législateur national.

Le fait que d'après le droit français, un salarié puisse faire valoir ses droits à une pension de retraite à taux plein au plus tard à partir de 65 ans plaide également en faveur de la proportionnalité de la règle sur l'âge limite du point de vue du droit de l'Union[249], puisque la CJUE fait dépendre le caractère approprié des limites d'âge générales du fait que le salarié mis à la retraite soit mis à l'abri des difficultés économiques par le versement d'une pension de retraite.[250] La règle de droit français respecte bien ce principe.

---

248 Le Tribunal fédéral du travail allemand (BAG) va dans le même sens : 18 juin 2008 – 7 AZR 116/07 – NZA 2008, p. 1302 (1306), à propos d'une limite d'âge fixée dans une convention collective de droit allemand.

249 Art. L 351-8 al. 1 point 1 en combinaison avec l'art. R 351-27 I point 1 CSS ; dans le même ordre d'idées : Cavallini, JCP S 2008 N° 10, p. 29 (30).

250 Voir supra : C.II.1.a.bb.(2)(b).

bb. Age limite de la retraite dans la fonction publique

(1) Age limite général de 65 ans

Dans la fonction publique, le droit français prévoit un âge maximal pour le départ à la retraite, fixé à 65 ans.[251]

Pour juger de la conformité de cette inégalité de traitement fondée sur l'âge directe, il faut avant tout examiner si elle peut être justifiée au titre de l'article 6, paragraphe 1 de la directive 2000/78/CE.

(a) Un effet positif global sur le marché du travail n'est pas un motif objectif pouvant servir de justification

Dans sa décision *Palacios*, la CJUE a reconnu que les limites d'âge pour le départ à la retraite servent à promouvoir l'emploi et à favoriser les embauches et constituent en tant que telles des mesures destinées à atteindre un objectif légitime de la politique de l'emploi et de la politique sociale nationales.[252] On ne peut cependant pas déduire des développements de la CJUE qu'un tel objectif doit être admis de manière générale pour toutes les règles relatives à des limites d'âge pour la mise à la retraite d'office adoptées par le législateur national.

La limite d'âge pour le départ à la retraite en vigueur dans la fonction publique française a à l'heure actuelle pour objectif premier de réduire le nombre de fonctionnaires pour faire des économies budgétaires. Des économies très importantes devaient ainsi être réalisées, d'après l'objectif déclaré du président Sarkozy, avant 2011, entre autres grâce au non-remplacement d'un fonctionnaire sur deux partis à la retraite.[253]

---

251 Art. 1 al. 1 Loi n°84-834 relative à la limite d'âge dans la fonction publique et le secteur public du 13 septembre 1984, JO du 14 septembre 1984, p. 2904, ci-après dénommée : Loi relative à la limite d'âge dans la fonction publique et le secteur public.

252 CJUE, 16 octobre 2007 – affaire C-411/05, point 58 et suivants (Palacios de la Villa).

253 Voir : Rapport présenté par Eric Woerth, ministre du Budget, des Comptes publics et de la Fonction publique, rapporteur général de la Révision générale des politiques publiques (RGPP), du 4 avril 2008.

De ce fait, l'aspect de promotion des embauches apparaît ici sous un autre jour que dans le cas de la limite d'âge générale pour la mise à la retraite d'office. Alors que dans ce dernier cas, les circonstances font voir que le législateur national visait uniquement, en fixant une limite d'âge générale, à favoriser l'emploi, on ne peut parler, pour les embauches réalisées dans une certaine mesure grâce à la limite d'âge en vigueur dans la fonction publique, que d'un effet positif global sur le marché du travail. Or la référence à un tel effet n'est justement pas suffisante pour qu'on puisse admettre un objectif légitime au sens du droit de l'Union. Il n'existe pas de lien suffisamment concret entre le départ des salariés âgés mis à la retraite et l'embauche de personnes plus jeunes.[254] C'est pourquoi la précision apportée par la CJUE dans l'affaire *Age Concern England* à propos de la licéité des mesures nationales liées à l'âge est d'une grande importance ici. Des postulats généraux ne suffisent pas à faire admettre qu'une mesure est adaptée pour atteindre un objectif légitime.[255]

(b) Portée des intérêts budgétaires

Les intérêts budgétaires qui prévalent, du moins temporairement, en France, et auxquels répondent les limites d'âge, puisqu'elles permettent de réduire le nombre de fonctionnaires et de limiter les dépenses publiques ne constituent pas un objectif propre à justifier des inégalités de traitement fondées sur l'âge. La CJUE en a déjà jugé ainsi dans des cas de discrimination indirecte.[256] Pour les inégalités de traitement fondées sur l'âge directes, qui tombent sous le coup de l'article 6, paragraphe 1 de la directive 2000/78/CE, des considérations budgétaires ne sont a fortiori pas susceptibles de servir de justification, puisque les conditions posées dans ce cas sont encore plus strictes. Dans sa décision *Palacios*, la CJUE mentionne certes, lorsqu'elle évoque la large marge d'appréciation des Etats membres,

---

254 Voir également Roetteken, ZTR 2008, p. 350 (354).

255 Voir supra : C.II.1.a.bb.(3).

256 CJUE, 10 mars 2005 – affaire C-196/02, Rec. 2005, I-1789 point 53 (Nikoloudi) ; CJUE, 23 octobre 2003 – affaires conjointes C-4/02 et C-5/02, Rec. 2003, I-12575 point 85 (Schönheit et Becker).

les considérations budgétaires, qu'elle qualifie d'enjeux importants. Mais elle n'estime devoir les prendre en compte que relativement au choix des moyens destinés à atteindre un objectif légitime défini sur la base d'autres critères.[257]

(c) D'autres objectifs de la règle ne peuvent servir de justification

On ne peut envisager de justifier la règle sur la limite d'âge en avançant qu'elle serait nécessaire pour assurer un équilibre entre les générations au sein du personnel. Certes, une représentation équilibrée des classes d'âge a une certaine importance, puisqu'elle permet de mener une politique de ressources humaines fluide et d'éviter de devoir procéder à des recrutements exceptionnels. Cependant, un objectif suffisamment concret de la règle fait défaut, car le concept d'équilibre entre les générations ne se laisse pas définir sur la base de critères objectifs.[258] Cette définition dépend au contraire des objectifs poursuivis par un employeur ou une administration donnés, lesquels peuvent changer et se dérobent donc à toute évaluation objective.[259]

En outre, un tel intérêt ne saurait être reconnu comme légitime que si une répartition déséquilibrée entre les classes d'âge n'était pas tenable. Or cela ne peut raisonnablement être admis que si l'enjeu est la transmission continue d'un savoir-faire, ce qui n'est en règle générale stratégique que pour les postes de spécialistes ou les fonctions de direction. Pour tous les autres postes, après une courte période de formation, le recours à l'expérience des salariés les plus âgés ne sera rapidement plus nécessaire. Il serait donc sans conséquence que des salariés âgés appartenant tous à la même tranche d'âge partent presque en même temps ou que, dans le cadre d'une procédure de recrutement exceptionnelle, plusieurs jeunes soient embauchés au même moment.[260]

257 CJUE, 16 octobre 2007 - affaire C-411/05 point 69 (Palacios de la Villa).

258 Voir les arguments convaincants du tribunal administratif de Francfort, 21 avril 2008 – n° de dossier 9 E 3856/07 ;voir aussi Hahn, Altersdiskriminierung, p. 175.

259 Tribunal administratif de Francfort, 21 avril 2008 – n° de dossier 9 E 3856/07.

260 Dans le même ordre d'idées, voir : Franke, NZA 1991, p. 972 (973).

En outre, il n'est pas certain qu'on puisse qualifier le souci de garantir un équilibre entre les classes d'âge d'objectif relevant de l'intérêt général, seul à même de justifier des discriminations fondées sur l'âge aux termes de l'article 6, paragraphe 1 de la directive 2000/78/CE. Il faut rejeter cette hypothèse, puisque nous avons ici affaire avant tout à des intérêts propres à l'employeur (public).

La volonté d'offrir des possibilités d'avancement aux plus jeunes grâce au départ des salariés les plus âgés ne peut guère justifier davantage l'inégalité de traitement directe. Un tel objectif contient déjà un jugement de valeur établissant une distinction entre les travailleurs jeunes et les travailleurs âgés et constitue une inégalité de traitement incompatible avec l'interdiction de la discrimination fondée sur l'âge.[261] Les emplois sont redistribués au détriment des seuls salariés âgés.

L'intérêt de l'employeur à pouvoir planifier ses embauches et assurer la relève de manière appropriée et anticipée ne peut pas être considéré comme un objectif légitime propre à justifier l'inégalité de traitement fondée sur l'âge qu'engendre la règle sur la limite d'âge. Certes, il pourrait s'agir ici d'un objectif d'intérêt général, comme le laisse penser le fait qu'il est de l'intérêt du système économique en général que des personnes jeunes en recherche d'emploi soient embauchées et qu'elles apportent de nouveaux savoir-faire dans l'entreprise. Mais un tel besoin ne peut là encore être jugé légitime que pour des postes de direction ou des postes très spécialisés.[262] Un intérêt général à pouvoir planifier les embauches et assurer la relève pour tous les postes à pourvoir ne remplit pas les conditions posées par l'article 6, paragraphe 1 de la directive 2000/78/CE pour qu'un objectif soit qualifié de légitime.

En dernière analyse, la limite d'âge pour le départ à la retraite en vigueur dans tout le secteur public ne répond pas à un objectif légitime susceptible de justifier l'inégalité de traitement fondée sur l'âge qu'elle entraîne. On ne peut déduire un tel objectif de la règle elle-

261 Voir Roetteken, ZTR 2008, p. 350 (354).
262 Voir Franke, NZA 1991, p. 972 (973).

même. Quant aux considérations extérieures à la règle, elles ne correspondent pas à une stratégie globale de la politique de l'emploi ni à un objectif qui pourrait prétendre à une valeur générale.

(2) Limites d'âge particulières[263]

Le droit français prévoit pour certains postes de la haute fonction publique, tel celui de vice-président du Conseil d'Etat, de premier président de la Cour des comptes et d'avocat général près la Cour des comptes une limite d'âge particulière, fixée à 68 ans.[264]

Même si cette limite d'âge est supérieure à celle en vigueur dans le reste de la fonction publique, elle crée cependant une inégalité de traitement liée à l'âge directe, puisque les titulaires de ces postes sont privés de la possibilité de continuer à exercer leur profession au-delà de la limite d'âge prévue, au seul motif de leur âge. On peut cependant supposer que cette inégalité de traitement liée à l'âge est compatible avec l'interdiction de la discrimination en raison de l'âge inscrite dans le droit de l'Union. Si on se base sur la jurisprudence actuelle de la CJUE, on constate que les conditions nécessaires à sa justification au sens de l'article 6, paragraphe 1 de la directive 2000/78/CE sont réunies.

On peut en effet voir un objectif d'intérêt général dans le fait que les fonctions en question comportent de lourdes responsabilités et que la limite d'âge vise à garantir leur bon exercice et par conséquent à protéger les tiers qui ont affaire à ces services.[265]

Compte tenu du critère souple retenu par la jurisprudence *Palacios*, la proportionnalité de cette limite d'âge est également acquise. Les décisions du Conseil d'Etat et de la Cour des comptes ont une fonction d'orientation. C'est pourquoi il est crucial que les postes

263 Voir, sur cette question des limites d'âge particulières l'arrêt récent de la CJUE, 12 janvier 2010, affaire C-341/08, non encore publié au recueil officiel = EuZW 2010, p. 137 (Petersen).

264 Art. 1 al. 2 Loi relative à la limite d'âge dans la fonction publique et le secteur public.

265 Voir, sur l'objectif légitime consistant à garantir la sécurité des tiers : Thüsing, Arbeitsrechtlicher Diskriminierungsschutz, point 426.

clés de ces institutions soient occupés par des personnes disposant de toutes leurs facultés intellectuelles. Certes, le postulat général selon lequel les capacités diminuent à partir d'un certain âge n'est pas recevable. Mais c'est un fait connu qu'aujourd'hui encore, le risque d'une diminution des capacités croît en règle générale avec l'âge.[266] Fixer un âge limite précis pour garantir que ces fonctions seront correctement remplies ne semble à tout le moins pas déraisonnable compte tenu de cette donnée. Comme les anciens titulaires de ces postes mis à la retraite peuvent subvenir à leurs besoins grâce au versement d'une pension, les limites d'âge particulières en question doivent également être tenues pour appropriées. Du reste, à l'appui de cette hypothèse, on peut ajouter que pour ces postes, les règles de droit prévoient la possibilité de rester en fonction pendant une période transitoire.[267]

cc. Limites d'âges dans les régimes spéciaux de retraite

En vertu des dispositions prévues par les statuts de la SNCF, de la RATP et d'EDF-GDF, les salariés de ces entreprises publiques étaient, jusqu'à une date récente, mis à la retraite d'office, dès qu'ils avaient atteint un âge donné – inférieur à celui fixé par les limites d'âge légales générales.[268] Suite à la réforme de grande ampleur des régimes spéciaux de retraite survenue en 2008, l'application des clauses qui permettaient une mise à la retraite d'office à partir d'un certain âge fut supprimée.[269] Le but était de donner aux employés qui le souhaitaient

---

266 Voir par exemple BAG, 27 novembre 2002 – 7 AZR 655/01 - AP n° 22 sur le § 620 BGB (code civil allemand) Altersgrenze.

267 Voir art. 7 al. 2 Loi relative à la limite d'âge dans la fonction publique et le secteur public.

268 Les employés des entreprises publiques concernées ne pouvaient pas se réclamer des prescriptions générales du Code du travail en raison du régime de retraite particulier qui leur était appliqué. Voir Cass. soc., 21 juin 1995, Bull. civ. V, n° 204 (pour les employés d'EDF-GDF).

269 Voir : Conseil d'Orientation des Retraites, Les mesures d'accompagnement de la réforme prises à la SNCF, p. 3 (www.cor-retraites.fr/IMG/pdf/doc-1088.pdf) ; Conseil d'Orientation des Retraites, Les mesures d'accompagnement de la réforme prises à la RATP (www.cor-retraites.fr/IMG/pdf/doc-1089.pdf) ;

la possibilité de continuer à travailler au-delà de la limite d'âge prévue. Ce changement était motivé essentiellement par le souci de mettre fin au caractère potentiellement discriminatoire de ces règles.

Et en effet, il faut admettre qu'une inégalité de traitement fondée sur l'âge telle que celle qui existait avant la réforme n'était pas compatible avec les prescriptions de la directive 2000/78/CE.

Les régimes spéciaux ont pour la plupart été créés au cours du XIXème siècle, dans le but de prendre en compte la pénibilité et la dangerosité particulières de certaines activités professionnelles.[270] Mais un objectif de ce type ne saurait servir de justification aux règles sur la limite d'âge en question car il a de nos jours perdu de sa nécessité pour les employés des entreprises publiques concernées. L'idée selon laquelle tous les employés de ces entreprises exerceraient une activité professionnelle particulièrement pénible ou dangereuse est dépourvue de tout fondement.

Par ailleurs, il n'apparaît pas que les limites d'âge aient poursuivi un but propre à justifier l'inégalité de traitement fondée sur l'âge directe. Il ne suffit pas de faire valoir que, dans une certaine mesure, le départ des salariés les plus âgés entraîne généralement de nouvelles embauches pour qu'on admette qu'il existe un objectif légitime de promotion de l'emploi. Dans ce cas de figure, on ne peut parler que d'un effet globalement positif sur le marché de l'emploi.

dd. Limites d'âge fixées par les conventions collectives

La Loi portant réforme des retraites du 21 août 2003 (art. 16) prévoyait que dans le cadre des conventions collectives de branche, les partenaires sociaux pouvaient décider d'une mise à la retraite d'office à partir d'un certain âge, situé entre 60 et 65 ans. Ce type de clauses n'était cependant autorisé qu'à la double condition qu'au moment du départ à la retraite, le salarié puisse faire valoir ses droits à une retraite à taux plein et que la convention collective prévoie des contreparties

---

Communication Conseil des Ministres du 11 octobre 2007, La réforme des régimes spéciaux de retraite.

270 Voir Le Monde du 12 septembre 2007, Les régimes spéciaux de retraite en suspens.

en termes d'emploi et de formation professionnelle.[271] La possibilité de conclure des accords sur de telles clauses fut supprimée par la Loi n°2006-1640 de financement de la sécurité sociale pour 2007[272] du 22 décembre 2006 (art. 106). Les conventions collectives passées avant le 22 décembre 2006 et étendues par la suite qui prévoyaient de telles règles conservaient cependant leurs effets jusqu'au 31 décembre 2009.[273]

Les règles relatives aux limites d'âge restées en vigueur pendant la période de transition doivent être considérées comme licites du point de vue du droit de l'Union si on s'appuie sur la jurisprudence *Palacios*.

Comme il ressort en effet de cette jurisprudence, la CJUE octroie aussi aux partenaires sociaux une large marge d'appréciation dans le domaine de la politique du travail et de la politique sociale. Les règles sur les limites d'âge sont conformes au critère de justification souple qui en découle, puisqu'elles ne semblent à tout le moins pas déraisonnables au vu de l'objectif de promotion de l'emploi. Le fait que ces règles doivent nécessairement être associées à des contreparties en termes d'emploi, (par exemple, la garantie qu'il sera procédé à de nouvelles embauches), suffit déjà à asseoir cette conformité. En outre, les salariés mis à la retraite sont mis à l'abri des difficultés financières, puisqu'ils touchent une pension de retraite en vertu des dispositions afférentes. Ceci laisse penser, au vu des éléments exposés par la CJUE dans l'affaire *Palacios*, que les règles en question doivent également être considérées comme appropriées.[274]

---

271 Ex art. L 122-14-13 al. 3 C. trav., dans sa version créée par la Loi portant réforme des retraites.

272 JO du 22 décembre 2006, p. 19315, ci-après dénommée : Loi de financement de la sécurité sociale pour 2007.

273 Art. L 1237-5-1 al. 2 C. trav.

274 A propos des limites d'âge fixées par des conventions collectives, voir l'arrêt récent de la CJUE du 12 octobre 2010 – affaire C-45/09, non encore publié au recueil officiel = NZA 2010, p. 1167 (Rosenbladt).

ee. Limites d'âge dans les contrats individuels

Dans sa décision *Palacios*, la CJUE n'a pas pris position sur la question de savoir si les limites d'âge prévues par des contrats individuels sont conformes au droit de l'Union. Compte tenu du fait que la CJUE ne reconnaît explicitement une large marge d'appréciation dans le domaine de la politique de l'emploi et de la politique sociale qu'au législateur national et aux partenaires sociaux[275], on doit supposer que les contrats individuels sont dans tous les cas soumis à un contrôle de légalité plus strict. Le critère de justification souple de la jurisprudence *Palacios* ne s'applique pas ici.[276] Il en va de même si le contrat individuel se réfère à une limite d'âge fixée par une convention collective,[277]car même dans ce cas, l'intégration de la limite d'âge en question n'est pas fondée sur la convention collective mais sur l'accord entre les parties au contrat de travail. C'est donc le critère applicable aux contrats individuels qui doit s'appliquer ici.

Pour juger du caractère approprié d'une limite d'âge donnée, le point décisif sera ici encore de savoir si le salarié pourra subvenir à ses besoins grâce au versement d'une pension de retraite.

b. Limites d'âge propres à une profession

Le droit français prévoit des limites d'âge particulières dans le secteur de l'aviation civile pour les pilotes et copilotes (60 ans[278]) ainsi que pour le personnel de bord (55 ans[279]). Les membres du personnel de bord (hôtesses de l'air et stewards) ont cependant la possibilité, depuis le 1er janvier 2009, après que la Loi de financement de la sécurité sociale pour 2009 (art.92) a modifié cette disposition, de continuer à exercer leur activité dans les mêmes conditions jusqu'à l'âge de 65 ans s'ils en font la demande tous les ans à partir de 55 ans et s'ils

275 CJUE, 16 octobre 2007 - affaire C-411/05 point 68 (Palacios de la Villa).
276 Voir supra : C.II.2.a.aa.(2)(a).
277 Sagan est manifestement d'un avis contraire, EuZW 2007, p. 765 (767).
278 Art. L.421-9 I Code de l'aviation civile.
279 Art. L.421-9 III Code de l'aviation civile.

remplissent certaines conditions physiques et psychiques.[280] Une règle identique est entrée en vigueur pour les pilotes au 1er janvier 2010, dans le cadre d'un nouvel article L 421-9 II al.1 du Code de l'aviation civile.[281] Les pilotes peuvent désormais continuer eux aussi à exercer leur activité professionnelle jusqu'à l'âge de 65 ans s'ils en font la demande, à condition de disposer de certaines capacités physiques et psychiques et uniquement sur des vols pour lesquels plusieurs pilotes sont présents dans le cockpit, les autres pilotes devant tous être âgés de moins de 60 ans.

aa. Limites d'âge pour les pilotes

En Allemagne, les avis sont partagés sur la question de savoir si des règles de limites d'âge pour les pilotes de ligne, qui existent aussi dans des conventions collectives de droit allemand, sont compatibles avec les exigences de la directive 2000/78/CE. Pour répondre à cette question de la licéité au regard du droit de l'Union, les auteurs allemands convoquent majoritairement les dispositions de la directive inscrites à l'article 4, par. 1 ou encore celles du § 8 al.1 AGG, la loi de transposition allemande, car elles prévoient que des limites d'âge propres à une profession peuvent être justifiées si elles constituent « une exigence professionnelle essentielle et déterminante ».[282] Relativement à la directive 2000/78/CE, seule la compatibilité avec la disposition relative à la justification inscrite à l'article 6, paragraphe 1 et élaborée spécialement pour le critère de l'âge importe, puisque cette dernière est plus précise que celle de l'article 4, paragraphe 1 (sur les faits pouvant servir de justification) et que celle de l'article 7.[283]

280 Art. L 421-9 IV Code de l'aviation civile.

281 Voir Art. 91 II Loi de financement de la sécurité sociale pour 2009.

282 Voir Temming, NZA 2007, p. 1193 (1199).

283 Voir supra : A.I.2.d.aa.

(1) Prévention d'un risque comme objectif pouvant justifier une inégalité de traitement

Le tribunal fédéral du travail allemand (BAG) a toujours considéré les réglementations sur les limites d'âge appliquées spécifiquement aux pilotes comme licites, dans la mesure où elles s'appuient sur des données médicales empiriques, qui montrent que les pilotes et copilotes seraient plus exposés que la moyenne des travailleurs à une pression psychique et physique, dont la conséquence serait un plus grand risque de défaillances et de mauvaises réactions inattendues liées à l'âge.[284] D'après la jurisprudence du BAG, les limites d'âge pour les pilotes de l'aviation civile permettraient dans ces conditions le bon exercice de leur activité professionnelle et serviraient en outre à assurer la protection de la vie et de la santé des membres de l'équipage et des passagers.[285] Un même souci d'assurer la sécurité motive les limites d'âge imposées aux pilotes de ligne par le droit français.

Cependant, en Allemagne, la légitimité d'un tel objectif est parfois mise en doute dans les débats entre juristes à propos du seuil de 60 ans, au motif principal qu'il ne serait pas prouvé empiriquement de manière évidente que les risques potentiellement encourus sont plus élevés si le pilote aux commandes a plus de 60 ans. [286] Une règlementation qui partirait du principe que le risque augmente à partir de la 60ème année, sans qu'un tel risque lié à l'âge soit concrètement démontré d'un point de vue médical – en particulier pour le salarié concerné – serait illicite pour cette seule raison, sans qu'il soit besoin d'avancer d'autres arguments.[287]

---

284 BAG, 27 novembre 2002 – 7 AZR 655/01.

285 BAG, 27 novembre 2002 – 7 AZR 655/01.

286 Pour d'autres références, voir : Brors, in : Däubler/Bertzbach, Allgemeines Gleichbehandlungsgesetz, point 89 sur le § 10 AGG, qui envisage cependant longuement la possible licéité des limites d'âge pour les pilotes en vertu du § 8 AGG – la disposition transposant l'art. 4, par. 1 de la directive 2000/78/CE dans le droit allemand.

287 Voir Brors, in : Däubler/Bertzbach, Allgemeines Gleichbehandlungsgesetz, point 89 sur le § 10.

De fait, il n'y pas de consensus au sein de la recherche médicale et technique menée dans le domaine du transport aérien pour affirmer que faire appel à des pilotes de plus de 60 ans entraîne un plus grand risque en raison des défaillances et des mauvaises réactions inattendues liées à l'âge.[288]

Ceci ne remet cependant pas en question la légitimité du but poursuivi par les règles relatives aux limites d'âge, puisque le législateur national doit se voir reconnaître une certaine marge d'appréciation lorsqu'il s'agit d'assurer la sécurité physique des personnes et de protéger leur vie.

La large marge d'appréciation que la CJUE concède de manière générale au législateur national pour la détermination d'un objectif dans le domaine de la politique du travail et de la politique sociale n'entrera cependant pas en jeu ici. On doit en effet supposer que cette marge d'appréciation concerne seulement la liberté dont dispose le législateur pour opérer un choix entre plusieurs objectifs légitimes, et non la question de savoir si un objectif poursuivi par le législateur national peut être jugé légitime.

L'aspect déterminant est bien plutôt que la légitimité de l'objectif poursuivi par la limite d'âge repose précisément sur la *possibilité* de voir augmenter les risques si le pilote est âgé de plus de 60 ans. L'objectif au sens de l'article 6, paragraphe 1 de la directive 2000/78/CE n'est pas d'éviter un risque concret plus élevé, causé par un salarié donné, mais un danger potentiel, créé par l'emploi de pilotes ayant dépassé l'âge de 60 ans.[289] L'expérience commune montre que le risque de voir ses capacités diminuer augmente avec l'âge.[290] En outre, le fait que différentes opinions coexistent sur la question de

---

288 Voir sur ce point : Tribunal du travail du Land de Hesse (LAG Hessen), 15 octobre 2007 – 17 Sa 809/07, non publié.

289 Voir : Tribunal du travail du Land de Hesse (LAG Hessen), 15 octobre 2007 – 17 Sa 809/07.

290 Voir : Tribunal constitutionnel fédéral, 25 novembre 2004 – 1 BvR 2459/04 – AP n° 25 sur le § 620 BGB Altersgrenze (sur une limite d'âge prévue par une convention collective pour les pilotes, comprise comme restriction des conditions d'accès subjective).

savoir si le recours à des pilotes âgés de plus de 60 ans fait courir des risques plus importants, prouve justement qu'on peut en tous les cas admettre l'existence d'un risque potentiel plus élevé.

La légitimité de l'objectif d'éviter un risque potentiellement plus élevé ne peut pas dépendre du fait que la réalité du danger soit démontrée empiriquement, ni du degré de probabilité qu'un événement indésirable se produise. Il ne s'agit pas de renforcer des préjugés traditionnels ni des principes tirés de l'expérience non vérifiables, mais de prévenir le risque propre à une profession de causer des dommages à des tiers.[291] Il faut donc que des règles générales fondées sur des données de l'expérience soient admises.[292]

(2) Proportionnalité

La règle relative à la limite d'âge doit en outre être proportionnée quant à l'objectif d'écarter un danger potentiel. D'après la jurisprudence *Palacios* de la CJUE, les Etats membres disposent d'une large marge d'appréciation pour décider de mesures destinées à atteindre un objectif légitime relevant de la politique de l'emploi et de la politique sociale. Les mesures prises dans le cadre de la politique du marché du travail ou de la politique sociale nationales ne sont par conséquent soumises qu'à un contrôle de proportionnalité limité. On peut supposer que ce critère de proportionnalité souple, qui s'apparente de près à une simple protection contre les décisions arbitraires, s'applique également, suite à la décision *Palacios*, lorsque le législateur national édicte des règles qui ne concernent que les conditions de travail d'un secteur économique donné, comme celui du transport aérien.[293]

La détermination d'un âge maximal précis pour les pilotes doit être considérée comme nécessaire, aux termes de la décision *Palacios*, dès lors qu'elle ne semble pas être un moyen déraisonnable d'écarter un danger potentiel. La limite d'âge maximale propre à une profession

291 Thüsing, Arbeitsrechtlicher Diskriminierungsschutz, point 442.

292 Voir : Tribunal constitutionnel fédéral, 25 novembre 2004 – 1 BvR 2459/04.

293 Voir supra : C.II.1.e.aa.(2).

qui nous occupe est conforme à cette exigence minime, d'autant plus que la nécessité d'une règle sur la limite d'âge stricte serait admise même si un critère de proportionnalité strict était appliqué.

Les réflexions suivantes amènent en effet à cette conclusion : la nécessité de la règle ne serait pas remise en question, même dans le cadre d'un contrôle de proportionnalité strict, dans le cadre duquel on pourrait avancer que le législateur français a adopté une règlementation qui ne tient pas compte des situations individuelles en fixant une limite d'âge de 60 ans pour les pilotes. En effet, au vu de l'objectif final de cette limite d'âge, à savoir, assurer la protection de biens communs de première importance, le législateur national doit pouvoir édicter des règles générales sur la base de données empiriques.[294] C'est pourquoi la règle ne doit pas nécessairement accorder la possibilité à chaque salarié de prouver qu'il jouit encore de toutes ses capacités, ni se limiter à prévoir un examen individuel des capacités de chaque salarié à partir de 60 ans.[295] Une telle règle ne serait pas aussi efficace pour contrer les dangers liés aux défaillances dues à l'âge et donc pour garantir la protection des biens juridiques en jeu.

La possibilité de ne plus faire appel à des pilotes de ligne de plus de 60 ans que lorsque d'autres membres de l'équipage plus jeunes sont présents dans le cockpit n'a pas non plus pour conséquence de faire perdre à la limite d'âge actuellement en vigueur dans le droit français son caractère nécessaire. On peut supposer que si cette possibilité était la règle, elle ne serait pas aussi efficace pour protéger la vie et l'intégrité physique des passagers et de l'équipage qu'une limite d'âge absolue. Certes, la présence de pilotes plus jeunes peut faire diminuer les risques liés au vieillissement. Mais ce risque demeure cependant plus élevé, d'autant plus que la défaillance ou le comportement

294 Le tribunal constitutionnel fédéral allemand avait déjà tranché en ce sens le 25 novembre 2004 – 1 BvR 2459/04.

295 Voir : tribunal constitutionnel fédéral allemand, 25 novembre 2004 – 1 BvR 2459/04.

inadéquat du salarié plus âgé peut provoquer des réactions inadaptées chez les autres membres de l'équipage présents dans le cockpit.[296]

D'après la jurisprudence de la CJUE dans les affaires *Mangold* et *Palacios*, une règle qui se réfère uniquement à l'âge entraîne une atteinte inappropriée aux droits individuels en raison de l'âge. Mais ceci n'annule pas le caractère approprié de la limite d'âge interne à la profession de pilote. Cette jurisprudence porte en effet sur la licéité de mesures qui ne se réfèrent qu'à l'âge civil des personnes concernées, et non à un fait matériel lié à l'âge. Or, la limite d'âge fixée pour les pilotes se fonde explicitement sur la diminution des capacités qui va de pair avec le vieillissement et se réfère donc, via l'objectif d'éviter des défaillances liées à l'âge, à un fait matériel distinct de ce dernier. La jurisprudence de la CJUE que nous avons évoquée n'est donc pas transposable sur ce plan à la limite d'âge qui nous occupe.

Compte tenu de l'importance majeure des biens juridiques en jeu, on ne peut faire dépendre la licéité de la mesure du fait que – indépendamment du fonctionnement effectif du système de retraite des pilotes – la règle relative à la limite d'âge prévoie ou non une prise en charge temporaire pour les pilotes mis à la retraite prématurément, jusqu'à ce qu'ils puissent faire valoir leur droit à une retraite à taux plein. C'est ce que laisse penser le fait que la CJUE fasse certes manifestement dépendre la licéité de limites d'âges générales pour la mise à la retraite d'office du fait que les besoins matériels du salarié soient couverts par le versement d'une pension appropriée, mais qu'elle ne semble pas accorder d'importance majeure au montant individuel de la pension de retraite auquel le salarié concerné a droit au moment de son départ à la retraite. Elle semble au contraire tenir pour suffisant que le salarié mis à la retraite touche une pension de retraite *de type contributif*, dont le montant est déterminé par les dispositions en vigueur dans les différents Etats membres.[297] Ainsi la CJUE n'insiste, dans son arrêt sommaire sur l'affaire *Palacios,* que

296 Voir Tribunal du travail de Francfort, 14 mars 2007 – n° de dossier 6 Ca 7405/06 – BB 2007, p. 1736, sur une limite d'âge prévue par une convention collective de droit allemand.

297 Voir BAG, 18 juin 2008 – 7 AZR 116/07.

sur le fait que le salarié concerné remplisse les conditions posées par le droit de la sécurité sociale pour percevoir une « pension de retraite de type contributif ».[298]

En outre, le fait que le contrat de travail du pilote ne prenne pas nécessairement fin lorsqu'il atteint la limite d'âge de 60 ans plaide en faveur de la proportionnalité de la règle de droit français. En effet, le salarié peut continuer à travailler au-delà de cette limite, s'il accepte un poste au sol. Ce n'est que si l'employeur ne peut pas offrir un poste de ce type ou si le salarié refuse celui qui lui est proposé qu'il est mis fin au contrat de travail.[299]

Une modification de l'état du droit, telle que celle intervenue avec la Loi de financement de la sécurité sociale pour 2009, avec effet au 1er janvier 2010, n'aurait donc pas été nécessaire. La règle sur la limite d'âge était à tous égards conforme au droit de l'Union. Quant à la règle relative à la limite d'âge pour les pilotes entrée en vigueur au 1er janvier 2010, elle doit être considérée, sur la base des mêmes réflexions, comme conforme au droit de l'Union.

bb. Limite d'âge pour le personnel navigant

(1) Décision du Conseil d'Etat du 25 avril 2006

Le Conseil d'Etat dut prendre position, dans sa décision du 25 avril 2006, sur la question de savoir si la limite d'âge absolue de 55 ans, en vigueur dans le droit français jusqu'au 31 décembre 2008 pour le personnel navigant, était compatible avec les exigences de la directive 2000/78/CE.[300]

D'après la jurisprudence du Conseil d'Etat, la limite d'âge en question poursuivait le but légitime de garantir un transport aérien efficace et de protéger les employés.

De plus, le CE jugeait également cette règle de limite d'âge proportionnée au sens de l'article 6, par.1 de la directive 2000/78/CE.

---

298 CJUE, 16 octobre 2007 – affaire C-411/05, arrêt sommaire point 2 (Palacios de la Villa).

299 Art. 91 II al. 3 Loi de financement de la sécurité sociale pour 2009.

300 CE, 25 avril 2006 - N° 278105 (Association «Avenir navigant »).

Elle était nécessaire à ses yeux pour assurer le bon fonctionnement du transport aérien, du fait de la spécificité des tâches confiées aux membres du personnel de bord et des conditions que ces derniers devaient remplir, compte tenu des tâches qui leur incombent. Le simple fait que les pilotes, qui n'exercent pas les mêmes fonctions que le personnel de bord, puissent poursuivre leur activité jusqu'à l'âge de 60 ans, ne changeait rien à la proportionnalité de la limite d'âge stricte de 55 ans. Le CE soulignait par ailleurs que la limite d'âge n'entraînait pas nécessairement la rupture du contrat de travail pour le personnel de bord non plus. Le salarié concerné conservait au contraire une activité au sol, à moins que l'employeur ne soit pas en mesure de lui proposer un tel poste ou que le salarié rejette cette offre.[301]

(2) Prise de position personnelle

La décision du Conseil d'Etat, dont les grandes lignes peuvent être transposées à la nouvelle réglementation sur la limite d'âge en vigueur depuis le 1er janvier 2009, qui a relevé l'âge limite pour le personnel de bord à 65 ans, paraît contestable dans ses arguments et sa conclusion. Il faut, pour commencer, se pencher de plus près sur la question de savoir si l'on peut admettre l'existence d'un objectif légitime.

Le Conseil d'Etat part manifestement du principe que faire appel à des membres du personnel de bord âgés de plus de 55 ans met en péril le bon fonctionnement du transport aérien, du fait des risques de défaillance soudaine et de mauvaises réactions inattendues, qui vont croissant avec l'âge.

Assurer le bon fonctionnement du transport aérien en prévenant les risques liés aux défaillances dues au vieillissement peut effectivement en principe devoir être reconnu comme un objectif légitime d'intérêt général. Mais, comme le souligne le BAG à propos d'une limite d'âge prévue par une convention collective de droit allemand pour le personnel de bord, cela présuppose qu'un risque

301 Art. L 421-9, Code de l'aviation civile (ancienne version).

particulier lié à cette activité professionnelle pèse effectivement sur des biens juridiques de première importance.[302]

Or, ce n'est pas le cas – comme le fait judicieusement observer le BAG – pour l'activité du personnel de bord.[303] Certes, le personnel navigant peut contribuer à la sécurité du transport aérien par son comportement dans les situations d'urgence. Mais il s'agit là d'une situation extrême, qui ne saurait justifier une limite d'âge générale. Même s'il s'agissait de prévenir un risque pesant sur la sécurité, le législateur français aurait de toute façon, avec la limite d'âge stricte de 55 ans en vigueur jusqu'au 31 décembre 2008, outrepassé les compétences d'appréciation qui lui sont reconnues dans le cadre de la prévention des risques pesant sur l'intégrité physique et la vie des personnes[304]. Il en va de même pour la limite d'âge générale de 65 ans actuellement en vigueur.

Le Conseil d'Etat considérait aussi la limite d'âge comme légale, dans la mesure où elle visait à protéger les employés eux mêmes. Quand bien même la limite d'âge viserait, dans une bonne intention, à assurer la protection des salariés concernés contre les charges physiques liées à l'activité du personnel de bord, cet intérêt ne peut pas non plus être considéré comme un objectif légitime de la différenciation selon l'âge en cause.

C'est ce que laisse penser le fait que la CJUE, dans le cadre de sa jurisprudence relative à la discrimination en raison du sexe, a refusé de considérer l'objectif de protéger les femmes contre des activités physiquement très exigeantes et dangereuses comme propre à justifier l'exclusion des salariés femmes des métiers à risque ou pouvant nuire à la santé.[305] Le raisonnement qui sous-tend cette décision, à savoir que la garantie d'une protection contre la discrimination ne doit pas se faire au détriment du salarié peut tout à fait valoir aussi pour la

302 BAG, 31 juillet 2002 - 7 AZR 140/01 – NZA 2002, p. 1155.

303 BAG 31 juillet 2002 - 7 AZR 140/01.

304 Voir aussi : BAG, 31 juillet 2002 – 7 AZR 140/01, sur une limite d'âge de 55 ans pour le personnel de bord prévue par une convention collective.

305 Voir par exemple, CJUE, 15 mai 1986 – affaire 222/84, Rec. 1986, 1651 point 44 et suivants (Johnston).

discrimination fondée sur l'âge.[306] La protection des salariés âgés contre la poursuite d'une activité professionnelle pouvant nuire à leur santé ne peut donc justifier une limite d'âge entraînant la cessation automatique d'une activité professionnelle.

L'actuelle réglementation sur la limite d'âge, tout comme celle en vigueur avant le 31 décembre 2008, est donc dépourvue d'objectif légitime susceptible de justifier l'inégalité de traitement fondée sur l'âge qu'elle engendre.

c. Préretraite

Le droit français connaît des régimes de préretraite, dans le cadre desquels les salariés les plus âgés, bien qu'ils ne remplissent pas encore les conditions leur permettant de toucher une retraite à taux plein, peuvent cesser partiellement ou complètement leur activité professionnelle, en percevant des prestations financières compensatoires. Ces régimes de préretraite furent créés à l'origine dans le but de pousser les seniors à quitter leur entreprise, de faire augmenter le taux d'activité extrêmement bas et de facilité l'accès à une activité rémunérée à des groupes relativement jeunes de la population[307]. Mais comme ces régimes de préretraite ont rencontré un grand succès, ils ont contribué par la suite de manière décisive à ce que la part des actifs âgés dans la population active en France devienne une des plus faibles en Europe.[308]

On peut distinguer deux types de régimes de préretraite : ceux qui sont fondés sur une convention entre l'Etat et les entreprises et ceux qui ont été introduits directement par les entreprises.

aa. Régimes de préretraite avec financement public

Au vu de la part minime qu'occupent les seniors dans la population active, un des objectifs principaux du législateur français a été, ces

306 Voir Thüsing, Arbeitsrechtlicher Diskriminierungsschutz, point 425.

307 Voir Perotto/Ricard, JCP S 2008 n° 4, p. 19.

308 Voir notre introduction ; voir aussi Perotto/Ricard, JCP S 2008 n° 4, p. 19 ; Morvan, JCP S 2008 n° 4, p. 13.

derniers temps, de lutter contre le recours trop massif à des systèmes permettant les départs à la retraite anticipés. C'est pourquoi certains de ces systèmes ont été supprimés ces dernières années. Suite à ces réformes, seuls quelques régimes de préretraite cofinancés par l'Etat (les « régimes de préretraite publics ») subsistent encore à l'heure actuelle.[309]

Il s'agit d'abord de la préretraite-licenciement, qui concerne les entreprises contraintes de procéder à des licenciements économiques en raison de leurs difficultés financières. Sur la base d'une convention passée entre l'Etat et l'entreprise (convention d'allocation spéciale du fonds national de l'emploi – convention d'ASFNE), les salariés concernés par un licenciement qui ne remplissent pas les critères pour bénéficier des mesures de réinsertion professionnelle, peuvent cesser complètement leur activité avant l'âge de 60 ans (préretraite totale) et percevoir un revenu compensatoire en partie financé par l'Etat jusqu'à ce qu'ils puissent toucher une retraite à taux plein.[310]

D'autre part, le modèle de la cessation anticipée d'activité de certains travailleurs salariés (CATS) existe encore.[311] Il permet aux salariés qui ont exercé leur activité pendant une longue durée, avec des conditions de travail particulièrement difficiles, de partir à la retraite de manière anticipée.

Le droit français connaît également le régime de la préretraite progressive. Dans le cadre de ce système, les salariés âgés peuvent, là encore en vertu d'une convention passée entre l'Etat et l'entreprise (appelée convention de préretraite progressive) continuer d'exercer leur activité seulement à mi-temps jusqu'à ce qu'ils puissent toucher une retraite à taux plein.[312] Ce système de préretraite progressive a été supprimé par la loi portant réforme des retraites du 21 août 2008 (art.18) avec effet au 1er janvier 2005. Les conventions passées entre

---

309 Sur ce point, voir : Perotto/Ricard, JCP S 2008 n° 4, p. 19 et suivante.

310 Art. L 5123-2 point 2, en combinaison avec l' art. R 5123-12 C. trav.

311 Cf. art. R 5123-22 en combinaison avec l' art. L 5123-6 C. trav. ; Art. R 5123-23 C. trav.

312 Cf. art. L 322-4 al. 2 point 3 C. trav. dans sa version antérieure au 31décembre 2004.

l'Etat et les entreprises avant cette date restent cependant valables jusqu'à la date prévue par l'accord.[313] La condition pour que de telles conventions soient signées était que le passage d'une activité à temps plein à une activité à mi-temps permette l'embauche de demandeurs d'emploi ou limite le nombre de licenciements économiques.[314]

(1) Préretraite-licenciement

Seuls les salariés âgés d'au moins 57 ans au moment de la rupture du contrat de travail suite à un licenciement économique peuvent bénéficier des prestations de l'Etat prévues par une convention d'allocation spéciale du fonds national de l'emploi.[315] Les salariés qui n'ont pas encore atteint leur 57ème année à cette date sont donc directement désavantagés.

Pour savoir si cette inégalité de traitement fondée sur l'âge constitue une infraction à l'interdiction de la discrimination inscrite dans le droit de l'Union, il faut examiner si les conditions posées à l'article 6, par.1 de la directive 2000/78/CE pour qu'une justification soit retenue sont réunies.

Le régime de préretraite-licenciement a manifestement pour objectif premier de mettre les salariés âgés à l'abri du chômage et de leur garantir un revenu décent. Cette règle sert donc la protection des travailleurs âgés et repose, sans conteste, sur un objectif légitime, comme en atteste l'article 6, par.1, point a) de la directive 2000/78/CE.

---

313 Art. 18 IV, Loi portant réforme des retraites ; voir aussi Memento Social 2008, droit du travail - sécurité sociale, point 57180.

314 Voir ex-art. L 322-4 al. 2 point 3 C. trav. dans sa version antérieure au 31décembre 2004.

315 Art. 2 point b) Arrêté fixant les conditions d'adhésion et les droits des bénéficiaires des conventions d'allocations spéciales du fonds national de l'emploi du 29 août 2001, JO du 4 septembre 2001, p. 14178. Sur les conditions sous lesquelles un salarié peut toucher des aides de l'Etat dans le cadre d'une convention d'allocation spéciale du fonds national de l'emploi, voir les détails dans Memento Social 2008, droit du travail – sécurité sociale, points 57075, 57080.

Les règles relatives à la préretraite-licenciement sont conformes aux exigences posées par les jurisprudences *Palacios* et *Mangold* pour que les mesures prises par le législateur national dans le domaine de la politique de l'emploi et de la politique sociale soient proportionnées. Il faut noter en particulier que les règles principales ne se réfèrent pas uniquement à l'âge. En effet, les dispositions légales y relatives prévoient que seuls les salariés de plus de 57 ans qui ne remplissent pas les critères pour bénéficier de mesures de réinsertion professionnelle peuvent bénéficier des aides de l'Etat dans le cadre de ce régime de préretraite. La réglementation tient donc compte de la situation personnelle de chaque travailleur en ce qui concerne ses difficultés sur le marché du travail.

Quant à la limite d'âge précise de 57 ans, elle relève de la large marge d'appréciation que la jurisprudence de la CJUE reconnaît au législateur national dans le domaine de la politique de l'emploi et de la politique sociale. Dans ce contexte, le fait que le seuil de 57 ans ne soit pas associé, d'après les données empiriques, à une dégradation sensible de la situation sur le marché du travail, ne remet pas en question le caractère approprié de cette règle.

(2) Cessation anticipée d'activité de certains travailleurs salariés

L'Etat ne prend à sa charge les aides financières prévues par le régime de préretraite CATS que pour les salariés âgés de 57 ans révolus[316], et ce, jusqu'à ce qu'ils puissent faire valoir leur droit à une retraite à taux plein.[317] La cessation d'activité ainsi subventionnée par l'Etat entraîne également un désavantage direct pour les salariés âgés de moins de 57 ans, dont la licéité au regard du droit de l'Union doit être jugée à la lumière du critère de justification de l'article 6, par.1 de la directive 2000/78/CE.

Le régime de préretraite CATS autorise les salariés ayant travaillé pendant une longue période dans des conditions particulièrement difficiles – par exemple, de nuit, ou à la chaîne – et qui rencontrent

316 Voir art. R 5123-29, point 3 C. trav.

317 Cf. art. R 5123-31 C. trav.

des difficultés pour s'adapter aux évolutions de leur poste, liées à la forme particulière que revêt l'exercice de leur activité, à prendre leur retraite de manière anticipée.[318] Le but de cette réglementation semble donc être en premier lieu de protéger les salariés âgés contre la poursuite d'une activité professionnelle physiquement difficile. On doit admettre que ce but peut être considéré comme un motif objectif justifiant la différenciation en fonction de l'âge opérée. Certes, cet objectif de protection des salariés âgés contre les dommages particuliers causés à leur santé ne saurait justifier une différenciation en fonction de l'âge si cette protection tourne finalement au désavantage du salarié, par exemple en entraînant une rupture automatique du contrat de travail. Mais dans le cas du régime de préretraite CATS, nous avons justement affaire à des règles qui permettent aux salariés âgés de partir à la retraite de manière anticipée, uniquement si cela est dans leur intérêt. La limite d'âge fixée n'entraîne pas une mise à la retraite d'office. Dans ce cas de figure, la protection des salariés âgés contre la poursuite d'une activité professionnelle dangereuse pour leur santé doit pouvoir être regardée comme un objectif légitime justifiant l'inégalité de traitement fondée sur l'âge.[319]

En ce qui concerne la proportionnalité de cette mesure, la question se posera dans les mêmes termes que pour la préretraite-licenciement, sur la base de la jurisprudence actuelle de la CJUE.

Les aides de l'Etat prévues dans le cadre du régime de préretraite CATS ne sont pas accordées uniquement au motif que le salarié a atteint un âge donné. Seuls certains salariés peuvent en bénéficier, ceux qui, du fait de la nature de leur activité, ont dû supporter pendant une longue période des conditions de travail particulièrement difficiles. L'octroi d'aides de l'Etat ne dépend donc pas seulement de l'âge. Par ailleurs, en vertu du critère de justification souple établi par la jurisprudence *Palacios*, ces dispositions sur la préretraite doivent être considérées comme proportionnées.

---

318 Cf. art. R 5123-29 point 6 C. trav. ; art. R 5123-22 C. trav.

319 Cf. art. 6 al. 1 point a) de la directive 2000/78/CE.

(3) Préretraite progressive

Dans le cadre d'une convention de préretraite passée avec l'Etat, des salariés pouvaient, sous certaines conditions, bénéficier de prestations publiques spéciales, baptisées « allocations de préretraite progressive ». Une des principales conditions était que le salarié soit âgé de 55 ans révolus.[320] Si les conditions requises étaient réunies, le salarié percevait, jusqu'à ce qu'il puisse toucher une retraite à taux plein et au plus tard jusqu'à sa 65ème année, un salaire correspondant au temps de travail qui était effectivement le sien ainsi qu'une allocation versée par l'Etat, qui compensait la perte de salaire liée à la diminution de son temps de travail.[321]

La préretraite progressive désavantageait donc directement les salariés qui n'avaient pas encore 55 ans. Subventionner le travail à mi-temps va à l'encontre du principe « à travail égal, salaire égal », si les personnes travaillant à mi-temps âgées de moins de 55 ans effectuent un travail de même valeur.

Une fois encore, une telle inégalité de traitement fondée sur l'âge ne pourra être déclarée compatible avec l'interdiction de la discrimination en raison de l'âge inscrite dans le droit de l'Union que si les conditions de justification prévues par l'article 6, par. 1 de la directive 2000/78/CE sont remplies.

Comme le libellé de la disposition législative [322] en cause l'indique, la préretraite progressive fut introduite dans le droit français dans le but de promouvoir, en convertissant des postes à plein temps en poste à mi-temps, l'embauche de remplaçants issus des groupes prioritairement visés par la politique de l'emploi, ainsi que de réduire le nombre de licenciements économiques provoqués par les restructurations. La légitimité de ces objectifs apparaît clairement à la lecture

---

320 Cf. Retraites et prévoyance d'entreprise 2005-2006, point 35180.

321 Memento Pratique Social 2008, droit du travail – sécurité sociale, points 57180, 57200 ; cf. ex-art. R 322-7 C. trav.

322 Ex-art. L 322-4 al. 2 point 3 C. trav., dans sa version antérieure au 31 décembre 2004.

de l'article 6, par.1 de la directive 2000/78/CE, qui cite explicitement les objectifs de la politique de l'emploi et du marché du travail.

En outre, cette mesure ne devrait pas manquer d'apparaître proportionnée au sens du droit de l'Union.

On peut douter de la nécessité de la préretraite progressive pour favoriser les embauches, premièrement au motif qu'on pourrait aussi bien faciliter l'embauche de demandeurs d'emploi, en particulier de ceux appartenant aux groupes prioritairement ciblés par la politique de l'emploi, en assouplissant les règles encadrant le travail à mi-temps.

Mais, encore une fois, la jurisprudence *Palacios* incite à reconnaître au législateur national une certaine marge d'appréciation en la matière. Pour qu'on admette que la mesure est nécessaire, il suffit donc que la préretraite progressive ne semble pas être un moyen « déraisonnable » pour atteindre l'objectif de promotion de l'emploi. C'est assurément le cas.

En revanche, il faut examiner de plus près si le régime de préretraite progressive respecte bien aussi l'autre exigence posée par la jurisprudence actuelle de la CJUE, à savoir que la règle ne se réfère pas uniquement à l'âge. Les conditions permettant de bénéficier de l'allocation de l'Etat dans le cadre d'une convention de préretraite progressive incluent ainsi par exemple, outre l'âge, le fait que le salarié concerné ait été affilié pendant au moins 10 ans à un système de sécurité sociale et qu'il travaille depuis au moins un an à plein temps dans l'entreprise signataire de la convention.[323] Ces conditions supplémentaires suffisent pour que ces règles soient qualifiées d'appropriées dans l'état actuel de la jurisprudence.

hh Règles relatives à la préretraite privée

Comme pour les limites d'âge pour le passage à la retraite fixées dans des contrats individuels, c'est un critère de justification strict qui s'applique pour juger de la conformité au droit de l'Union, eu égard à l'exigence de justification inscrite à l'article 6 de la directive

323 Pour plus de détails, voir : Retraites et prévoyance d'entreprise 2005-2006, point 35180.

2000/78/CE, des systèmes de préretraite privés, propres à une entreprise donnée. En effet, un employeur individuel ne dispose pas – comme il ressort de la décision Palacios – d'une large marge d'appréciation en matière de politique de l'emploi ou de politique sociale.

Dans ces conditions, c'est en particulier la question d'un objectif légitime qui s'avère problématique, puisque des considérations entièrement propres à l'entrepreneur ne sont pas suffisantes pour en créer un et que la promotion générale de l'emploi ne peut constituer un objectif légitime pour un employeur privé.

Dans le cas d'un système prévoyant le passage à temps partiel à partir d'un certain âge, on pourrait potentiellement considérer que l'objectif est la protection des travailleurs âgés. Un tel objectif pourrait être tenu pour légitime dans la mesure où ce système permet aux travailleurs âgés de passer progressivement à la retraite et leur évite de quitter brutalement la vie active et d'en être affecté sur le plan psychique. Il est toutefois plus que douteux qu'un employeur privé poursuive cet objectif en mettant en place un tel système de préretraite, puisque ce sont essentiellement des considérations économiques qui entreront en ligne de compte pour lui.

d. Choix sociaux lors des licenciements économiques

Le droit du travail français prévoit qu'en cas de licenciement collectif, un employeur – en l'absence de règles fixées par des conventions collectives – doit définir les critères déterminant l'ordre des licenciements, après consultation du comité d'entreprise ou des délégués du personnel. Ces critères doivent prendre en compte notamment les charges de famille, les qualités professionnelles, l'ancienneté dans l'établissement ou l'entreprise ainsi que la situation des salariés qui présentent des caractéristiques sociales rendant leur réinsertion professionnelle particulièrement difficile (art. L 1233-5 C.trav.). Le texte précise que ce dernier élément vaut en particulier pour les salariés âgés.

aa. Critère de l'ancienneté

La prise en compte de l'ancienneté dans l'établissement ou l'entreprise dans le cadre des choix sociaux désavantage les salariés jeunes par rapport aux salariés âgés de manière indirecte, car ce sont généralement les salariés âgés qui disposent d'une plus grande ancienneté dans l'établissement ou l'entreprise.

Relativement à la directive 2000/78/CE, la question se pose de savoir si une telle inégalité de traitement indirecte est licite eu égard à l'article 2, par.2 point b) i) de la directive 2000/78/CE.

La prise en compte de l'ancienneté dans le choix des salariés à licencier récompense d'une part la fidélité à l'entreprise du salarié.[324] D'autre part, cette règle vise à préserver l'activité des salariés qui, en raison de leur ancienneté, se sont spécialisés au sein l'entreprise et dont les chances sur le marché du travail sont minces, en raison du lien très fort à leur employeur qui s'est créé.[325] Ces deux objectifs sont propres à justifier une inégalité de traitement indirecte d'après les dispositions *ad hoc* de la directive, qui n'exigent pas que l'objectif invoqué soit d'intérêt général.

Inclure le critère de l'ancienneté dans les proportions prévues par la disposition légale est également opportun en vue d'atteindre ces objectifs.

La règle apparaît appropriée. La prise en compte de l'ancienneté dans le cadre des choix sociaux ne doit pas conduire à ce que les salariés appartenant depuis le plus longtemps à l'entreprise soient systématiquement considérés comme ayant davantage besoin d'être protégés.[326] D'après le libellé de la règle de droit français, l'ancienneté

324 Voir Kamanabrou, RdA 2007, p. 199 (202).

325 Si au moment des licenciements, les coûts engendrés par la formation et l'adaptation ont été amortis et que les capacités propres d'un salarié donné n'intéressent pas particulièrement l'employeur, c'est justement le salarié qui travaille depuis le plus longtemps dans l'entreprise qui est le plus exposé au risque d'être licencié. Cf. Brors, in : Däubler/Bertzbach, Allgemeines Gleichbehandlungsgesetz, point 100 sur le § 10 AGG.

326 Cf. Brors, in : Däubler/Bertzbach, Allgemeines Gleichbehandlungsgesetz, point 100 sur le § 10 AGG.

n'est cependant ni le seul, ni le premier critère à prendre en compte, mais seulement un élément parmi d'autres.

D'après la jurisprudence de la Cour de cassation, l'employeur peut toutefois donner la priorité à l'un des critères cités pour déterminer l'ordre des licenciements[327], donc potentiellement privilégier l'ancienneté dans l'établissement ou l'entreprise.

Mais même d'après cette jurisprudence, l'employeur doit toujours tenir compte de tous les autres critères.[328] Le droit de l'Union interdit de donner la priorité absolue sur les autres critères à l'ancienneté dans le cadre des choix sociaux.[329]

Mais ceci est sans conséquence sur la licéité au regard du droit de l'Union de la règle de droit elle-même. Le libellé de la disposition contenue à l'art. L 1233-5 C. trav. permet une prise en compte de l'ancienneté dans l'établissement ou l'entreprise conforme à la directive et doit donc être considéré comme conforme au droit de l'Union sur ce point.

bb. Charges de famille

En imposant à l'employeur de tenir compte des charges de famille dans le cadre des choix sociaux, la règle de droit désavantage potentiellement les personnes situées aux extrémités de la pyramide des âges, c'est-à-dire les salariés les plus jeunes et les salariés les plus âgés. Ceci est dû au fait que, si les salariés de toutes les classes d'âge peuvent avoir des personnes à charge, les salariés les plus jeunes ou les plus âgés ont en règle générale moins de charges de famille.[330]

Pour autant qu'on puisse admettre ici l'existence d'une inégalité de traitement indirecte, on doit cependant supposer qu'elle serait licite du point de vue du droit de l'Union, aux termes de la disposition de l'art.2, par.2 point b) i) de la directive.

327 Cass. soc., 27 octobre 1999, Bull. civ. V, n° 419 ; Cass. soc., 2 mars 2004, Bull. civ. V, n° 68.

328 Cass. soc., 27 octobre 1999, Bull. civ. V, n° 419 ; Cass. soc., 2 mars 2004, Bull. civ. V, n° 68.

329 Voir Thüsing, in : MüKo, point 48 sur le § 10 AGG.

330 Kamanabrou, RdA 2007 cahier 4 p. 199 (203).

Le but de la règle est de protéger les salariés ayant des personnes à charge. Il suffit de lire la disposition de l'article 6, par.1 de la directive 2000/78/CE, valable pour les inégalités de traitement fondées sur l'âge indirectes, pour se convaincre qu'il s'agit là d'un objectif propre à justifier une inégalité de traitement fondée sur l'âge indirecte au niveau du droit de l'Union. La protection des salariés ayant des charges de famille y est citée explicitement comme exemple d'objectif légitime. L'idée sous-jacente étant que les salariés ayant des personnes à charge assurent grâce aux revenus de leur emploi, non pas uniquement leur propre subsistance, mais aussi celle des personnes à leur charge. Dans la mesure où plusieurs personnes dépendent de ce revenu, ces salariés semblent devoir être particulièrement protégés.[331] Si un tel objectif est propre à justifier une inégalité de traitement fondée sur l'âge directe, il peut a fortiori constituer un motif matériel justifiant une inégalité de traitement indirecte, puisque les exigences sont moins grandes dans ce cas.

Compte tenu du fait que le critère des charges de famille n'est lui aussi que l'un des critères à prendre en compte aux termes de la loi, cet élément est introduit de manière proportionnée dans le choix social.

cc. Situation difficile sur le marché du travail en raison de l'âge

Les critères établis par l'employeur doivent également tenir compte de la situation sur le marché du travail des salariés qu'il envisage de licencier, si ces derniers présentent certaines caractéristiques sociales qui rendent leur réinsertion professionnelle particulièrement difficile. Ceci vaut entre autres pour les travailleurs âgés.

(1) Critère d'examen

Bien qu'aux termes de la loi française, l'âge ne soit pas un critère systématiquement pris en compte dans le cadre du processus de licenciement collectif, il acquiert cependant immédiatement une certaine importance pour le choix des salariés à licencier dès lors

331 Voir Kamanabrou, RdA 2007, p. 199 (203).

qu'on tient compte de la situation sur le marché du travail. L'employeur est donc tenu de prendre en compte l'âge du salarié pour faire ses choix, si cet âge correspond à un seuil à partir duquel les chances d'une personne sur le marché du travail sont généralement moindres.

La règle de droit accorde ainsi la priorité aux employés les plus âgés dans le cadre des licenciements collectifs en raison de l'inégalité des chances sur le marché du travail et contient donc en dernière analyse une mesure positive en faveur des salariés âgés. Ceci n'implique cependant pas que ladite mesure doive d'emblée être évaluée à l'aune de l'article 7, par. 1 de la directive 2000/78/CE, qui traite de la licéité des mesures positives, puisque dans la logique de la directive, cet article n'a qu'une fonction de compensation.[332]

Le point décisif est donc de savoir si l'inégalité de traitement directe que subissent les salariés jeunes parce que le choix de l'employeur est généralement influencé à leur désavantage par la prise en compte de la situation difficile des travailleurs âgés sur le marché du travail est justifiée de manière objective au sens de l'article 6, par.1 de la directive 2000/78/CE.

(2) Conformité au droit de l'Union

La règle vise à éviter le chômage de longue durée aux seniors ou à les maintenir en activité. La légitimité de cet objectif découle naturellement de l'article 6, par.1 point a) de la directive 2000/78/CE, qui cite explicitement la protection des salariés âgés comme exemple d'objectif pouvant servir de justification.

En outre, le critère de la situation difficile sur le marché du travail liée à l'âge doit être introduit de manière proportionnée dans les choix sociaux. Vu la jurisprudence *Palacios* de la CJUE, c'est un critère d'examen souple qui sera appliqué ici.

D'après la règle de droit française, la situation professionnelle difficile des travailleurs âgés appartenant à une certaine classe d'âge n'est prise en compte dans le cadre de licenciements collectifs que s'il

---

332 Voir supra : A.I.2.d.cc.

existe une corrélation significative entre l'âge en question et le chômage de longue durée. Pour cette seule raison, l'orientation donnée à la procédure de licenciement suivie par l'employeur via la prise en compte dudit critère ne semble à tout le moins « pas déraisonnable » pour éviter le chômage de longue durée.

Par ailleurs, le fait que l'âge ne doive être pris en compte comme un élément justifiant une protection particulière que si le salarié âgé a généralement moins de chances de retrouver un emploi, laisse penser que ledit critère est employé de manière appropriée dans le cadre des choix sociaux.

La disposition est donc conforme aux enseignements qu'on peut tirer de la jurisprudence *Mangold* et sans doute aussi de la jurisprudence *Palacios*. On peut en effet conclure de la première qu'une mesure qui ne se réfère qu'à l'âge n'est pas appropriée du point de vue du droit de l'Union. L'âge ne doit donc pas être pris en compte de manière automatique et indifférenciée dans les arbitrages rendus sur le choix des personnes à licencier. Il convient bien plutôt de tenir compte de l'état du marché du travail concerné.[333]

Les salariés âgés ne doivent pas être systématiquement favorisés au détriment des plus jeunes dans le cadre des processus de licenciement. La disposition du droit français en cause tient cependant compte de cette donnée, puisque l'âge ne doit être pris en compte dans le cadre des choix sociaux que s'il semble rendre la réinsertion professionnelle du salarié particulièrement difficile.

(3) Age de référence

L'âge précis qui peut être associé concrètement à une dégradation de la position sur le marché du travail dépend de la nature de l'activité ainsi que des données régionales et propres au secteur concerné, car ces critères déterminent les chances sur le marché du travail et l'impact personnel qu'aura la cessation du contrat sur le salarié.[334]

---

333 Kamanabrou, RdA 2007, p. 199 (202).

334 Kamanabrou, RdA 2007, p. 199 (202).

En revanche, on n'exigera pas qu'il soit tenu compte de la situation personnelle de chaque travailleur âgé. La jurisprudence allemande fait observer à juste titre que toute prévision relative aux chances sur le marché du travail s'appuie nécessairement sur des probabilités, qui ne peuvent à leur tour pas être évaluées sans prendre en compte des données empiriques.[335] Si une donnée empirique montrait qu'à partir d'un certain âge, les chances de trouver un emploi baissent généralement, cet élément ne pourrait être ignoré dans le cadre de l'évaluation des chances des individus sur le marché du travail.[336] De plus, il n'est en règle générale pas possible de définir avec suffisamment d'exactitude la situation personnelle d'un individu sur le marché du travail au moment du licenciement.

Au sein d'un groupe de salariés âgés, pour lesquels on constate une véritable dégradation de la position sur le marché du travail, on pourra établir des distinctions supplémentaires en fonction de l'âge, correspondant au besoin plus ou moins grand de protection, si on peut délimiter un groupe dont les perspectives sont encore moins favorables que celles des autres salariés âgés. Ceci sera envisagé en particulier si les écarts d'âge au sein du groupe des salariés les plus âgés sont importants, par exemple si ce groupe comprend des personnes déjà âgées de cinquante ans.[337]

La disposition de l'article L 1233-5 C. trav., du fait de sa formulation ouverte, laisse donc une marge de manœuvre suffisamment grande pour que la prise en compte de la position difficile des seniors sur le marché du travail soit conforme à la directive.

(4) Jurisprudence de la Cour de cassation

Dans sa décision du 6 novembre 2001, la Cour de cassation a jugé licite un plan social qui ne considérait pas de manière indépendante le critère cité par la loi de la position difficile des salariés âgés sur le

---

335 BAG, 19 juin 2007 – 2 AZR 304/06 – AP n° 16 sur le § 1 de la loi relative à la protection contre les licenciements (Kündigungsschutzgesetz, KSchG) 1969, Namensliste.

336 BAG, 19 juin 2007 – 2 AZR 304/06.

337 Kamanabrou, RdA 2007, p. 199 (202 f.).

marché du travail[338], mais tenait directement compte, en plus de l'ancienneté et des charges de famille, de l'âge des salariés. La Cour considérait que les critères sur lesquels l'employeur doit s'appuyer en vertu de la loi pour faire ses choix étaient suffisamment pris en compte de cette manière.[339]

Un examen plus approfondi est cependant nécessaire pour déterminer si cette jurisprudence est conforme aux prescriptions du droit de l'Union. Certes, il se peut qu'au vu du critère d'examen souple qui s'applique à cette règle de droit d'après la jurisprudence *Palacios*, la prise en compte directe de l'âge dans le cadre d'un plan social doive être considérée comme nécessaire pour éviter le chômage de longue durée.[340] Toutefois, d'après la jurisprudence actuelle de la CJUE, l'âge ne doit être introduit dans le processus d'arbitrage que s'il correspond à un seuil à partir duquel, de manière générale, on constate une dégradation des chances sur le marché du travail. Toute priorité accordée de manière systématique aux salariés âgés n'est pas licite en droit de l'Union. Seul un plan social qui respecte ces conditions peut être jugé conforme au droit de l'Union.

e. Préavis de licenciement

Les préavis à respecter en cas de licenciement d'un salarié dépendent – en droit français comme en droit allemand – de l'ancienneté de ce dernier dans l'entreprise. Pour les salariés qui appartiennent à l'entreprise depuis moins de six mois, l'octroi d'un préavis et sa durée sont déterminés par la convention ou l'accord collectif de travail ou, à défaut, par les usages pratiqués dans la localité et la profession. Un salarié justifiant d'une ancienneté supérieure à six mois mais inférieure à deux ans a droit à un préavis d'un mois. A partir de deux ans d'ancienneté, le préavis passe à deux mois (art. L 1234-1 C.trav.).

338 Voir art. L 1233-5 C. trav.
339 Cass. soc., 6 novembre 2001 - n° 99-44584 (non publié au bulletin de la Cour de cassation).
340 Voir Temming, NZA 2007, p. 1193 (1199).

La question se pose donc de savoir si cette règle, qui prévoit que la durée des préavis s'allonge en fonction de l'ancienneté entraîne une inégalité de traitement indirecte pour les salariés les plus jeunes.

On peut en douter, dans la mesure où les préavis varient en fonction de différences assez minimes de la durée d'appartenance à l'entreprise.

Les salariés ayant deux ans d'ancienneté ne sont en effet pas nécessairement plus âgés que ceux qui appartiennent à l'entreprise depuis moins de six mois, et *a fortiori* que ceux qui ont entre six mois et deux ans d'ancienneté. Une différence aussi faible de la durée d'appartenance à l'entreprise peut tout à fait recouvrir une différence d'âge au moment de l'embauche et ne correspond pas forcément à l'âge civil du salarié. On pourrait en juger autrement pour les salariés justifiant d'une ancienneté nettement supérieure à deux ans, par exemple cinq ans. Les salariés disposant d'une ancienneté considérablement plus longue seront en règle générale plus âgés que ceux qui appartiennent à l'entreprise depuis moins de deux ans.

L'existence d'une inégalité de traitement indirecte sera donc admise ou non en fonction du groupe considéré. Comme le préavis le plus long est appliqué pour tous les salariés qui disposent d'une ancienneté d'au moins deux ans, le point décisif sera de savoir si la grande majorité de cette catégorie de salariés est en règle générale plus âgée que les salariés qui appartiennent depuis moins longtemps à l'entreprise. Il s'avère que c'est le cas. Les salariés ayant une ancienneté d'au moins deux ans pourront pour la plupart justifier d'une ancienneté bien supérieure à deux ans et seront donc plus âgés. Il y a donc bien inégalité indirecte en raison de l'âge.

Relativement à la directive 2000/78/CE, la question est de savoir si cette inégalité de traitement liée à l'âge peut être justifiée objectivement au sens de l'article 2, par. 2, point b) i).

Des préavis plus longs doivent faciliter l'adaptation des salariés à leur nouvelle situation professionnelle, leur recherche d'un nouvel emploi et leur passage aussi rapide que possible à une nouvelle activité.[341] Dans la mesure où les préavis plus longs bénéficient essentiellement aux seniors, nous sommes en présence d'un objectif légitime, puisque les salariés âgés sont généralement exposés à un risque de licenciement plus élevé et ont moins de chances sur le marché du travail.[342] La règle participe donc aussi de la politique de l'emploi et du marché du travail. Les préavis plus longs récompensent par ailleurs la fidélité à l'entreprise.[343]

La jurisprudence allemande retient en outre, pour justifier le préavis minimal de seulement quatre semaines prévu par le droit allemand pour les salariés jeunes, de moins de 25 ans[344], l'intérêt économique de l'employeur – qui serait lésé par des préavis plus longs – à pouvoir gérer son personnel de manière flexible.[345]

Dans son ordonnance de renvoi à la CJUE du 21 novembre 2007, le LAG Düsseldorf[346] fait observer que la Cour constitutionnelle fédérale allemande, dans des décisions antérieures – quoique sur la base de questions différentes – a déjà reconnu à l'employeur un intérêt, qui doit être protégé, à savoir que la charge totale liée aux préavis longs est limitée, de même qu'un besoin de gérer les ressources humaines de manière flexible et donc de passer des contrats de travail pouvant être rompus avec ce préavis minimal.[347] En effet, on doit admettre qu'un tel intérêt de l'employeur est propre à justifier une inégalité de traitement liée à l'âge indirecte au niveau du droit de l'Union, si les conventions collectives ou les usages prévoient des préavis plus courts pour les salariés ayant moins de six mois d'ancienneté dans l'entreprise. L'article 2, par.2, point b) i) de la directive 2000/78/CE n'exige pas que le motif objectif invoqué relève

341 Voir Cour constitutionnelle fédérale allemande, 16 novembre 1982 – 1 BvL 16/75 et 1 BvL 36/79 – AP n° 16 sur le § 622 BGB.

342 Thüsing, in : MüKo, point 41 sur le § 10 AGG.

343 Kamanabrou, RdA 2007, p. 199 (206).

344 § 622 al. 1, al. 2 BGB.

345 Voir LAG Düsseldorf, 21 novembre 2007 – 12 Sa 1311/07 – ZIP 2008, p. 1786.

346 Voir LAG Düsseldorf, 21 novembre 2007 – 12 Sa 1311/07.

347 Voir par exemple, Cour constitutionnelle fédérale allemande, 30 mai 1990 – 1 BvL 2/83, 1 BvL 9/84, 1 BvL 10/84, 1 BvL 3/85, 1 BvL 11/89, 1 BvL 12/89, 1 BvL 13/89, 1 BvL 4/90, 1 BvR 764/86 – AP n°28 sur le § 622 BGB.

de l'intérêt général. Des intérêts propres à l'employeur peuvent suffire.[348]

Cette règle doit également être considérée comme proportionnée du point de vue du droit de l'Union. Cela vaut notamment pour les durées d'ancienneté précises à partir desquelles le préavis devient plus long. Sur ce point, la large marge d'appréciation reconnue au législateur national dans le domaine de la politique du marché de l'emploi et de la politique sociale entre à nouveau en jeu. Dans le mesure où la disposition se réfère à l'ancienneté, pour tenir compte essentiellement de la situation souvent plus difficile des salariés âgés sur le marché du travail, mais aussi de la fidélité à l'entreprise, la règle s'appuie aussi sur un motif objectif distinct de l'âge. Elle est donc conforme à l'idée centrale défendue dans la jurisprudence actuelle de la CJUE, même après la décision *Palacios*, selon laquelle l'applicabilité d'une règle ne doit pas dépendre uniquement de l'âge.

Un autre argument plaidant en faveur du caractère approprié de cette règle est que les salariés plus jeunes, en raison de leur âge et/ou de leurs moindres obligations sociales, familiales et privées disposeront de toute façon d'une plus grande flexibilité et d'une plus grande mobilité professionnelles et personnelles.[349]

f. Indemnité

D'après le droit français, les salariés licenciés alors qu'ils comptent une année d'ancienneté ininterrompue au service du même employeur, ont droit à une indemnité de licenciement (art. L 1234-9, al.1 C.trav.) dont le montant est calculé en fonction du nombre d'années de service (art. R 1234-1 C. trav.). Cette règle crée donc à deux égards une inégalité de traitement fondée sur l'âge indirecte. D'une part, les salariés les plus jeunes sont indirectement désavantagés du fait que la grande majorité des salariés qui rempliront la condition d'ancienneté d'au moins un an seront aussi plus âgés. D'autre part, le fait que la

348 Voir supra C.II.2.a.aa.(1).

349 C'est ce que soutient aussi le LAG Düsseldorf, 21 novembre 2007 – 12 Sa 1311/07.

disposition légale fasse dépendre le montant de l'indemnité du nombre d'années de service entraîne une inégalité de traitement indirecte au détriment des salariés jeunes, qui ne peut être licite que si les conditions posées à l'article 2, paragraphe 2, point b) i) de la directive 2000/78/CE sont réunies.

Les indemnités liées à l'ancienneté dans l'établissement ou l'entreprise peuvent être justifiées par l'objectif légitime de récompenser la fidélité du salarié à l'entreprise.[350] L'octroi d'indemnités conditionné par l'ancienneté vise également à assurer un certain soutien financier jusqu'à ce que ce que le salarié conclue un nouveau contrat de travail ou, au plus tard, jusqu'à qu'il perçoive une pension de retraite. En effet, les salariés ayant la plus grande ancienneté dans l'entreprise peuvent s'être spécialisés dans des tâches propres à celle-ci, si bien qu'il leur est potentiellement difficile de trouver un nouvel emploi en cas de licenciement et que la période de recherche d'emploi sera par conséquent plus longue pour eux. Dans ce cas, l'indemnité est donc destinée à « assurer la transition ».[351] Il existe donc bien un objectif légitime, propre à justifier une inégalité de traitement fondée sur l'âge au sens du droit de l'Union.

On pourrait cependant émettre des doutes quant à la nécessité de cette règle, en raison de l'obligation d'appartenir à l'entreprise depuis au moins un an, en particulier en ce qui concerne la fonction de soutien financier provisoire de l'indemnité. On ne voit pas très bien pourquoi un employé se serait spécialisé dans une tâche propre à l'entreprise précisément au bout d'un an, si bien qu'il aurait des difficultés particulières à retrouver un emploi en cas de licenciement.

Mais là encore, la large marge d'appréciation que la CJUE a concédée au législateur national dans le domaine de la politique sociale et de la politique de l'emploi entre en jeu. C'est donc à ce dernier qu'il revient d'évaluer au bout de combien d'années d'ancienneté une indemnité doit être accordée à un employé pour le soutenir financièrement jusqu'à ce qu'il conclue un nouveau contrat

350 Kamanabrou, RdA 2007, p. 199 (206).

351 Voir par exemple BAG, 19 octobre 1999 – 1 AZR 838/98 – NZA 2000, p. 732.

de travail. Il en ira de même pour l'objectif de récompenser la fidélité de l'employé à l'entreprise lorsqu'il a au moins un an d'ancienneté.

g. Non versement des indemnités en cas de mise à la retraite

En pratique, le droit français ne fait pas toujours bénéficier les salariés âgés – en raison de leur ancienneté, en général plus importante – d'une indemnité plus élevée.

Ainsi, la Cour de cassation a rendu un arrêt, le 18 mars 2008, dans une affaire qui illustre bien cet état de fait : dans le cadre d'un licenciement collectif lié à des difficultés économiques, un employé, qui remplissait les conditions requises pour ce faire, avait été mis à la retraite d'office et n'avait perçu à ce titre que l'indemnité prévue par la loi dans ce cadre. Il n'avait pas bénéficié de l'indemnité nettement plus élevée que le plan social prévoyait pour les salariés touchés par un licenciement.[352]

La Cour de cassation devait décider si le salarié, compte tenu du fait que sa mise à la retraite avait eu lieu pour des raisons économiques dans le cadre d'un processus de réduction du personnel, pouvait prétendre à l'indemnité prévue par le plan social.

Abandonnant sa jurisprudence antérieure[353], la Cour de cassation répondit par la négative, en faisant valoir qu'une mise à la retraite respectant les conditions fixées par la loi n'était pas un licenciement. Même si une mise à la retraite était liée à des considérations économiques, elle ne pouvait être mise sur le même plan qu'un licenciement pour ses conséquences juridiques.[354]

---

352 Cass. soc., 18 mars 2008, Bull. civ. V, n° 63.

353 Cass. soc., 18 avril 2000, Bull. civ. V, n° 142 ; voir aussi Fabre, RDT 9/2008, p. 527 et suivante ; Everaert-Dumont, JCP S 2008 n° 26, p. 41 (42 et suivante).

354 Cass. soc., 18 mars 2008, Bull. civ. V, n° 63. La Cour de cassation justifie sa décision par une interprétation restrictive de l'article L 1233-3 al. 2 C. trav. (ex-Art. L 321-1 al. 2 C. trav.), d'après lequel certaines règles relatives aux licenciements économiques peuvent s'appliquer à d'autres formes de rupture de contrats. Elle considère que cette disposition ne se réfère qu'aux règles de procédure, non aux conséquences juridiques d'un licenciement. Voir aussi : Everaert-Dumont, JCP S 2008 n° 26, p. 41 (43).

Il paraît cependant douteux que la jurisprudence actuelle de la Cour de cassation soit compatible avec l'interdiction de la discrimination fondée sur l'âge du droit de l'Union. En effet, les salariés qui, dans le cadre d'un plan de réduction du personnel, sont mis à la retraite et privés de ce fait de l'indemnité de licenciement élevée prévue par le plan social, sont directement désavantagés du fait de leur âge.

Le même problème se pose concrètement en droit allemand : les salariés qui, au moment de la rupture du contrat de travail, remplissent les conditions pour percevoir leur retraite immédiatement après l'extinction de leur droit aux allocations de chômage sont souvent entièrement privés des prestations prévues par le plan social.

D'après la jurisprudence actuelle du BAG, une telle exclusion du plan social des travailleurs proches de la retraite est licite. Le tribunal fait en effet observer que le plan social a pour unique fonction d'assurer la transition vers un nouvel emploi et que les salariés concernés sont à l'abri des difficultés matérielles, puisqu'ils perçoivent une pension de retraite.[355]

Cette jurisprudence méconnaît cependant le fait que le but des indemnités est, à juste titre, non seulement d'assurer un soutien financier, mais aussi et surtout de récompenser la fidélité à l'entreprise. La sécurité matérielle qu'assure la pension de retraite ne peut donc pas justifier l'inégalité de traitement directe que subit le salarié âgé du fait qu'il a atteint l'âge de la retraite. Dans la mesure où le volet pécuniaire des plans sociaux est limité, des modèles de répartition plus équitable des moyens financiers disponibles devraient être trouvés. Une justification de l'inégalité de traitement liée à l'âge actuellement autorisée par la Cour de cassation est donc exclue aux termes de l'article 6, par.1 de la directive 2000/78/CE.[356]

---

355 Voir par exemple : BAG, 31 juillet 1996 – 10 AZR 45/96 – AP n° 103 sur le § 112 de la loi pour l'amélioration des régimes de retraite professionnels (Gesetz zur Verbesserung der betrieblichen Altersversorgung, BetrAVG), 1972.

356 Sur cette question, voir aussi l'arrêt récent de la CJUE du 12 octobre 2010 – affaire C-499/08, non encore publié au recueil officiel (Andersen).

h. *Versement d'une contribution en cas de licenciement d'un salarié âgé (contribution Delalande)*

La contribution Delalande fut introduite en 1987 dans le droit français, dans le but de réduire le risque de licenciement de salariés âgés en augmentant les coûts pour l'employeur de la cessation du contrat.[357] Il s'agissait d'une contribution que l'employeur devait dans certains cas verser à l'assurance chômage en cas de licenciement d'un salarié âgé. [358] Comme la contribution Delalande n'avait pas l'effet escompté[359], parce qu'elle admettait un grand nombre d'exceptions, elle fut abrogée au 1er janvier 2008.[360]

Les circonstances dans lesquelles la contribution devait être versée furent modifiées à plusieurs reprises. Dans la dernière version, les employeurs devaient verser la contribution pour toute rupture d'un contrat de travail avec un employé âgé de 50 ans révolus qui pouvait prétendre, en raison de la cessation de son contrat, à une allocation chômage.[361] Toutefois, l'employeur était dispensé de cette contri-bution en particulier si le salarié avait déjà atteint l'âge de 50 ans et s'était enregistré comme demandeur d'emploi depuis plus de trois mois au moment de son embauche.[362] Cette exception fut étendue par la Loi portant réforme des retraites du 21 août 2003 (art.19) aux cas où le salarié concerné avait déjà 45 ans au moment de son embauche, sans que la restriction concernant le fait qu'il ait été officiellement en recherche d'emploi pendant un certain temps soit maintenue.[363] L'objectif de cette

357 Cf. Willmann, Dr. soc. 2006, p. 144 (149).

358 Ex-art. L 321-13 C. trav. dans sa version en vigueur avant le 31 décembre 2007 ; cf. Brun/Dupont/Thierry, Dr. soc. 2005, p. 262 (266).

359 Cf. Willmann, Dr. soc. 2006, p. 144 (149 et suivante).

360 Art. 50, Loi n° 2006-1770 pour le développement de la participation et de l'actionnariat salarié et portant diverses dispositions d'ordre économique et social du 30 décembre 2006, JO du 31 décembre 2006, p. 20210.

361 Voir à ce sujet : Willmann, Dr. soc. 2006, p. 144 (149).

362 Ces règles s'appliquaient aux embauches réalisées après le 9 juin 1992 et avant le 28 mai 2003 (ancien art. L 321-13 al. 1 point 7 C. trav.).

363 Ancien art. L 321-13 al. 1 point 7 bis C. trav. dans sa version créée par la Loi portant réforme des retraites.

règle d'exception était d'éviter que les employeurs renoncent purement et simplement à embaucher des personnes de cette classe d'âge en raison des coûts potentiels en cas de cessation du contrat.[364]

Les dispositions relatives à la contribution Delalande créaient donc un désavantage direct lié à l'âge, et ce à double titre : d'une part, parce que les employeurs, en cas de rupture du contrat avec un salarié de moins de 50 ans n'étaient pas tenus de verser la contribution ; d'autre part, parce que l'embauche des personnes de moins de 45 ans n'était pas favorisée par la dispense de la contribution.

On ne peut pas admettre que ces inégalités de traitement fondées sur l'âge soient justifiées de manière objective au sens de l'article 6, paragraphe 1 de la directive 2000/78/CE.

Il ne fait aucun doute que la promotion de l'emploi des salariés seniors constitue un objectif légitime. Il est en revanche plus difficile de savoir si ces règles peuvent être considérées comme proportionnées au regard du droit de l'Union. Au vu de la jurisprudence actuelle de la CJUE, selon laquelle une règle qui ne s'appuie que sur l'âge est en principe illicite, il faudra répondre par la négative. Le seul fait retenu pour le versement de la contribution Delalande était la cessation d'un contrat avec un salarié déjà âgé de 50 ans, indépendamment d'autres considérations, par exemple, la situation personnelle du salarié sur le marché du travail ou bien encore la cause de la rupture du contrat. Il aurait par exemple été possible de lier l'obligation de verser la contribution au fait que le salarié n'ait pas retrouvé d'emploi un an après la rupture de son contrat. Dans la mesure où la loi ne faisait dépendre l'obligation de payer que de l'âge du salarié concerné, on doit supposer qu'elle n'était pas proportionnée au sens du droit de l'Union compte tenu de la jurisprudence actuelle de la CJUE. Ceci vaut également pour l'exception selon laquelle l'obligation de verser la contribution disparaissait si le salarié avait déjà 45 ans au moment de l'embauche, car dans ce cas aussi, la règle se référait exclusivement à l'âge du salarié, sans prendre en compte, en particulier, sa situation personnelle sur le marché du travail.

364 Cf. Willmann, Dr. soc. 2006, p. 144 (149).

i. Rachat des années d'études pour toucher plus tôt une pension de retraite

Le droit français prévoyait, jusqu'à la fin de l'année 2008, que des actifs relevant du régime général de sécurité sociale, pouvaient, jusqu'à l'âge de 60 ans, racheter leurs années d'études afin de toucher plus tôt une pension de retraite (à taux plein) (art. D 351-3 CSS, dans son ancienne version). Cette règle désavantageait directement les actifs ayant déjà atteint l'âge de 60 ans sur le plan de l'accès à la retraite. Par décret du 19 décembre 2008[365] (art. 2 I), cette disposition fut modifiée et la limite d'âge fut relevée de 60 à 65 ans. On peut supposer que la loi fut amendée précisément à cause de considérations liées à son caractère discriminatoire en fonction de l'âge.

Si l'on cherche à savoir si cette inégalité de traitement fondée sur l'âge était justifiée objectivement d'après l'article 6, paragraphe 1 de la directive 2000/78/CE, on s'aperçoit qu'il n'est déjà pas certain qu'elle ait poursuivi un objectif légitime. On pourrait envisager comme objectif légitime la protection des actifs les plus âgés, dans la mesure où le coût du rachat des années d'études allait croissant avec l'âge. Pour les actifs proches du départ à la retraite, ce coût correspond au montant de la pension qui leur sera versée.[366] La règle devait potentiellement protéger les salariés de la classe d'âge concernée des inconvénients financiers. Mais il revient à chaque salarié de décider personnellement s'il accepte les désavantages financiers auxquels il s'expose.[367] L'objectif évoqué ne peut donc pas être considéré comme légitime. Tout autre but reviendrait à une mise sous tutelle illicite des personnes âgées. Cette règle constituait donc de fait une discrimination fondée sur l'âge, ne serait-ce que parce qu'elle n'avait pas d'objectif légitime, si bien que le législateur français l'a amendée à juste titre.

---

365 Décret n° 2008-1383 relatif au versement pour la retraite au titre de certaines périodes d'études supérieures et d'activité, JO du 24 décembre 2008, p. 19930.

366 Cf. HALDE, avis n° 2006-40 du 27 mars 2006.

367 L'avis de la HALDE n° 2006-40 du 27 mars 2006 va dans le même sens.

D. Conclusion

Le droit du travail français comporte un grand nombre de dispositions légales entraînant une inégalité de traitement fondée sur l'âge, qui semblent aller directement à l'encontre de l'interdiction de la discrimination fondée sur l'âge prévue par le droit de l'Union. C'est pourquoi les exigences auxquelles doivent répondre ces règles relatives à l'âge pour être justifiées d'après la jurisprudence de la CJUE ont une importance décisive.

Les décisions dans le cadre desquelles la CJUE a jusqu'à présent dû se prononcer sur l'interprétation de la directive 2000/78/CE ne sont pas univoques sur ce point. On peut toutefois en déduire certaines exigences minimales auxquelles doivent se conformer les règles nationales liées à une inégalité de traitement fondée sur l'âge, du moins dans l'état actuel de la jurisprudence de la CJUE.

Au vu du critère de justification plutôt souple qui en ressort, seules quelques dispositions légales françaises devront être qualifiées de discriminations fondées sur l'âge illicites. Il faut en particulier considérer comme licite la limite d'âge générale à partir de laquelle le droit français autorise la mise à la retraite d'office, bien qu'elle soit directement contraire à l'objectif de l'UE de faire augmenter la part des seniors dans la population active.

Des demandes préjudicielles actuelles donneront l'occasion à la CJUE de nuancer sa jurisprudence dans le domaine de la discrimination fondée sur l'âge et de fournir de nouveaux éclaircissements quant aux conditions nécessaires pour que des règles nationales relatives à l'âge soient considérées comme licites.

Dans la mesure où la CJUE qualifie l'interdiction de la discrimination fondée sur l'âge de principe général du droit de l'Union, son importance pour le droit du travail français sera de toute façon minime, suite à la décision rendue dans l'affaire *Bartsch*. La CJUE y a en effet clairement restreint le champ d'application de l'interdiction de la discrimination fondée sur l'âge inscrite dans le droit primaire.

En ce qui concerne la conformité avec le droit de l'Union des dispositions du Code du travail destinées à lutter contre la discrimination, le législateur français a adapté en 2008 les règles autrefois contraires au droit de l'Union aux prescriptions des directives européennes anti-discrimination par la loi n°2008-496. Seule la définition de la discrimination directe reprise dans le droit français devra donc désormais être jugée contraire au droit de l'Union, puisqu'à la différence de celle retenue par le droit de l'Union, elle n'autorise pas la comparaison avec une personne hypothétique. Le législateur français devra donc agir à nouveau.

Pour le reste, les résultats de notre étude peuvent se résumer comme suit :

- Les conditions que pose la CJUE pour qu'une règle nationale soit compatible avec l'interdiction de la discrimination fondée sur l'âge prévue par le droit de l'Union ne sont pas explicites. Toutefois, à partir des décisions rendues jusqu'ici, il est possible de dégager certaines exigences minimales auxquelles doivent se conformer les règles nationales dans l'état actuel de la jurisprudence de la CJUE. Pour qu'une inégalité de traitement fondée sur l'âge soit justifiée, il faut que la différenciation opérée serve un objectif d'intérêt général.
- Au vu de ce critère de justification tendanciellement souple, la règle de droit français relative au « CDD seniors » est inattaquable, puisqu'elle fait dépendre de différents critères – indépendants de l'âge – la possibilité de conclure plus facilement des contrats de travail à durée déterminée avec des seniors. En revanche, on doit juger illicite le projet de loi de 2006, qui a finalement échoué pour des raisons politiques, relatif au contrat première embauche, par le biais duquel le gouvernement français voulait largement exclure les moins de 26 ans de la protection contre les licenciements pendant leurs deux premières années

d'activité. En effet, le texte ne se référait qu'à l'âge, sans poser d'autres conditions.

- Le mécanisme d'aide à l'emploi baptisé « contrat d'insertion dans la vie sociale » est licite du point de vue du droit de l'Union car les dispositions qui s'y rapportent ne font pas dépendre la possibilité de bénéficier de cette mesure d'insertion uniquement de l'âge des personnes concernées. Il en va différemment de la politique de promotion de l'emploi basée sur le contrat de professionnalisation : dans la mesure où dans ce cadre, les employeurs ne se voient octroyer une incitation financière que s'ils embauchent des demandeurs d'emploi âgés d'au moins 45 ans, cette règle est incompatible avec l'interdiction de la discrimination fondée sur l'âge du droit de l'Union.
- De même, le « contrat nouvelles embauches », une mesure de la politique de l'emploi datant de 2005, est illicite du point de vue du droit de l'Union. Certes, la discrimination en raison de l'âge qu'il crée est indirecte, mais la jurisprudence actuelle de la CJUE laisse cependant conclure que cette forme de discrimination aussi tend à être incompatible avec l'interdiction de la discrimination fondée sur l'âge si l'applicabilité de la mesure de la politique de l'emploi – comme c'est le cas pour le contrat nouvelles embauches – est entièrement indépendante de tout autre élément que l'âge.
- La licéité du point de vue du droit de l'Union des limites d'âge encore en vigueur dans le droit français doit être examinée au cas par cas. Ainsi, les limites d'âge pour participer au concours d'entrée de l'ENA ou pour accéder à certains postes dans la fonction publique ne sont pas critiquables au regard du droit de l'Union. En revanche, les limites d'âge à l'embauche prévues dans les entreprises publiques par le droit français jusqu'à une date récente ne sont pas conformes au droit de l'Union, ne serait-ce que parce qu'elles n'ont pas d'objectif légitime. De même, l'âge minimal requis dans la fonction publique pour accéder à certains postes n'est pas compatible avec l'interdiction de la discrimination fondée sur l'âge car ces règles, notamment en ce

qui concerne l'objectif de protection des tiers, ne sont pas suffisamment précises et donc inadaptées.

- La mesure de politique de l'emploi de 2005 qui prévoyait que les salariés de moins de 26 ans n'avaient pas à être pris en compte dans le calcul de certains seuils d'effectifs pertinents en droit du travail n'entraînait aucune inégalité de traitement directe ou indirecte et était donc conforme au droit de l'Union.
- La règle de droit français relative à la pénalité que doivent verser les entreprises si elles n'ont pas conclu un « accord relatif à l'emploi des seniors » n'est pas compatible avec le droit de l'Union. En effet, cette règle se réfère exclusivement à l'âge des personnes concernées.
- Dans le cadre de l'exécution du contrat de travail, les primes d'ancienneté, qui entraînent une inégalité de traitement fondée sur l'âge indirecte, doivent être considérées comme conformes au droit de l'Union, si tant est que l'employeur puissent démontrer au cas par cas qu'il a un intérêt manifeste à promouvoir la fidélité à l'entreprise, par exemple pour éviter un turn-over important.
- Les grilles de salaires prévues par les conventions collectives qui s'appuient sur l'ancienneté et récompensent ainsi, de manière licite d'après la jurisprudence de la CJUE, la fidélité à l'entreprise, sont également conformes au droit de l'Union au regard de l'interdiction de la discrimination fondée sur l'âge. En ce qui concerne les grilles de salaires établies par un employeur de manière individuelle, pour lesquelles le critère de proportionnalité applicable est plus strict, la conformité au droit de l'Union n'est pas systématique. S'il a établi des grilles de salaires qui lui sont propres, l'employeur doit justifier au cas par cas le recours au critère de l'ancienneté pour récompenser l'expérience professionnelle.
- Les systèmes de prise en charge du conjoint survivant qui prévoient que ce dernier doit avoir atteint un certain âge au moment du décès du salarié sont contraires au droit de l'Union. L'intérêt de l'employeur à limiter les risques liés à la prise en charge volontaire du conjoint survivant et à mieux les évaluer

n'est pas propre à justifier l'inégalité de traitement qu'il entraîne. Dans tous les cas, ce type de règles n'est pas proportionné.

- La limite d'âge générale de 70 ans prévue par le droit français pour les mises à la retraite d'office est conforme au droit de l'Union. Certes, elle crée une inégalité de traitement liée à l'âge directe, qui entre dans le champ d'application de la directive 2000/78/CE. Toutefois, au vu de la jurisprudence actuelle de la CJUE, cette règle doit être considérée comme proportionnée pour atteindre l'objectif légitime de promouvoir les embauches.
- La limite d'âge de 65 ans fixée par le droit français pour le départ à la retraite dans la fonction publique n'est pas compatible avec l'interdiction de la discrimination fondée sur l'âge du droit de l'Union. Il manque ici un objectif légitime, puisque la limite d'âge sert avant tout des intérêts budgétaires. La volonté de garantir une représentation adéquate des différentes classes d'âge ne peut justifier l'inégalité de traitement fondée sur l'âge.
- Les limites d'âge pour la mise à la retraite d'office que prévoyaient les statuts des entreprises publiques jusqu'à la réforme de 2008 sont historiquement dépassées et non conformes au droit de l'Union.
- L'âge maximal pour accéder à certaines hautes fonctions de service public, comme le poste de vice-président du Conseil d'Etat, ne va pas à l'encontre de l'interdiction de la discrimination fondée sur l'âge du droit de l'Union.
- Les limites d'âge prévues par les conventions collectives pour la mise à la retraite d'office tendent à être conformes au droit de l'Union étant donné la marge d'appréciation qui revient aux partenaires sociaux d'après la jurisprudence actuelle de la CJUE. Ceci vaut à tout le moins pour les limites d'âge qui sont associées à des mesures de politique de l'emploi compensatoires et lorsque les salariés mis à la retraite sont à l'abri des difficultés financières grâce au versement d'une pension de retraite.
- La limite d'âge qui s'applique spécifiquement aux pilotes en droit français est parfaitement en accord avec le droit de l'Union, puisqu'elle est appropriée et nécessaire pour éviter un risque

potentiellement accru pesant sur la sécurité. En revanche, du point de vue du droit de l'Union, la limite d'âge spécifique pour le personnel de bord n'est pas licite : ni l'objectif d'éviter les risques pesant sur la vie et l'intégrité physique des personnes, ni l'intérêt de garantir la protection des employés eux-mêmes ne peuvent justifier l'inégalité de traitement fondée sur l'âge qu'elle engendre.

- Les règles relatives à la préretraite prévues par le droit français qui incluent un financement de l'Etat sont licites en droit de l'Union.
- Les règles françaises relatives à l'ordre des licenciements en cas de licenciement économique sont conformes au droit de l'Union, et ce pour la raison principale que les critères d'ancienneté et de charges de famille ne sont déterminants que dans le cadre d'une évaluation globale et que l'âge est pris en compte non pas de manière automatique mais seulement lorsqu'il est corrélé à une situation difficile sur le marché du travail.
- Les préavis de licenciement et les indemnités prévus par le droit français sont également conformes à l'interdiction de la discrimination fondée sur l'âge du droit de l'Union. Si une inégalité de traitement indirecte en découle, elle est justifiée dans tous les cas.
- La jurisprudence française qui refuse à un salarié mis à la retraite pour raisons économiques le bénéfice d'une indemnité prévue dans le cadre d'un plan général de réduction des effectifs au motif qu'il a précisément été mis à la retraite et non pas licencié va à l'encontre des prescriptions du droit de l'Union.

Bibliographie

Adomeit, Klaus ; Mohr, Jochen, KommAGG – Kommentar zum Allgemeinen Gleichbehandlungsgesetz, Stuttgart, München, Hannover, Berlin, Weimar, Dresden 2007 (cit. : Adomeit/Mohr, KommAGG).

Aubert-Monpeyssen, Thérèse, Principe « A travail égal, salaire égal » et politiques de gestion des rémunérations, Dr. soc. 2005, p. 18.

Bauer, Jobst-Hubertus ; Arnold, Christian, Auf « Junk » folgt « Mangold » – Europarecht verdrängt deutsches Arbeitsrecht, NJW 2006, p. 6.

Bayreuther, Frank, Altersgrenzen nach der Palacios-Entscheidung des EuGH, DB 2007, p. 2425.

Berthou, Katell, Différences de traitement : esquisse des « exigences professionnelles » après la loi du 27 mai 2008, Dr. soc. 2009, p. 410.

Bleckmann, Albert, Europarecht, 6ème édition, Köln, Berlin, Bonn, München, 1997.

Borillo, Daniel, Les instruments juridiques français et européens dans la mise en place du principe d'égalité et de non-discrimination, Revue française des affaires sociales 2002 n° 1, p. 113.

Brun, Francois ; Dupont, Marc ; Thierry, Michel, Gestion des âges et emploi, Dr. soc. 2005, p. 262.

Callies, Christian ; Ruffert, Matthias (éds.), EUV/EGV, 3ème édition, München 2007 (cit. : *Bearbeiter*, in : Callies/Ruffert, EUV/EGV)

Cavallini, Joël, De la suppression des restrictions à la conclusion d'un contrat à durée déterminée lorsque le salarié est un senior, JCP S 2005 n° 25, p. 25.

Cavallini, Joël, Discrimination fondée sur l'âge et justification d'une mise à la retraite d'office (CJCE, 5 mars 2009, aff. C-388/07, Age Concern England), JCP S 2009 n° 18, p. 29.

Cavallini, Joël, Mise à la retraite d'office et non-discrimination fondée sur l'âge (CJCE, 16 octobre 2007, aff. C-411/05, Palacios de la Villa), JCP S 2008 n° 10, p. 29.

Cavallini, Joël, Portée du principe général de non-discrimination en fonction de l'âge (CJCE, 23 septembre 2008, aff. C-427/06, Bartsch), JCP S 2008 n° 47 p. 19.

Champeaux, Françoise, Discrimination, égalité de traitement : où en est-on ?, SSL 2009 n° 1381, p. 12 et suivantes.

Champeaux, Françoise, Harcèlement moral, le retour ?, SSL 2008 n° 1368, p. 4.

Confédération Française Démocratique du Travail (CFDT), Les discriminations, Action Juridique 2008 n° 188, p. 7.

Couturier, Gérard, Les clauses « couperet », encore..., Dr. soc. 1995, p. 231.

Däubler, Wolfgang ; Bertzbach, Martin (éds.), Allgemeines Gleichbehandlungsgesetz – Handkommentar, 2ème édition, Baden- Baden 2008 (cit. : *Bearbeiter*, in : Däubler/Bertzbach, Allgemeines Gleichbehandlungsgesetz)

Desbarrats, Isabelle, Mise à la retraite requalifiée en licenciement nul, RDT 4/2007, p. 238.

Dumont, Francois, L'ancienneté : un critère à géométrie variable, JCP S 2007 n° 26, p. 11.

Duplat, Jacques, Mise à la retraite et discrimination (Cass. soc. 21 décembre 2006, Sté BAI c/Lechevretel), RJS 3/07, p. 223.

Everaert-Dumont, Dominique, Mise à la retraite motivée par des raisons économiques, JCP S 2008 n° 26, p. 41.

Fabre, Alexandre, Mise à la retraite dans le cadre d`un projet de suppression d'emplois : un revirement salutaire, RDT 9/2008, p. 527.

Franck, Pierre, A propos du départ en retraite des journalistes (Cass. soc. 24.4.1986), Dr. soc. 1986, p. 460.

Franke, Dietmar, Anmerkungen zum Wegfall der Altersgrenze nach dem Rentenreformgesetz 1992, NZA 1991, p. 972.

Gasser, Jean-Michel, Les justifications de l'inégalité des rémunérations ou que reste-t-il du principe « à travail égal, salaire égal » ?, RJS 8-9/2007, p. 687.

Groeben, Hans von der ; Schwarze, Jürgen (éds.), Kommentar zum Vertrag über die Europäische Union und zur Gründung der Europäischen Gemeinschaft, Vol. 4, Art. 189-314 EGV, 6ème édition, Baden-Baden 2004. (cit. : *Bearbeiter*, in : von der Groeben/Schwarze, EUV, EGV)

Hahn, Oliver, Auswirkungen der europäischen Regelungen zur Altersdiskriminierung im deutschen Arbeitsrecht, Baden-Baden 2006 (cit. : *Hahn*, Altersdiskriminierung)

Hailbronner, Kay, Hat der EuGH eine Normverwerfungskompetenz ?, NZA 2006, p. 811.

Hoentzsch, Susanne, Europarechtskonformität und Auslegung der Beweislastregelung in § 22 AGG, DB 2006, p. 2631.

Höpfner, Clemens, Altersdiskriminierung und europäische Grundrechte – Einige methodische Bemerkungen zum Richterrecht des EuGH, ZfA 2010, p. 449.

Hoff, Konrad von, Anmerkung zu ArbG Frankfurt 14.3.2007 – Az. 6 Ca 7405/06, BB 2007, p. 1739.

Jarass, Hans D., EU-Grundrechte, München, 2005.

Jarass, Hans D. ; Pieroth, Bodo, Grundgesetz für die Bundesrepublik Deutschland – Kommentar, 10ème édition, München, 2009 (cit. : *Bearbeiter*, in : Jarass/Pieroth, GG)

Jeammaud, Antoine, Du principe d'égalité de traitement des salariés, Dr. soc. 2004, p. 694.

Kamanabrou, Sudabeh, Europarechtskonformer Schutz vor Benachteiligungen bei Kündigungen, RdA 2007, p. 199.

Kischel, Uwe, Zur Dogmatik des Gleichheitssatzes in der Europäischen Union, EuGRZ 1997, p. 1.

König, Doris, Handlungsbedarf bei der Umsetzung des Altersdiskriminierungsverbots ?, ZESAR 2005, p. 218.

Körner, Marita, Europäisches Verbot der Altersdiskriminierung in Beschäftigung und Beruf, NZA 2005, p. 1395.

Langlois, Philippe, Discrimination, égalité et rémunération : régime et fondement, SSL 2006 Suppl. n° 1256, p. 7.

Langlois, Philippe, Que faire de l'interdiction de la discrimination selon l`âge ?, Dr. soc. 2006, p. 155.

Lanquetin, Marie-Thérèse, Discriminations : la loi d'adaptation au droit communautaire du 27 mai 2008, Dr. soc. 2008, p. 778.

Lardy-Pélissier, Bernadette ; Pélissier, Jean ; Roset, Agnès ; Tholy, Lysiane, Le Nouveau Code du Travail Annoté, 28ème édition, Paris 2008.

Laulom, Sylvaine, Information-consultation des représentants des travailleurs et seuil d'effectif, SSL 2008 Suppl. n° 1338, p. 31.

Laulom, Sylvaine, La directive sur l'égalité de traitement en matière d'emploi – L'interdiction des discriminations fondées sur l'âge et le handicap,SSL 2006 Suppl. n° 1288, p. 21.

Laulom, Sylvaine, L'interdiction des discriminations fondées sur l'âge, SSL 2008 Suppl. n° 1338, p. 23.

Lefebvre, Francis (éd.), Memento Pratique Social 2008, droit du travail – sécurité sociale, Levallois 2008 (cit. : Memento Social 2008, droit du travail – sécurité sociale)

Lefebvre, Francis (éd.), Mémento Pratique Retraites et prévoyance d'entreprise 2005-2006, Levallois 2004 (cit. : Retraites et prévoyance d' entreprise 2005-2006)

Lhernould, Jean-Philippe, Le chantier des discriminations en raison de l'âge, RJS 7/2007, p. 595.

Lhernould, Jean-Philippe ; Moizard, Nicolas, Actualité du droit de l'harmonisation sociale en matière de rapport d'emploi, Dr. soc. 2005, p. 509.

Lingscheid, Anja, Antidiskriminierung im Arbeitsrecht, Berlin 2004.

Linsenmaier, Wolfgang, Das Verbot der Diskriminierung wegen des Alters, RdA 2003, Cahier spécial 5, p. 22.

Lutter, Marcus, Die Auslegung angeglichenen Rechts, JZ 1992, p. 593.

Lyon-Caen, Antoine, A travail égal, salaire égal. Une règle en quête de sens, RDT 6/2006, p. 16.

Martin, Denis, Egalité, égalité de traitement et discrimination en droit communautaire : 1 + 1 +1 = 3...ou 1 ?, RJS 12/2008, p. 947.

Martinel, Agnès, Harcèlement moral et contrôle de la Cour de cassation, SSL 2008, n° 1368, p. 5.

Mazeaud, Antoine, Droit du travail, 6ème édition, Paris Cedex 2008.

Meyrat, Isabelle, Droits fondamentaux et Droit du travail, Lille Cedex 2004.

Morvan, Patrick, LFSS pour 2008 : haro sur les préretraites, mises à la retraite et retraites anticipées, JCP S 2008 n° 4, p. 13.

Morvan, Patrick, Pour le CNE et le CPE, au nom de l'inventivité, RDT 9/2006, p. 147.

Muller, Fabienne ; Schmitt, Mélanie, Droit social communautaire décembre 2007 – septembre 2008, Recueil Dalloz 2008 n° 43, p. 3038.

Nettesheim, Martin, Anm. zu EuGH 23.9.2008 – aff. C-427/06 (Bartsch), JZ 2008, p. 1159.

Nicolai, Andrea, Anm. zu EuGH 22.11.2005 – aff. C-144/04 (Mangold), DB 2005, p. 2641.

Oppermann, Thomas, Europarecht, 3ème édition, München 2005.

Pélissier, Jean, Fallait-il inventer le CNE (et le CPE) ?, RDT 9/2006, p. 145.

Pélissier, Jean/Lardy-Pélissier, Bernadette, A propos du « CDD senior », RDT 9/2006, p. 168.

Pélissier, Jean/Lardy-Pélissier, Bernadette, Le contrat première embauche a vécu, RDT 6/2006, p. 20.

Pélissier, Jean ; Supiot, Alain ; Jeammaud, Antoine, Droit du travail, 24ème édition, Paris 2008.

Perotto, Jacques ; Ricard, Delphine, LFSS pour 2008 : vers la fin des régimes de préretraite ? JCP S 2008 n° 4, p. 19.

Péru-Pirotte, Laurence, La lutte contre les discriminations : loi n° 2008-496 du 27 mai 2008, JCP S 2008 n° 23, p. 12.

Plötscher, Stefan, Der Begriff der Diskriminierung im Europäischen Gemeinschaftsrecht, Berlin 2003.

Polloczek, Tobias, Altersdiskriminierung im Licht des Europarechts, Baden-Baden 2008.

Preis, Ulrich, Verbot der Altersdiskriminierung als Gemeinschaftsgrundrecht – Der Fall Mangold und seine Folgen, NZA 2006, p. 401.

Preis, Ulrich ; Temming, Felipe, Altersdiskriminierung im Betriebsrentenrecht : Die Abstandsklausel ist angezählt, NZA 2008, p. 1209.

Preis, Ulrich ; Temming, Felipe, Der EuGH, das BVerfG und der Gesetzgeber – Lehren aus Mangold II, NZA 2010, p. 185.

Radé, Christophe, De l'effectivité du principe « à travail égal, salaire égal », Dr. soc. 2008, p. 530.

Radé, Christophe, obs. sous Cass. soc. 13.1.2004 – n° 01-46407, Dr. soc. 2004, p. 308.

Radé, Christophe, Le principe d'égalité de traitement, nouveau principe fondamental du droit du travail, Dr. soc. 2008, p. 981.

Reiner, Michael, Rückzugstendenzen von der Rs Mangold, ecolex 2007, p. 270.

Rieble, Volker ; Zedler, Marc Alexander, Altersdiskriminierung in Tarifverträgen, ZfA 2006, p. 273.

Robin-Olivier, Sophie, Les contrats à durée déterminée des « seniors » à l'épreuve du principe général de non-discrimination en fonction de l'âge, RDT 7-8/2006, p. 133.

Rodière, Pierre, Age et discrimination dans l'accès à l'emploi, SSL 2006 n° 1266, p. 7.

Rodière, Pierre, Le contrat « nouvelles embauches » et les principes, SSL 2006 Suppl. n° 1276, p. 5.

Roetteken, Torsten von, Altersgrenzen im öffentlichen Dienst nach dem Urteil des EuGH vom 16.10.2007 (Palacios de la Villa), ZTR 2008, p. 350.

Rolfs, Christian, Altersdiskriminierung : EuGH-Rechtsprechung bleibt konturlos – Anmerkung zum Urteil des Europäischen Gerichtshofs vom 23.9.2008 – Rechtssache Bartsch, EuZA 2009, p. 235.

Rust, Ursula ; Falke, Josef (*éds*.), AGG – Allgemeines Gleichbehandlungsgesetz mit weiterführenden Vorschriften, Kommentar, Berlin, 2007. (cit. : *Bearbeiter*, in : Rust/Falke, AGG)

Sacksofsky, Ute, Die Gleichberechtigung von Mann und Frau – besser aufgehoben beim Europäischen Gerichtshof oder beim Bundesverfassungsgericht ?, in : *Gaitanides, Charlotte ; Kadelbach, Stefan ; Iglesias, Gil Carlos Rodríguez (éds.)*, Europa und seine Verfassung, Festschrift für Manfred Zuleeg zum siebzigsten Geburtstag, Baden-Baden 2005, p. 323 (cit. : *Sacksofsky*, in : FS Zuleeg)

Säcker, Franz Jürgen ; Rixecker, Roland (éds.), Münchener Kommentar zum Bürgerlichen Gesetzbuch, Vol. 1, tome 2, Allgemeines Gleichbehandlungsgesetz, 5ème édition, München 2007 (cit. : *Bearbeiter*, in : MüKo)

Sagan, Adam, Anmerkung zu EuGH, Urt. v. 16.10.2007 – C-411/05 (Félix Palacios de la Villa/Cortefiel Servicios SA), EuZW 2007, p. 765.

Santraine, Claire, La discrimination en raison de l'âge, Mémoire pour le diplôme d'études approfondies de droit social, Paris 2003.

Savatier, Jean, A propos du contrôle de la Cour de cassation sur les décisions judiciaires en matière de harcèlement moral, Dr. soc. 2009, p. 57.

Savatier, Jean, La mise à la retraite d'office à l'âge de 40 ans d'une danseuse de l'Opéra en congé de maternité, Dr. soc. 1999, p. 779.

Savatier, Jean, Quel âge limite pour le personnel d'un corps de ballet ?, Dr. soc. 1996, p. 359.

Savatier, Jean, Les clauses conventionnelles sur l'âge de la retraite, Dr. soc. 1987, p. 1.

Schiek, Dagmar (éd.), Allgemeines Gleichbehandlungsgesetz (AGG) – Ein Kommentar aus europäischer Perspektive, München 2007 (cit. : *Bearbeiter*, in : Schiek, AGG).

Schlachter, Monika, Altersgrenzen angesichts des gemeinschafts-rechtlichen Verbots der Altersdiskriminierung, in : *Richardi, Reinhard ; Reichhold, Hermann (éds.)*, Altersgrenzen und Alterssicherung im Arbeitsrecht, Wolfgang Blomeyer zum Gedenken, München 2003, p. 355 (cit. : *Schlachter*, in : GS Blomeyer).

Schmidt, Marlene ; Senne, Daniela, Das gemeinschaftsrechtliche Verbot der Altersdiskriminierung und seine Bedeutung für das deutsche Arbeitsrecht, RdA 2002, p. 80.

Senne, Daniela, Auswirkungen des europäischen Verbots der Altersdiskriminierung auf das deutsche Arbeitsrecht, Berlin, 2006 (cit. : *Senne*, Altersdiskriminierung)

Sprenger, Markus, Zulässigkeit sozialpolitisch motivierter Ungleichbehandlungen mit unmittelbarem Altersbezug – Anmerkung zum Urteil des Europäischen Gerichtshofs vom 5.3.2009 – Rs. The Incorporated Trustees of the National Council on Ageing, EuZA 2009, p. 355.

Stein, Stéphanie, La nécessaire clarification des critères justifiant l'inégalité de rémunération, SSL 2006 Suppl. n° 1256, p. 17.

Streinz, Rudolf (éd.), EUV/EGV, Vertrag über die Europäische Union und Vertrag zur Gründung der Europäischen Gemeinschaft, München 2003 (cit. : *Bearbeiter*, in : Streinz, EUV/EGV).

Temming, Felipe, Der Fall Palacios : Kehrtwende im Recht der Altersdiskriminierung ?, NZA 2007, p. 1193.

Thüsing, Gregor, Arbeitsrechtlicher Diskriminierungsschutz, München 2007.

Thüsing, Gregor, Der Fortschritt des Diskriminierungsschutzes im Europäischen Arbeitsrecht, ZfA 2001, p. 397.

Thüsing, Gregor, Europarechtlicher Gleichbehandlungsgrundsatz als Bindung des Arbeitgebers ?, ZIP 2005, p. 2149.

Thüsing, Gregor, Handlungsbedarf im Diskriminierungsrecht, NZA 2001, p. 1061.

Tissandier, Hélène, Les « CDD seniors » sont-ils conformes au droit communautaire ?, in : L'actualité de la jurisprudence communautaire et internationale, RJS 4/06, p. 257.

Tissandier, Hélène, Rupture du contrat de travail et discrimination en raison de l'âge : une occasion manquée ?, in : L'actualité de la jurisprudence communautaire et internationale, RJS 2/08 p. 97.

Tissandier, Hélène, Un principe général de non-discrimination en raison de l'âge ? De « Mangold » à « Bartsch », suite et (peut-être) fin, in : L'actualité de la jurisprudence communautaire et internationale, RJS 1/09, p. 11.

Waltermann, Raimund, Altersdiskriminierung, ZfA 2006, p. 305.

Waltermann, Raimund, Unanwendbarkeit des nationalen Rechts bei Verstoß gegen das europarechtliche Verbot der Altersdiskriminierung, EuZA 2010, p. 541.

Weber, Christoph, Schwellenwerte für die Beschäftigtenzahl bei Massenentlassungen – Anmerkung zum Urteil des Europäischen Gerichtshofs vom 18.1.2007 – Rechtssache CGT, EuZA 2008, p. 355.

Wiedemann, Herbert/Thüsing, Gregor, Der Schutz älterer Arbeitnehmer und die Umsetzung der Richtlinie 2000/78/EG, NZA 2002, 1234.

Willmann, Christophe, Promouvoir le « vieillissement actif » : les modestes propositions des partenaires sociaux, Dr. soc. 2006, p. 144.

Zumfelde, Meinhard, Das « Non » zum französischen Erstbeschäftigungsvertrag (CPE), NZA 2006, p. 906.

Cultures juridiques et politiques

Vol. 1 Stephanie Rohlfing-Dijoux (éd)
La Transmission de Terminologie et de Concepts Juridiques dans l'espace Européen. *Allemagne / France / Russie*
2012, ISBN 978-3-0343-1094-9

Vol. 2 Otmar Seul & Tomas Davulis (éds./Hrsg.)
La Solidarité dans l'union Européenne / Solidarität in der Europäischen Union. *Actes de la 5ème Université d'été franco-germano-lituanienne et européenne en sciences juridiques Vilnius, 3-10 juillet 2008 / Tagungsband der 5. Deutsch-Französisch-Litauischen und Europäischen Sommeruniversität in den Rechtswissenschaften, Vilnius 3.-10. Juli 2008*
2012, ISBN 978-3-0343-1122-9

Vol. 3 Ralf Alleweldt, Raphaël Callsen, Jeanne Dupendant (eds.)
Human rights abuses in the contemporary world.
Tri-National Workshop, Tbilisi, September 2011
2012, ISBN 978-3-0343-1147-2

Vol. 4 Stefanie Bouquet
La réglementation européenne relative à la discrimination fondée sur l'âge: conséquences sur le droit du travail français.
Préface du Professeur Joachim Gruber, Université Paris Ouest - Nanterre La Défense
2012, ISBN 978-3-0343-1174-8

FSC
www.fsc.org
MIX
Papier | Fördert
gute Waldnutzung
FSC® C083411

Kolibri 360 GmbH
Ferdinand-Jühlke-Straße 7
99095 Erfurt, Deutschland
produktsicherheit@kolibri360.de